U0937317

识干家

企業閱讀　學以致用

识干家（原博瑞森）官网
www.bracebook.com.cn
企业阅读 ■ 学以致用

这样打造大单品

案例 策略 方法

HOW TO CREATE THE GREAT ITEM

迪智成咨询团队·著

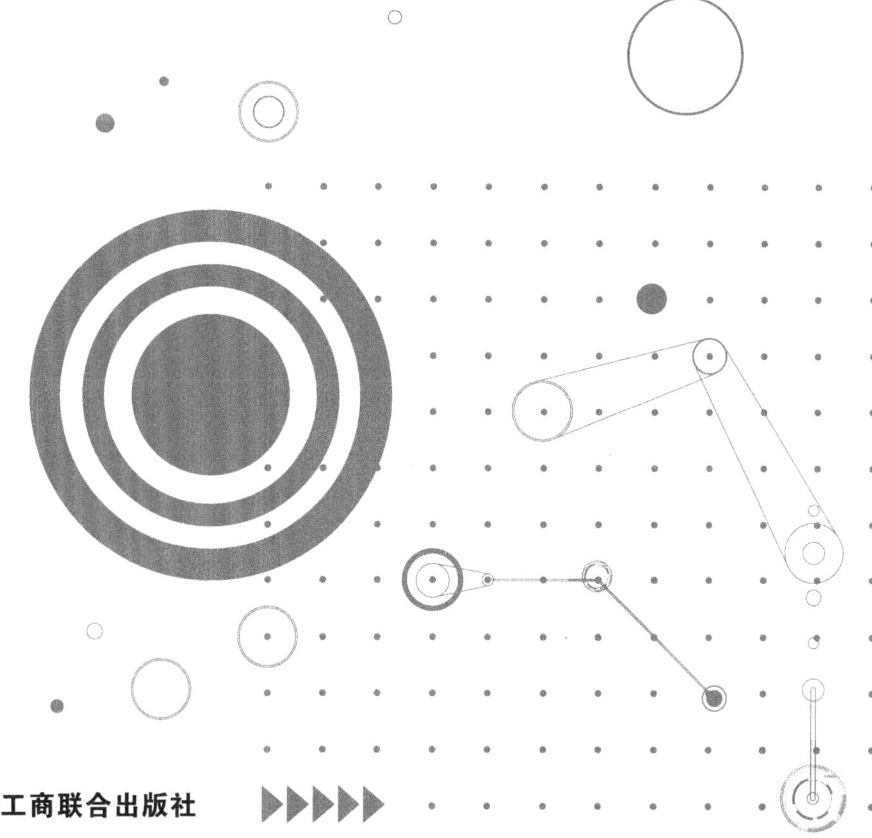

中华工商联合出版社

图书在版编目（CIP）数据

这样打造大单品：案例·策略·方法/迪智成咨询团队著.—北京：中华工商联合出版社，2018.8

ISBN 978-7-5158-2398-0

Ⅰ.①这… Ⅱ.①迪… Ⅲ.①品牌战略-研究 Ⅳ.①F272.3

中国版本图书馆CIP数据核字（2018）第158129号

这样打造大单品：案例·策略·方法

作　　者：迪智成咨询团队
责任编辑：于建廷　王　欢
责任审读：郭敬梅
封面设计：仙　境
责任印制：迈致红
出版发行：中华工商联合出版社有限责任公司
印　　刷：北京宝昌彩色印刷有限公司
版　　次：2018年10月第1版
印　　次：2018年10月第1次印刷
开　　本：710mm×1000mm　1/16
字　　数：315千字
印　　张：21.25
书　　号：ISBN 978-7-5158-2398-0
定　　价：98.00元

服务热线：010-58301130
团购热线：010-58302813
地址邮编：北京市西城区西环广场A座19-20层，100044
http：//www.chgslcbs.cn
E-mail：cicap1202@sina.com（营销中心）
E-mail：gslzbs@sina.com（总编室）

工商联版图书
版权所有　侵权必究

凡本社图书出现印装质量问题，请与印务部联系。
联系电话：010-58302915

主　编

程绍珊　杨　勇

编　委

张　博　叶　宁　吴　铠

聂士超　王义强　王　然

梁明杰　吕钢军　殷成壹

田　赣　熊友文

在商品极度丰富、信息异常发达的今天，随着消费升级和消费者主权时代的到来，可供我们选择的产品越来越多。但是，消费者选择产品的范围却越来越窄，往往选择某品类的前几名，甚至只选择第一名。原因在于消费升级使人们对品质有更高的追求，只有体验超过预期、充满魅力化的产品，才能真正打动消费者。这就要求品牌厂家必须精雕细琢极致产品，也就是大单品，并围绕核心产品打造配套的营销模式，通过扎扎实实的落地实施，才能快速持续占领消费者的心智，培养消费习惯，强化消费体验，进而赢得大量的忠粉。

本书第一章重点阐述在超竞争的市场环境下，打造大单品必然成为多数企业的选择，并进一步详细讲述了大单品的定义、六大特征，以及对于企业，尤其是中小企业的战略意义，帮助企业梳理出打造大单品的路径和策略。

第二章至第十四章共计十三个章节，囊括十三个不同行业、不同企业的实际案例，即白酒、华为 Mate 系列、老板电器、恒大冰泉、金冷汽车制冷剂、手机行业、美的太阳能热水器、江小白、长城哈弗 SUV、霸王洗发水、江中猴姑饼干、999 感冒灵、毛铺苦荞酒等。从不同角度详细剖析、总结了这些品牌厂家打造大单品的成功经验或者失败教训，其中有一部分是迪智成咨询服务过的企业的真实案例，希望给予众多的企业和企业家等读者一些启示和借鉴。

本书最后一章，对于有些企业在大单品成功后，出现迷茫和困惑，发展徘徊不前，重点对这些企业如何改变思维、如何华丽转身、如何找到营销升级的方向提出一些建议，希望帮助企业厘清持续经营的思路与方法。

本书是迪智成团队在特定时期对于大单品的初步认知与解读，随着时代的变迁，未来大单品的战略意义和营销模式一定会随之变化和升级，我们也将持续关注、研究与总结，以期给予读者更多的启示。

杨　勇

2018 年 4 月

第一章

打造大单品

——企业营销突破的必然选择

程绍珊　杨　勇

一、同质化时代的超竞争

1. 国内企业大部分处于超竞争状态

在各行业产品同质化、产能普遍过剩的产业环境下，市场进入“剩者为王”竞争阶段。然而很多竞争对手退出成本和门槛过高，导致其只能血拼到底，悲壮倒下，故其经营策略及市场竞争手段往往违背经济规律而无不用其极，使得大小企业都陷入非理性的“高风险、高投入、低效率、低产出”的“囚徒困境”博弈状态，这就是所谓的超竞争状态。

如国内家电行业的彩电、空调和微波炉等市场都经过这样血雨腥风的竞争阶段，现在从消费品市场的手机、饮料等，到工业品市场的钢材、水泥等，再到农业投入品市场的饲料、化肥等领域，都处于这种超竞争状态。企业普遍的营销策略手段就是高举高打的广告战、“没有最低，只有更低”的价格战、越来越长的账期战和愈演愈烈的促销战。在这种情况下，大企业凭借规模优势、资金实力、品牌影响和已有的市场基础，尽管不断流血，但还能咬牙挺住。而大部分中小企业只能以命相搏，有的甚至铤而走险，搞起“假冒伪劣”的产品和潜规则交易手段（以前很多医药行业的企业，给医生等各种回扣的所谓的“带金”销售），进一步加剧了竞争的复杂性和残酷性。

2. 互联网冲击，加剧同质化竞争

在传统企业陷入“剩者为王”的消耗战困境的时候，半路杀出的程咬金们——互联网企业，凭借全新的商业模式、“黑科技”的产品、不怕“烧钱”的创投资本及疯狂的媒体鼓噪，一时间在价值创造、价值传递、价值传播等营销各环节带来了所谓的颠覆式革命。特别是产品上的快速迭代（甚至模仿），渠道上的去中间化，信息沟通上的逐步对称，使得传统企业的竞争壁垒快速下降，同质化时代越来越长，差异化时代越来越短。如各种平台或垂直的电商、各种O2O和共享经济等模式的互联网企业，尽管成少败多，但是足够搅局。如彩电行业的小米、乐视等互联网品牌对创维、海信及TCL等传统品牌的冲击，使得本来就价格战不断的彩电市场呈现严重价格倒挂，几乎颠覆了原有的利基市场。

互联网及大数据的普及，客观上加快了技术与产品的更新与迭代速度，也使得模仿难度与成本越来越低，这又进一步加剧了同质化程度，逼迫企业不断在营销环节加大投入力度，以期获得市场份额与推广速度。如现在的智能手机市场就是这样，智能手机从外观上看就只剩下一块屏幕了，操作系统和应用软件几乎都一样，高度同质化，且产品更迭速度越来越快，一般几个月就有新品推出，老品降价，于是整个市场竞争就像一个“击鼓传花”的游戏。所以，每个品牌都必须不断推出大同小异的新机型，且增加已经够多的推广人员来跟上这个节奏，这就是国内手机行业的流行的“双海营销”——“机海”与“人海”。

3. 市场不确定性高，创新风险大，导致企业营销趋于保守

消费需求日趋圈层化、个性化：

一是上层中产阶层及富裕家庭和小城市中产阶层及富裕家庭的崛起，推动需求与消费升级；

二是新一代年轻消费者的出现，他们是更自由、更成熟的消费群体。

这两大消费主体需求不断变化与升级，现出强烈的喜新厌旧的消费行为，使得产品生命周期日趋缩短，需要企业快速迭代或者创新，但是带来的是企业创新风险越来越大，投入产出比越来越小，且很容易被山寨模仿和跟风。

加上消费者沟通界面的差异化、传播媒体的碎片化、分销渠道的多元化和服务的个性化等因素，导致现在国内新产品能在市场上推广成功的概率不到百分之一了。在快消品领域，近五六年几乎没有出现新的成功品牌。恒大冰泉的失败也证明了这一点，从资本实力、产品概念、市场投入、操盘团队等方面看，恒大冰泉在国内饮料行业都是不错的，但许家印还是巨亏，认输出局！

越来越多的“创新找死”失败案例教育了企业，使得众多企业都趋于保守，纷纷走上了“保守等死”的苟且之路。我们看到大小企业的营销策略越来越同质化，套路越来越定式了，就靠资源与投入的消耗了。

二、打造大单品成为大部分中小企业的突破方向

1. 同质化超竞争下的现实选择

大部分国内企业在多时间内能有重大科技突破，搞出“黑科技”的可能性是不高的，押宝在这方面估计是异想天开，只能假定在技术没有突破的条件下，如何尽可能地优化产品，做出特色、做出差异。基于此，再在市场营销上进行创新，拉动市场先行，做出短期的销量与份额，为技术研发的突破和供应链的整合优化赢得时间与空间。想必这是目前企业最现实的经营战略选择了。

但如何在市场营销上实现突破，取得见利见效的效果呢？现在很多企业的做法是搞多产品型号，极大丰富产品线、多占渠道、多招商，“积少成多”来堆积短期销量，企图靠打群架来战胜对方，这种做法现在越来越行不通了。在我们咨询服务的很多企业，产品的 SKU 动辄几百个，而且每年只有增加的，没有删减（有点像国内的股市），导致营销资源与费用、营销团队精力等越来越分散。本来是想支持营销队伍，为其提供新武器，现在却成了业务人员的负担，进而造成销量碎片化，规模效应丧失，导致企业内部的供应、生产和售后服务等中后台部门“压力山大”；面对管理复杂、效率低下、损耗加剧的局面，各方都苦不堪言，企业的效益只能越来越差。

显然，我们的经营思维必须从“多子多福”转向“优生优育”。在同质化竞争中，集中优势兵力打歼灭战才是出路，实力弱、规模小的中小企业更要如此。面对强大对手，能逆袭成功的案例几乎都是聚焦战略的成功。如化肥行业的金正大、史丹利等，面对资源、资金、政策和人才等均占优势的国企和央企，都是通过集中资源打造一个差异化产品和品类，如金正大的缓控释肥、史丹利的三安复合肥等，实现弯道超车，成为行业领先品牌。

另外，就是在离散的低集中度的行业中，面对群狼的撕咬，企业想杀出重围，异军突起，也必须集中核心产品，突出某一特色，以便打造差异化优势，进而改变消费者心智认知，建立价值标准，改写行业竞争规则，实现一统江湖的霸业，如河北养元公司的“六个核桃”植物蛋白饮料的打造成功。

最后，就是暂时领先的龙头企业面对虎视眈眈的众多挑战者，也必须打造英雄产品，极大地占据市场份额，以强化消费者心智，捍卫竞争规则，压制对手，提高经营效益。如智能手机品牌 OPPO 和 vivo 面对竞争对手在 2000 + 的狭窄价格带中，采用多产品型号围攻——“机海”战术的时候，坚持打造“英雄机”的产品策略，针对三四级市场和小白消费者的使用情景，集中突出“快充”和拍照、音质等核心卖点，使之成为这个价格带手机的价值标准，不仅有效地压制了对手们的蚕食，还提高了对目标市场的掌控力。

2. 什么是大单品

我们认为，成功的大单品必须适合企业资源与能力，符合消费发展趋势，对企业的品牌影响力、综合竞争力、行业地位等具有战略性价值，对企业打破市场竞争僵局，促进企业发展和行业升级的有决定性意义的专业性产品。大单品不是一时的爆款，也不是临时的战术，是企业基于战略的关键性策略选择，是必须持之以恒、全力以赴的努力和投入。如十年磨一剑的中国劲酒、老干妈和六个核桃等。

(1) 大单品的特征。

一是品牌标杆性产品，单品销量大，不仅是企业内部的旗舰性产品，成为其品牌的代言，更是行业的标志与象征。

二是市场份额遥遥领先，符合“蓝切斯特法则”，至少超越对手 1.8 倍，甚至是主要竞争对手的销量总和，占半壁以上的江山。

三是产品本身具有极致性特点与尖叫性魅力，而绝不是一个面面俱到的万金油式的产品，至少具备一定差异化，竞争对手一时很难企及。

四是影响力大、活跃度高，拥有一批忠实的粉丝与拥趸，具备强大的心智注册。

五是产品生命力强，不仅畅销，而且长销，不会流于一时潮流而快速衰退。

六是大单品是品类的创造者与引领者，获得行业竞争对手的认同、追随与模仿，进而引导行业资源的持续投入，进而做大这个市场空间，促进行业升级与发展!

基于以上特点，想必读者们不难找到身边的案例。本书就是解析各主要行业标志性大单品的成功/失败案例，以期揭示其中的亮点与规律，或者经验和教训，给苦苦挣扎在同质化超竞争中的企业，尤其是给中小企业带来一些启迪。

（2）大单品的战略意义。

大单品成功本质上是企业在对行业竞争、市场趋势及自身资源与能力等众多因素，完成系统思考之后的战略性选择。企业要敢于放弃一些随波逐流、短期投机的诱惑，有魄力集中资源在核心产品运作上，且有毅力和耐心坚持市场精耕细作和深度营销，最终实现大单品的成功突破，使得企业发展由小到大，从而奠定一定的江湖地位。因为伴随着大单品的成功，企业的品牌建设、市场基础、竞争优势和核心能力能随之而起，使企业得以改变行业的游戏规则，超越超竞争状态，并有效抢占消费者心智，建立新的顾客价值标准，在获得差异化优势的同时，又能设置竞争壁垒，有效压制对手。

所以，大单品的成功运作对企业，尤其是中小型企业有以下重大的战略意义：

①单品突破，能有效实现市场破局，并建立利基市场。对于处于起步

阶段的中小企业，凭借具有精准差异化定位的单品，能有效聚集资源与精力，冲击和突破强大竞争对手的壁垒。如在国内保健酒行业竞争中，面对昔日的领导者椰岛鹿龟酒和致中和酒等的强大压力（其中，椰岛鹿龟酒优势明显，凭借刚上市的资本优势，进行高举高打的品牌广告，全系列的产品线，高、中、低+多规格+礼品装，全渠道分销和全国性区域覆盖等强势推进）。劲酒则理性地选择重点打造小瓶规格——小方劲，并集中在一些江南区域性市场，且集中突破餐饮渠道，结果有效破局，使得小瓶酒成为保健酒的标准代言，最终成就中国保健酒的霸主地位。

②大单品的成功是企业建立品牌有效的路径。在新形势下，企业品牌早已不是抽象的概念，而是目标消费者能实实在在体验到的产品。所以，大单品的成功使得消费者对品牌的认知产生最直接的感知，并能取得难以替代的心智地位，进而企业品牌成为行业的代言。如果冻就是“喜之郎”，火锅就吃“海底捞”等案例就是最好的诠释。

③大单品成功能极大提高企业经营效益，量利兼得。大单品的大规模销量带来产品成本下降、生产质量可控、供应链效率提高、售后服务优化等一系列优势。同时也使企业营销的策略与投入更为精准，大幅度提高这个分销链的运行效率。在现实价格一路走低的经营环境中，不管是企业生产各环节，还是各级经销商，每每为众多SKU的库存操碎了心。

④大单品的成功不仅给企业带来领导者的优势，还能拓展整个品类及行业发展空间与加速其演进节奏。在加多宝（王老吉）大单品成功之前，凉茶在广东等华南区域市场存在好多年，一直不温不火，难以成大气候。随着“加多宝/王老吉”的成功，整个凉茶被大江南北的消费者所认知和接受，成为饮料行业的百亿级大品类，也拓展了其他一些跟随性凉茶企业的发展空间。六个核桃的大单品成功有效地提高了国内蛋白饮料的市场空间，使得原本在北方的区域性消费市场，发展为全国性的大品类！

三、成功打造大单品的路径与策略

大单品从哪里来？如何推广成功，并持续发展大单品？基于对近十年来成功的大单品案例剖析与切身的营销实践体会，我们的营销咨询团队总结出了企业打造大单品的三个方面的策略思路与运作要点：一是三维洞察，寻机大单品；二是六大动作，策划大单品；三是五个聚焦，引爆大单品。

1. 三维洞察，寻机大单品

主要是企业要基于消费需求趋势、竞争对手、企业自身产品资源等三方面，综合考虑与权衡，发现大单品可能成功的机会与创新方向。

首先，从消费需求分析开始，可以按照以下六个方向挖掘大单品机会：

①细分目标人群，结盟主流消费。根据年龄、性别、职业、地区和收入等一系列指标，对其进行购买动机、购买金额与频率等细分研究，洞察发展趋势与机会。

②厘清功能用途，找到主要消费场景。将产品功能、用途与某个特定消费时刻联系在一起，如旺旺礼包与过年送礼，喝王老吉凉茶与吃麻辣火锅等。值得注意的是，新的大单品机会只存在于新一代消费人群的主流消费场景中，而茅台这样的传统经典大单品是难以复制的。

③切分价格带，占据关键点位。大单品定价，不仅仅是产品价值的表现，更有可能成为行业竞争的壁垒。比如老干妈辣酱，价格定位 8～10 元/瓶，且具备超高性价比和魅力化口味，其他企业相似品类的产品在此价格带上根本无法与老干妈竞争。

④突出地域特色，顺势推向全国。将区域性产品特色和局部认知的产品功能推广至全国，创造大单品的发展机会。核桃露其实早就在北方地区存在多年，因为消费者价值认知和口感等原因，一直难以推向全国，六个核桃通过产品升级、功能突出及借势新消费场景等手段，成功地推向全国。

⑤挖掘传统文化，形成日常消费。中国人存在多种传统习俗和节日文化，有大量的特色产品，如年糕、粽子和汤圆等食品，都是节日的短暂消费，难以成为日常性消费，如果对口感、配方和包装进行升级，顺应新消费者的健康需求与生活节奏，依然有很大发展空间的，如嘉兴的粽子，以前只是端午节的消费，现在配方改良、口感丰富和包装升级后，成为很多

上班族日常早餐必备品。

其次，从竞争格局与对手强弱因素分析，按照以下次序寻找机会：

①首选在市场潜力大，品牌集中低，竞争强度低的发展性行业寻找，尽管未来这种行业会越来越少，但当下还有不少这样的机会。如复合调味料行业与市场方兴未艾，期待更多老干妈这样的大单品出现。

②次选市场容量较小，但竞争强度较弱，而企业有着相对资源与先发优势，有机会做成“小而美”的行业标杆企业。如婴童用品市场，有一个专业做小儿枕头的品牌——良良就非常有特点，是典型的隐形冠军。

③最普遍的是市场容量大、竞争强度超激烈的行业，在这类行业中打造大单品，需要把握技术突破、产品升级和新消费人群崛起的机会，以图实现弯道超车。如步步高体系的智能手机品牌 OPPO 和 vivo，在音乐手机时代就进入手机行业，在国际品牌诺基亚和国内品牌 TCL 如日中天的时候，一直潜伏，低调做跟随者，在区域市场和终端精耕细作。在智能手机时代，当运营商渠道高速发展的时候，缺乏产品和渠道资源的它们，还是低调而努力地在广大三四级市场进行产品推广和终端裸卖，终于在运营商渠道衰退，产品技术积累突破后，成功发力逆袭，实现后发制人。

最后，从企业自身产品资源整合与升级入手进行大单品的机会寻找，包括以下几点：

①产品专业化功能强化，对比竞争对手，分析自身产品的功能、质量情况，结合目标消费者痛点，聚焦突出专业功能，如老板电器的大吸力油烟机。

②产品外观改良，分析产品外观、形式与新消费者的需求偏好的切合度，如化妆品行业主力产品的打造大多是这个路子。

③产品配方、品质、工艺改进升级，提高其性价比，分析新的技术工艺，能否开创或者升级产品，如金龙鱼的 1∶1∶1 均衡营养的新色拉油的推出。

④产品线梳理，敢于取舍。对现有产品线进行梳理，找出潜在的明星产品并聚焦资源，打造为大单品。如当年的中国劲牌，就是在众多母子品牌和规格包装中，主打小瓶的劲酒取得了成功。

⑤审时度势，坚持经营主线。明确企业发展战略，长期坚持，不断积累和强化，最终修成正果。如长城汽车，从进入汽车行业开始，就致力于SUV车型的打造与发展，十几年持续聚焦，成为国内SUV的标志性品牌，当国内市场逐步成熟，SUV细分市场爆发时，其代表产品——哈弗系列车型自然成为大单品。

2. 六大动作，策划大单品

（1）聚焦目标人群，定义主流消费场景。精准把握目标消费人群针对性的痛点与核心需求，贴近其主要的日常消费与购买的场景，才能有效进入其心智，赢得认同。如国内某复合调味料品牌，在推出核心产品时就精准定位为年轻的妈妈们，针对其在家给孩子做饭的场景的关键价值诉求，健康、美味和便利，形成产品核心概念。

（2）最好取一个一目了然、便于记忆的名字。与产品品类关联、体现核心价值、有差异、易传易记，如娃哈哈主力大品的“营养快线”等。

（3）易于理解和体验的价值主张和卖点。直抵痛点、简洁有力，同时要便于消费者体验，令人信服。云天化“四全”水溶复合肥“水溶肥品质复合肥价格”、“怕上火喝王老吉”、OPPO手机的“充电5分钟，通话2小时”、中国劲牌的“劲酒虽好，可不要贪杯”、“农夫山泉有点甜”等。

（4）易识别的视觉符号和包装形式。将产品特色符号化：图形、颜色、文字等，如苹果手机标志、脑白金卡通人物、江小白卡通人物。同时，产品外观及包装要魅力化，如红罐王老吉、罐装/瓶装可口可乐、劲酒的小方瓶、兰蔻小黑瓶等。

（5）始终如一，富有冲击的整合传播与推广。在信息过剩的传播环境中，大单品的传播必须基于核心卖点诉求，并辅之以感性认知的画面、故事情节，还要360度的多媒体整合传播，才能有效送达消费者。如洋河白酒的大品蓝色经典的蓝色主画面、百岁山矿泉水的公主和笛卡尔的故事。

（6）持续有力的消费者互动与沟通，形成忠诚的粉丝群。大单品的消费者互动要注重娱乐性和社交性，好玩有趣，具有话题性，让粉丝们有得“晒”、有得“装”、有得“炫”。比如国内化妆品品牌企业丹姿在其核心产品“水密码”推广时就借势“美女与野兽”迪士尼电影的“大IP”进行传播，引发粉丝们在朋友圈不断转发与点赞。

3. 五个聚焦，引爆大单品

（1）聚焦核心品项。集中力量完成核心品项突围，形成尖刀效应，树立单品标杆。如红罐王老吉、550ml 农夫山泉、风味豆豉味老干妈、史丹利三安。

（2）聚焦利基市场。在资源有限的条件下，围绕核心战略市场做精做透，谋取区域市场全面领先和份额第一。如脑白金率先启动苏南市场；沃夫特缓控释肥率先启动鲁西北市场。

（3）聚焦势能渠道。率先布局示范性、试用性渠道场所，加大压强，做足势能，谋求向外辐射。如王老吉、六个核桃率先启动餐饮渠道；雷士照明率先做实工程渠道。

（4）聚焦精准推广。极具靶向性地针对目标人群/种子人群和势能渠道，在当时的时间情境下，开创或选择一种“简单、直接、具有穿透性”的传播推广手段进行造势、促销。如脑白金 12 篇报纸软文；小米手机的自媒体传播；六个核桃、动感地带的校区推广；健达奇趣蛋、小浣熊干脆面的推销品推广；史丹利的电线杆贴；沃夫特缓控释肥机播手补贴。

（5）聚焦组织资源。人、财、物资源集中，集约化配置，构建局部市场优势兵力进行饱和性攻击，切勿机会性、散点式投放。如雅客 V9 在上市之初一个星期免费派发完 2000 万粒雅客 V9 糖果。

四、大单品要成功，深度营销是必然选择

大单品成功在于“三分策略设计，七分营销落地”。大多数大单品不是设计出来的，是营销出来的，只有少数大单品是由品牌力、技术力打造出来的。

我们通过总结分析，将大单品成功的企业分为两类。

一类是依靠品牌力、技术能力形成强大的产品差异优势而成功塑造大单品的企业，如苹果、华为等，环顾全球，这类企业凤毛麟角；苹果手机，没有必要的深度营销，因为有足够的品牌力，产品也很好；前期的华

为，在“中华酷联”时代的时候，通过产品和渠道的资源来撬动运营商的渠道资源和用户资源形成销售，当运营商的资源和渠道能力退出的时候，华为的产品起来了，在智能手机上获得了领先国内的强大的产品力和差异性。

另一类是大多数弱势企业，品牌力、技术能力不强，甚至高度同质化，无法形成强大的产品力。这类企业想实现大单品突破，唯一能依赖的就是营销，只有通过营销，尤其是深度营销，才有机会实现大单品战略的成功。

从本质上来讲，深度营销其实是一个企业在没有强大的品牌力和强大的产品差异优势的时候，面对复杂的多级市场，不得已采用的一种营销方式。说白了，是“屌丝”才用的营销方式。本书接下来结合案例分析，重点阐述大多数的弱势企业如何通过深度营销成功打造大单品。在此，重点强调一下，大单品营销要成功，要遵循以下五大要点：

1. 战略决心要坚定

企业一定要明确大单品是企业战略，而非一时战术，也非爆品，要向客户、员工、股东、合作伙伴等清晰表达自己的战略决心。同时“大单品”作为战略，要动用全公司，乃至外部资源坚决执行，要把其作为公司的长期战略坚持下去，要有打持久战的决心和韧性。

2. 心智定位明确

大单品不可能面面俱到，满足所有目标市场的需求，故对于大单品的定义一定要清楚、精准，不能含含糊糊，求全责备。同时给予消费者的价值一定要明确，在当下消费者主权时代，没有实实在在的价值，很难“营”得消费者的心。基于此，大单品务必要细分市场，明细目标人群的定位，要直达目标人群的痛点、痒点、兴奋点，要向消费者专业化地表达产品的价值主张，抢占消费者的心智。

3. 深度营销要落地

有了战略决心，还需要战略落地的模式和方法。深度营销模式作为绝大多数弱势企业大单品战略实施的抓手，不仅要从思想上，还要在行动上一一落实，关键是要掌握深度营销的核心原理和策略方法。

第一，强调区域市场的精耕细作与滚动发展。

集中优势兵力建立根据地，在这个市场上获得1.732倍以上的优势（简约为获得1.8倍的优势），这里潜含了的一个法则叫“蓝契斯特法则”。“蓝契斯特法则”指出，当你是对方1.8倍竞争优势的时候，你的成功概率、获胜概率是最大的；当你达到3~4倍竞争优势的时候，竞争压力和竞争损失是最小的。简单来说，就是集中优势兵力。

第二，强调渠道共赢，渠道为王，决胜终端。

首先，以渠道进行紧密的协同，有效地支持、帮助、服务经销商，使他们能够按照厂家的基本要求和意图去精耕区域市场的终端。让终端能够有效地张开并且能够很好地掌控，使得终端能够主推和专推我们的产品。

第三，强调终端的运作，深度营销强调终端的运作。

什么是终端？就是面向顾客的最终的“出海口”，把产品和服务卖给消费者并从消费者处拿钱的那个界面，就叫终端。比如在农资市场卖饲料，养殖户就是终端；卖手机，零售门店就是终端（老板娘就是关键人物）；做工业品营销，直接用户就是终端。可见，有效销售产品的界面叫作终端。深度营销模式强调终端的有效运作，并发展了一系列行之有效的终端开发、助销、维护等策略手段。

第四，强调跟目标顾客的深入互动，注重精准的、贴近地面的整合营销传播与推广。

通俗的话来说就是“三分天空，七分地面”，现在OPPO/vivo、劲酒等都非常强调地面的拉动终端动销的促销推广及消费者沟通活动，无论是近年崛起的“六个核桃”，还是成功已久的“王老吉”，都是这方面的案例。

第五，强调资源的有效整合和精准配置。

要做渠道，要做终端，大家一定会想到资源的投入问题。营销是强调效率的，深度营销把高举高打的钱省下来，把品牌狂轰滥炸的钱省下来，贴近地面、贴近终端、贴近消费者进行投放。同时，极大地调动渠道的资源，调动相关各个合作方的积极性（包括终端老板娘做专营的积极性），来取得资源共振和共享的效果。

第六，强调组织的系统协同和团队的高效执行。

大家都知道，深度营销靠的不是钱，也不是资源的密集投入。在既没有强大的品牌影响力，又没有卓越的产品比较竞争优势的情况下，从地面开始突击，所以对队伍的战斗力和团队的执行力要求非常高。要求基本上能够“从鸡叫干到狗叫——鸡没叫就得起床，狗叫了还回不了家”，强调团队系统性的持续竞争和执行力。同时，还要强调平台的支持，比如终端铺货、终端促销、区域市场角度推广等一系列的营销推广和顾客互动的宣传工作，必须要有平台的支撑，有专业的策划平台、物料支持平台、培训平台等强大的后台，来支持一线真正做到“月月有主题，周周有活动”。

4. 运作节奏把握精准

领先一步是先烈，领先半步是先锋。市场运作需要精准把握节奏。节奏太慢，会丧失机会，被竞品超车；节奏太快，易透支市场，后继乏力。企业切忌急功近利，高举高打，恒大冰泉就是典型的案例。

具体来讲，在产品运作上，要以大单品突破为龙头，逐步丰富产品组合，再而实现细分覆盖；在渠道上，应做强、做透一类渠道，逐步实现全渠道营销，涵盖传统渠道、专卖店、电商、会员制、定制化等多种形式，不是传统 O2O 概念中简单的线上到线下或线下到线上，而是打造线上线下协同、融合发展的新型“O＋O”渠道模式；在区域布局和发展上，精耕细作重点市场，做透、做强、做大核心区域市场，逐步滚动复制推广到全国；在推广上，按照“三分天空、七分地面”、线上线下结合、新媒体等整合传播策略、方式，聚焦推广形式与资源投入，逐步形成整合传播体系，打造产品的品牌力、渗透力，重点强化消费者的互动、体验。

5. 管理模式、能力发育、队伍建设同步跟进匹配

面向互联网下的全网传播、大数据精准营销，面向消费者新的服务和互动需要，若企业的管理模式没有随之做变革和升级，相应的营销专业职能没有发育出来，营销人员的意识和技能难以满足市场的要求，导致企业承受越来越大的竞争压力，或许有一些变革的想法，但有心无力。我们做的很多咨询案子就是有这种问题的企业，不是没有看见，是看见了动不了，能力跟不上。

企业必须以深度营销模式为核心，优化升级自身的组织体系、运营体

系、人力资源体系，围绕满足消费者价值打造有机型营销组织，并发育自己的核心业务能力，包括品牌建设能力、产品创意能力、渠道运作能力、整合传播推广能力、人力资源能力及相关营销管理职能等。同时，企业要逐步打造自己的营销队伍，培养核心业务骨干。通过内外部“传帮带”和市场实践，实现营销队伍的职业化、专业化，满足业务快速扩张、市场精细化运作的需求。

第二章

白酒大单品的“基因”与“培育”

张 博

在白酒行业高速增长的“黄金十年”，不少酒企面对可期的市场前景，纷纷扩充产品线，采用“群狼战术”。通过“群狼战术”快速开拓新区域和进入新渠道，立竿见影，取得了销售规模快速上升的效果，然而，随着“群狼战术”的边际销量越来越小，“群狼战术”弊端和负面效应也凸显出来了。

- “一红就死”甚至“不红就死”，品牌形象严重透支。
- 产品线过多，主品不突出，降低了消费者的忠诚度。
- 多产品线扰乱正常的价格体系，造成整体市场份额下滑等。

鉴于此，大单品规模经济性和市场稳定性的商业效益和战略价值被重新重视，大单品战略已经成为行业“热门”话题，“整合产品线，塑造大单品”普遍成为众多厂家不二的战略选择。

大单品战略的商业价值有三个方面：一是批量生产、规模制造的成本低；二是吨位决定品位，市场占有率高了，消费基础稳固了，品牌价值随之提升；三是销售费用率也随之降低或优化，提升盈利能力。

无论从20/80法则来说，还是从大单品的商业价值来说，大单品战略适用于各行各业。重复性、习惯性消费频次越高的行业，大单品的外在形象和内在质量一致程度高，甚至稳定不变，大单品战略和营销更为重要和关键，白酒行业无疑属于此序列。

本文采用实证研究和逻辑推演方法，通过对行业普遍公认的大单品产品表现和营销运作进行剖析，以期明确白酒大单品的“成功基因”与“打造之道”。

一、塑造大单品的战略依据和必要性

除了显见的规模经济性和市场稳定性的商业逻辑外，波士顿“三四定律”和蓝彻斯特法则也揭示了大单品战略的合理性和必要性。

1. 波士顿“三四定律”

在一个稳定的竞争市场中，市场竞争者一般分为三类：领先者、参与者、生存者。

领先者一般是指市场占有率在15%以上，可以对市场变化产生重大影响的企业，如在价格、销量等方面；参与者一般是指市场占有率介于5% ~ 15%的企业，这些企业虽然不能对市场产生重大的影响，但是它们是市场竞争的有效参与者；生存者一般是局部细分市场填补者，这些企业的市场份额都非常低，通常小于5%。

在有影响力的领先者中，企业的数量绝对不会超过三个【马太效应决定的】。而在这三个企业之中，最有实力的竞争者的市场份额通常又不会超过最小者的四倍。市场份额小于最大竞争者的1/4，就不可能有效参与竞争。

虽然“三四定律”只是从经验和实证中得出的一种假设，并没有经过严格的证明，但是这个定律还是有非常普遍的指导意义。

- 倘若两个竞争者拥有几乎相同的市场份额，那么，谁能提高相对市场份额，谁就能同时取得在销量和成本两个方面的增长。与所付出的代价相比，得到的可能会更多。
- 在任何主要竞争者的激烈争夺情况下，最有可能受到伤害的却是市场中最弱小的生存者。如图2－1所示。

“三四定律”对大单品战略的具体启示：必须成为同价格带上销量排名前3的产品，即使不能成为第一名的单品。如果主销单品销量不及第一名产品的1/4，就不可能有效参与竞争，甚至很容易出局。

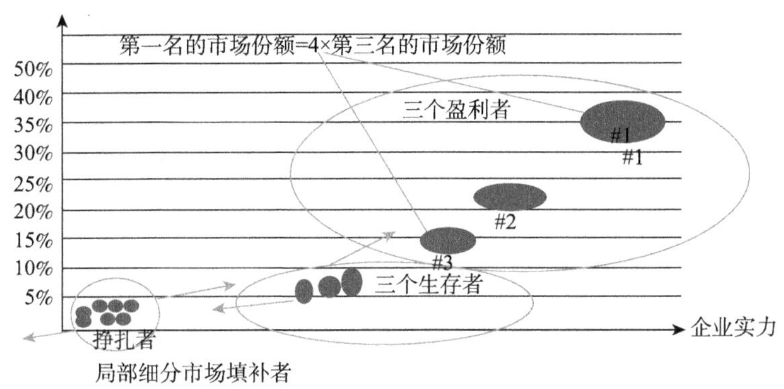

图 2－1 "三四定律"

2. 蓝彻斯特法则

蓝彻斯特第一法则：在局地战中，弱者如何制胜强者？在兵力或武器效率上是竞争对手的 1.7 倍（5∶3）以上，否则无法有效攻击强者。

- 具体战法 1：薄弱环节攻击，在局部上形成更大的优势。
- 具体战法 2：聚焦重点攻击，强调"人无我有，人有我优"，近距离作战，利于获得优势。

蓝彻斯特第二法则：在广域战中，强者如何制胜弱者？在兵力或武器效率上是竞争对手的 2.8 倍（52：32）以上，否则无法有效攻击弱者。

蓝彻斯特法则的市场分类如表 2－1 所示。

表 2－1 蓝彻斯特法则的市场分类

结构分类	分类标准
完全垄断	第 1 名市场份额超过 74%
优势垄断	第 1 名市场份额超过 42%，且大于第 2 名 1.7 倍
双头垄断	前两名市场份额合计超过 74%，且市场份额差 1.7 倍以内
多头垄断	前三名市场份额合计超过 74%，且市场份额差 1.7 倍以内
分散竞争	第 1 名市场份额低于 26%，且市场份额差 1.7 倍以内

蓝彻斯特法则对大单品战略的具体启示：对于市场领导者，在局域市场上，主销产品的销量必须高于竞争对手 1.7 倍；在广域市场上，主销产品的销量必须高于竞争对手的 2.8 倍，否则，竞争对手很有机会翻盘。换

种说法就是，以主销产品销量为基准，当局域市场低于主要竞品 1.7 倍，或广域市场低于主要竞品 2.8 倍，就要加大资源投入，强力攻击竞争对手，不给竞争对手壮大的机会。反之，对于进攻者来说，首先，要明确在局域市场取得 1.7 倍以上的销量优势，并配置 1.7 倍以上资源；其次，在应对领导者的绞杀中，局域市场要力争实现 2.8 倍以上销量。

二、扫描白酒行业的大单品

1. 白酒行业大单品扫描

牛栏山酒厂厂长宋克伟观点：“大单品”先是“单品”，是具有强的产品竞争力的核心产品；其次，才是“大”的概念，是产品力可以渗透到的较大的市场范畴。大单品是相对于行业来说的，但行业没有标准，且由于营销和销售费用模式不同，同价格带产品，各厂家出厂价格差异较大。无论高档、中档、低档，按照终端批发价来算年销售 10 亿元，应该是公认的大单品。

如果用上述具体化、数量化的标准来扫描，笔者认为白酒行业各价格带，大单品典型代表如表 2－2 所示。

表 2－2　所大单品典型代表

产品价格带	典型大单品代表
300 元以上高档	（53 度）茅台、（52 度）五粮液、剑南春、国窖 1573
50～200 元中档	洋河蓝色经典、古井原浆系列、白云边年份系列、汾酒 15 年
30 元以下低档	牛栏山陈酿、老村长香满堂、龙江家园珍品高粱、
中低档	劲酒、毛铺苦荞酒、江小白

2. 大单品与大单品群

上述典型的大单品可以分为两类：（纯）大单品和大单品群。高档白酒几乎全部是（纯）大单品。低档白酒也以（纯）大单品为主，如牛栏山陈酿、劲酒、毛铺苦荞酒；“东北双雄”老村长、龙江家园因为渠道和区域区隔，以及价格差异原因，同样的瓶型包装有调整，如老村长的香满堂、善做善成（勤奋忠诚）、龙江家园的珍品高粱和醇柔。

中档白酒主要采用大单品群，如洋河蓝色经典（梦之蓝、天之蓝、海之蓝）、古井原浆系列、白云边年份系列。中档酒的大单品群中，也有突出的（纯）大单品。如表2－3所示。

表2－3　中档白酒主要采用的大单品群

企业	2013年规模	大单品	零售价格	大单品规模	大单品占比
古井	53亿元	年份原浆献礼版	80元/瓶	15亿元	约28%
		年份原浆5年	130元/瓶	11亿元	约20%
		年份原浆8年	200元/瓶	4亿元	约8%
白云边	48亿元	白云边15年	150元/瓶	5亿元	约10%
		白云边12年	100元/瓶	20亿元	约42%
		白云边9年	70元/瓶	3亿元	约6%
牛栏山	42亿元	牛栏山陈酿	12～15元/瓶	20亿元	约40%
		牛栏山三星	80～100元/瓶	10亿元	约20%
西风	46亿元	西风陈酿6年	130元/瓶	12亿元	约26%
		西风陈酿15年	230元/瓶	3亿元	约6.6%

那么，为什么中档价格带大单品群较多呢？或者说如何选择做（纯）大单品，抑或是大单品群。

迪智成咨询的深度营销战法中，产品战法之一就是“单品突破，多品组合、细分覆盖”，多品组合的理由就是有细分覆盖的要求。高中低档白酒消费细分如表2－4所示。

表2－4　高中低档白酒消费细分

产品价格带	消费群体属性	产品消费特征
高档	高端商政务	礼品性、身份性
中档	普通政商务	宴请性、礼节性
低档	大众化消费	个人性、习惯性

高档产品是（高档）礼品性、身份性消费，是“花钱给别人看”的消

费。产品要大多数人都熟悉，价格相对同类产品要稳定且有一定梯度，要体现出独特性。另外，消费心理和行为是一听、一看，大家就知道。产品名称和外在形象要求一致，所以，主要是（纯）大单品。

低档产品是个人性、习惯性消费，是由消费者的收入水平和购买能力决定，消费价格浮动空间有限，要稳定，且对口感一致性有一定要求，“跟风”消费也比较普遍，所以，也主要以（纯）大单品为主。

中档产品是宴请性、礼节性消费，宴请和礼节是“因人下菜碟”“面子有大小”，价格自然是有高低之分，由此，多是大单品群的状态。

三、构造大单品

1. 大单品的成功基因

能够打造成为大单品的产品，我认为必须有如下三个成功基因：品质独特性、形象差异性、消费高频性。如图 2－2 所示。

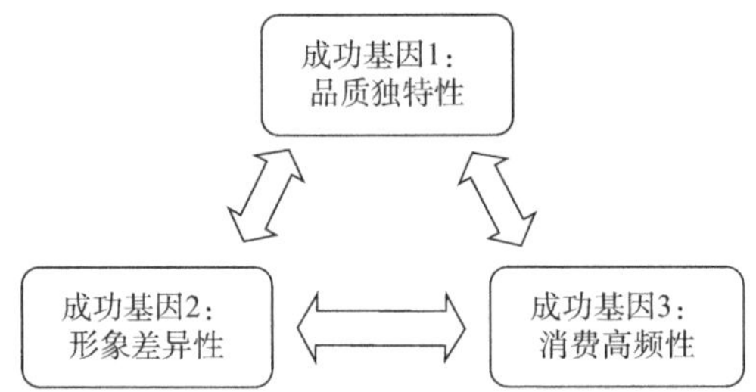

图 2－2　大单品的成功基因

● 品质独特性是基础

无论在广域市场还是局域市场，出现很多“昙花一现”的销量大的单品，转眼就“明星”变“流星”（所以不能称之为大单品），销声匿迹了。广告多、概念多，产品品质不佳或不稳定是重要原因之一。

不说中档以上产品，也不说劲酒、毛铺苦荞酒、江小白这三个品质稳定、口感独特的产品，“低档酒三雄”牛栏山陈酿、老村长、龙江家园产品品质也是非常稳定、较好的。牛栏山陈酿傲视低档酒市场，除了深厚的品牌力外，普适的、独特的产品口感也是制胜的关键之一。可以预见，随着低档酒价格带向上漂移，随着白酒国家标准的严格贯彻实施，纯粮固态发酵酿酒规模冠绝东北、华北乃至全国前列的龙江家园，很有可能实现“弯道超车”，在中低档价格带上，培育2~3款“10+亿元大单品”，得以进入“50+亿元俱乐部”。

● 形象差异性是保证

虽然产品品质、酒体风格越来越重要，尤其是在保证白酒传统品质和酒体风味基础上进行“净爽甘醇”的酒质、酒体创新，塑造产品和品牌形象差异也很重要，毕竟白酒还有相当程度的精神消费属性。品质独特性和形象差异性共同构成消费者价值，两者是相辅相成的。根据企业目标消费者和价格定位不同，品质独特性和形象差异性在消费者价值权重是不同的。具象化描述高、中、低档酒的消费者价值如表2－5所示。

表2－5　高、中、低档酒的消费者价值

消费者价值	高档	中档	低档
品质独特性	3分	5分	7分
形象差异性	7分	5分	3分
消费者价值合计	10分	10分	10分

● 消费高频性是条件

消费高频性是大单品必需的状态，尤其是对口感消费比较敏感的白酒产品。茅台、五粮液、国窖1573都推出38度产品，但都不被市场普遍接受。中档产品由于价格带比较多，必然要采用大单品群战略，但必须明确主力大单品。大单品从0到1亿元较容易，从1亿元到10亿元是巨大门槛，需要持续的投入和培育，否则很容易半途而废。

衡水老白干最近10年年均增长只有10%左右，从2013年销售收入接近40亿元，最近3年跌至20多亿元，从品牌和产品经营来看，核心问题是品牌体系混乱，大单品打造缺乏战略耐性。从2007年的淡雅系列，到初始定位中高端的十八酒坊系列，到最近两年推出的大小青花系列，眼花缭乱，消费者也是“流行式消费”。“战略不怕慢就怕晃”，3年换1个主推的大单品，结果是大单品战略落空，销量下滑。

2. 大单品的魅力化

那么，如何从品质独特性和形象差异性两个维度打造大单品呢？按照迪智成咨询的打造魅力化产品“五度”模型【五个产品差异化的要素】，基于白酒的消费特性，应该按照“2+3”结构和逻辑打造大单品，如图2－3所示。

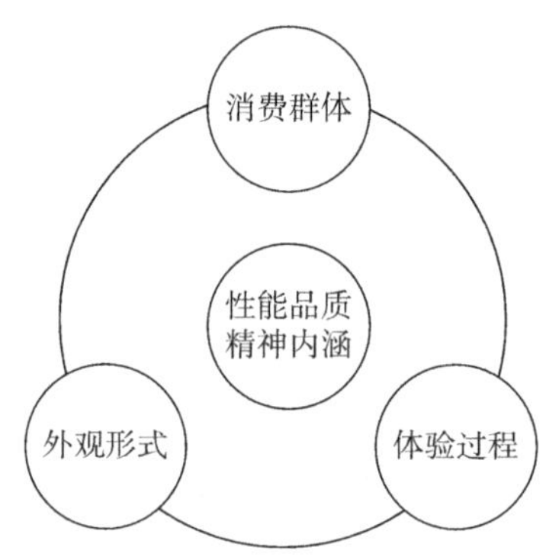

图2－3 按照“2+3”结构和逻辑打造大单品

“2”指的是性能品质和精神内涵魅力化，这两者是产品魅力化的核心，前者是生理效用（价值），后者是心理效用（价值）；“3”指的是过程体验、外观形式和消费群体魅力化。精神内涵和性能品质是魅力化的源泉，是过程体验、外观形式和消费群体魅力化设计与打造的根基。没有消费者认可的精神内涵和性能品质，过程体验、外观形式和消费群体魅力化就是“无源之水”，是概念炒作，没有市场生命力。

性能品质（A）和精神内涵（B）魅力化价值和价格是什么关系呢？如图2－4所示。

“2”与“3”关系，就像一杯啤酒，“2”是酒，“3”是沫，有酒无沫不新鲜、不生动，无酒全是沫只是看似好，经不起消费者体验和考验。前些年，各一线品牌纷纷推出千元系列酒，如五粮液的“马到成功”“金榜题名”等，然而“转眼明星变流星”，就是如此。缺乏切实的精神内涵，又无性能品质支撑，全是炒作之品。

一线品牌大单品可以升级，但不仅是概念升级，而是在坚持或保持传统工艺基础上，产品品质实实在在升级，做限量版的升级，才能实现真正

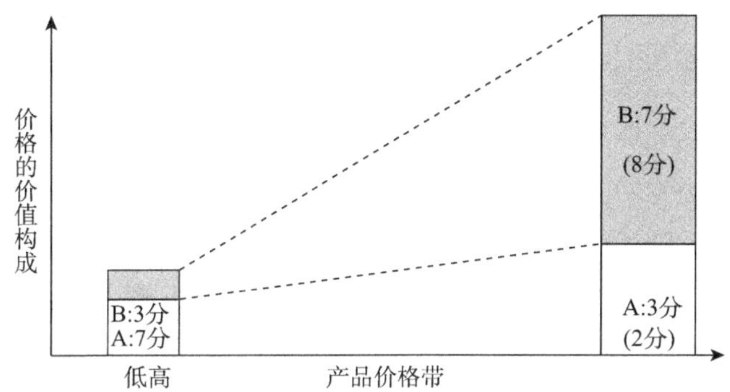

图 2－4　性能品质（A）和精神内涵（B）魅力化价值和价格的关系

的、被消费者认可的升级。做大单品，尤其是高档产品的大单品，要多些坚持、多些“傻气”，少些浮躁和“机灵”。

● 性能品质魅力化

液态白酒是工业方式标准化生产的，而固态发酵白酒是传统工艺、生化反应的产品，每个厂家因为产地环境、原料工艺等方式不同，酒体风格、酒质成分等也不同，并且产品品质与价格定位、成本承受力等直接相关。因此，每个厂家通过产品品质差异化实现性能品质魅力化的角度是不同的。茅台通过独特的产地（环境）、水源、原料及工艺，凸显产品的唯一性；国窖 1573 通过国宝窖池群和浓香鼻祖，凸显产品品质的唯一性；泸州老窖宣传的是“单粮浓香”代表，五粮液则宣传的是“五粮浓香”的代表。时间是试金石，1952 年评出四大名酒——茅台酒、汾酒、泸州大曲酒、西凤酒。没有五粮液，就可见谁的工艺历史更悠久。

光瓶白酒也一样。牛栏山陈酿被称为“酒汽水”，消费群定位就是“那些喝酒量不大，还不承认自己不能喝酒的人”，满足显求酒量大的隐形需求。很少有消费者评价是口感好、有酒香；江小白定位年轻人，就像其广告语“我是江小白，生活很简单”，江小白“高粱小曲酒”酒体也很简单——净甘，因为酒体净，所以可以有“江小白＋红牛”“江小白＋鲜牛奶”“江小白＋脉动”“江小白＋冰红茶”等多种年轻人的喝法；龙江家园由于有纯粮固态酿酒能力。所以，即使是 10 元/瓶的产品也有固态发酵的酒香。

白酒逐步跨入“民酒”时代，就像国外一样，几元美金、十几元美金、二三十元美金及更高价格的产品，口感上差别非常明显。可以预见，不是纯粮固态发酵的白酒，纯粹液态白酒“勾兑”的产品，将逐渐被消费者体验、甄别出来。

• 精神内涵魅力化

对酒当歌，人生几何！何以解忧，唯有杜康！白酒的精神消费属性自古就有，而且随着人的生活环境和精神世界越来越丰富，白酒的精神消费属性越来愈强。洋酒也是一样。“凡入口之拉菲，皆有杏仁与紫罗兰的芳醇”，除了这细腻的口感外，喝拉菲体会的是独特的产地环境和几百年的传统工艺，有限量的尊属感。高档甚至奢侈级的洋酒价值大体如此。当然，其中也有一部分营销传播的成分，如拉菲，但相对所谓的广告白酒，营销传播的成分要少得多。

白酒的精神内涵可以大致分为四大类，当然，或多或少有交叉混合，分类是为了看得更清楚。

第一类是历史悠久型。类似“传统贵族”，典型代表：国窖 1573、茅台，品味的是岁月历史、传统工艺。历史不可以复制，酒又是活性的，因此，从历史悠久型进行精神内涵魅力化是比较难的。20 世纪 90 年代的高档酒酒鬼、水井坊，中档酒道光二十五、仰韶等，都已没落。表面是经营问题，实质是品牌核心价值站不住了。既然历史不可以复制，走历史悠久型路线一定要限量，就像“十大红酒品牌”。国窖 1573、茅台必须坚守“限量”，才能坚守品牌核心价值。亦如拉菲，“大拉菲”就那么多，“小拉菲”可以很多。

第二类是运作占位型。类似“功勋贵族”，典型代表：五粮液、红星、牛栏山，品味的是身份、名气，甚至尊享。20 世纪八九十年代，五粮液“大传播”匹配了当时的商务、政务“大消费”，是五粮液确立今天品牌地位的关键，而不是 1915 年的巴拿马万国商品博览会“五粮液故事”、陈氏秘方等历史。最近几年，牛栏（山）“灿烂”，红星“暗淡”。虽然有体制和经营的问题，关键还是品牌核心价值的差异。一句“正宗二锅头，牛栏山里边”，潜台词是牛栏山二锅头才是正宗皇城根文化的代表，是老北京的代表。“吨位决定品位”，江西四特、江苏洋河、湖北白云边、河北老白干等是坚持纯粮固态发酵（为主）的老品牌，改革开放前依靠行政调拨，改革开放后依靠市场运作，没有没落，焕发了青春。

“三代培养一个贵族”，运作占位型之路可以走，但不是一蹴而就的。对标一二线名牌，酒质和酒体风格是前提和保证。从精神共鸣和品质差异两个路径，“吨位决定品位”是必要条件，塑造品牌的精神内涵。

第三类是精神共鸣型。典型代表：洋河蓝色经典、江小白，品味的是精神的通感。洋河蓝色经典“男人的情怀”，天之高为蓝、海之深为蓝、梦之遥为蓝，体现了现代社会人们对宽广、博大胸怀的追求。“我是江小白，生活很简单”，直击年轻人的心灵，成为年轻人释放压力的“把物”。精神共鸣型两个要点：一是找准精神诉求的方向，精神诉求可以学不能似，否则很容易陷入“东施效颦”的境地；二是有效传播的方式，洋河采用的是传统广告，江小白是借助互联网时代的互动、病毒营销方式。

第四类是品质差异型。典型代表：毛铺苦荞酒，品味的是相对卓越的品质。品质卓越的价格是相对的，毛铺苦荞酒采用小曲白酒酿造，发酵和陈酿保留了苦荞麦中的营养成分、苦荞黄酮（苦荞麦主要功能成分）含量均在50mg/L以上且保持传统白酒口感和风味，78元金荞42度500ml、138元黑荞42.8度500ml、360元普荞42度125ml×24是销量大、增长最快的价格带。白酒泰斗沈怡方曾说：“新时代白酒要适应消费者，品质标准不变，口感要干净、顺和、舒适。”牛栏山陈酿、江小白、毛铺苦荞酒三款现在销量最大的新型白酒，以我的体验来说，牛栏山陈酿顺和、舒适相对于同价位产品比较好；相对于毛铺苦荞酒，江小白的干净、顺和、舒适也不差，但醇厚度不如毛铺苦荞酒。从这个品质特点来看，相比江小白，毛铺苦荞酒的发展前景会更好。简单点说，品质卓越型就是实实在在做好酒、卖好酒。相对于同价格带产品，性价比高。如表2-6所示。

表 2-6 《鲜成品鉴团》之毛铺苦荞酒

	香味	色泽	醇甜	醇厚	丰满	细腻	柔和度	刺激性	外包装	性价比
1 号品检员	9	8	10	7	7	7	7	8	6	7
2 号品检员	7	9	10	8	8	7	9	5	7	8
3 号品检员	8	8	10	8	8	9	9	3	8	8
4 号品检员	6	8	9	7	6	9	7	2	7	9
5 号品检员	8	10	10	9	10	9	9	3	9	10
6 号品检员	8	10	10	9	10	10	9	5	8	8
7 号品检员	10	8	9	8	9	9	10	5	7	8
8 号品检员	9	8	10	9	9	10	9	3	8	9
9 号品检员	8	8	10	8	8	9	8	3	8	8
10 号品检员	8	6	8	8	7	5	5	7	5	10
平均值	8.1	8.3	9.6	8.1	8.2	8.4	8.2	4.3	7.3	8.5

● 过程体验魅力化

过程体验设计的出发点就是消费情景，以情景体验引发共鸣、通感，感受品牌的精神内涵。营销的核心是做差异化，每个品牌的基因、基础、定位都不同。总体来说，过程体验设计出发点有三个：人——意见领袖；情——精神共鸣；事——产品理念。江小白的过程体验设计的出发点是“情”：“我把所有人都喝趴下，就为和你说句悄悄话”“我们总是老得太快，却聪明得太晚”“大道理人人都懂，小情绪难以自控”“我们最先衰老的，从来不是容颜，而是那股不顾一切的闯劲”“手机里的人已坐在对面，你怎么还盯着屏幕看”……让年轻人怎能不喜爱！毛铺苦荞酒过程体验设计的出发点是“事”——产品理念。劲牌公司在全国率先倡导和传播“健康饮酒”的理念，毛铺苦荞酒健康白酒定位与之相呼应。与节令性美食、结合当地旅游资源丰富、联合婚姻登记处开展金荞产品赠送等。

● 外观形式魅力化

“人是衣服马是鞍”，产品包装要能传递产品定位，符合消费情景。最佳状态是产品自己“能说话、能走路”，让买酒的、喝酒的喜欢。除了流通产品包装外，通过定制产品实现外观形式魅力化，也是一个有效方式。

• 消费群体魅力化

传统的消费群体魅力化主要是通过形象代言人和意见领袖，当今时代应该是粉丝，借助互联网工具，实现粉丝之间互动，粉丝与企业互动。典型代表是江小白，与小米手机有异曲同工之妙。江小白是情感互动，小米手机是功能和品质互动。从酒文化、酒品质方面进行互动，每个厂家都有自己的“个性”，大有文章可做。

四、打造大单品

“好酒也怕巷子深”，有了好的产品，如何从品位走向吨位，从产品设计成功走向产品市场成功，同样也是一个艰辛的过程。

1. 大单品的生成模型

从产品创造到商业变现，就是一个价值变现的过程，大单品也是一样。这个价值生成过程可以分为三个环节：价值创造、价值传递和价值变现。传统思维三个环节是按顺序进行的，但创新思维是三个环节闭环、迭代的。在价值变现过程中，可以实现增值。如图 2－5 所示。

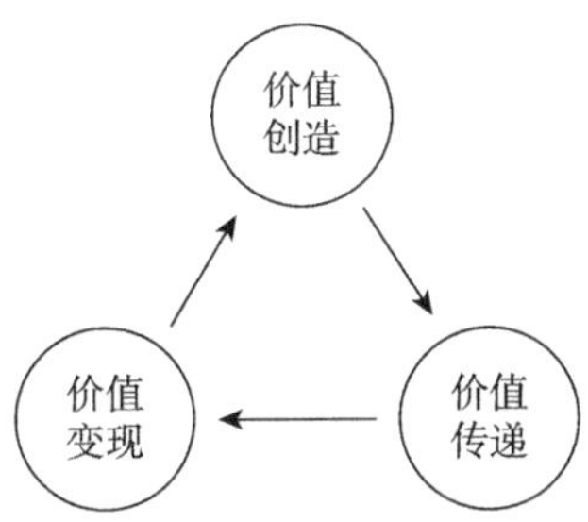

图 2－5　大单品的生成模型

从价值创造来说，价值创造就是上述大单品的 3 个成功基因和 5 个魅力化。5 个魅力化设计的基础是 3 个成功基因。

从价值传递来说，性能品质和外观形式构成产品本身就是传播的载体，精神内涵可以借助传统媒体和新媒体进行软硬传播。过程体验魅力化可以构成产品价值一部分，同时，也是传播方式，既可以传播性能品质，也可以传播精神内涵。消费群体魅力化是切切实实的价值传递。

从价值变现来说，核心就是不断巩固消费群，并实现有效销售，两个关键点是渠道利益和渠道占位。时下，白酒渠道细分较多，不仅有线上与线下渠道，线下渠道又有传统流通、餐饮、特渠、团购等多渠道，渠道占位多、产品见面率高、销售机会多。同时，也带来多渠道冲突问题，冲突结果是渠道利益受损，进一步的结果是渠道流失。不冲突的产品不是旺销的产品，冲突过度的产品也没有未来。“硬通货”茅台、五粮液都要管控渠道，更何况其他呢？衡水老白干于2006～2007年在河北主力运作的淡雅产品，完全可以具备做成大单品或大单品群的特质，酒体风格符合白酒未来市场“净爽”的趋势，加之老白干型酒质本身“净爽”感就比较强。但由于旺销后的市场管控跟进不及时，再加上衡水老白干同价格带产品的“蚕食性助攻”，使得淡雅产品迅速成为衡水老白干众多产品品牌中平庸的一员。

2. 大单品的营销策略精要

大单品是公司战略性产品，相对于竞争应对的战斗性产品、切分竞品份额的追随性产品。通常都是同时兼顾走量和利润的产品，是要长期持有并不断巩固发展的，营销策略精要如下：

从传播推广上，第一个要点是要持续与消费者沟通。消费者从尝试性购买到习惯性购买，不管是主动尝试还是被动尝试（意见领袖或环境导致），都是一个与大单品“恋爱”的过程，要有持续的、立体的消费者沟通。第二个要点是要实现公司品牌和产品品牌的双重传播。大单品一定有自己的商品名，而且显著有别于公司的其他产品品牌，避免其他产品品牌市场下滑或其他问题，“误伤”或“刮伤”大单品。

从价格定位上，一定要管控相同价格带产品的干扰。白酒是市场一体化程度很高的产品，所以，白酒更容易出大单品。相同渠道相同或趋近价格带的产品，没有战略，只有作为战斗性产品的战术意义。既然是战斗性产品，就要控点、控量、控时，打退、打蔫竞品后，要马上退出终端。大单品成为硬通货了，即使有强力的市场秩序和价格体系管控，很可能出现窜货、砸价现象，可以考虑分渠道的产品微差异，以便能够更好地控制产品流向。

从渠道运作上，一定要把握好渠道细分占位与秩序控制的平衡，管控太松、太紧都会影响大单品的成长速度。

结束语

本文主要从理论出发——白酒行业大单品存在的必然性、必要性，以及从实证出发——扫描白酒行业大单品成功案例，阐述了构造大单品的成功基因和魅力化路径，进而阐述了打造大单品的生成模型及策略精要。由于篇幅及本书定位原因，对大单品具体打造策略没有太多的、太具体的阐述。

第三章

华为Mate系列

叶 宁

华为 Mate 7 到 Mate 10 的销售不可谓不火爆，不单单在国内，在全球市场上都是如此。而国外售价远远高于国内，这恐怕在中国品牌手机中也是空前的。说 Mate 系列刷新了中国品牌手机的新高度并不为过，同时也迎合了目前其华为手机初衷，成为中国企业国际化道路上的先行军，一直致力于打造中国的“苹果”。当然 Mate 系列的成功，是经过了好几代产品的研发后，所形成的集大成之作。罗马城并非一夜就建成，一款优秀手机的打造也同样如此。华为 Mate 系列的成功同样是这样，我们就 Mate 系列的发展进行回顾，同时基于其成功的原因进行分析。

图 3－1　华为 Mate 系列

一、华为手机发展历程

1. 华为智能手机历年销售情况

2005 年，华为获得了在中国生产和销售手机的许可，从此智能手机业务后来居上，快速发展。华为手机在 2013 年之前虽然出货量在稳步增长，但其利润一直停滞不前（可以在历年财报上看出），基本是靠低端机在运营商渠道的销售增长。直到华为 P 系列和 Mate 系列横空出世，情况才得到真正改善，如图 3－2 所示。

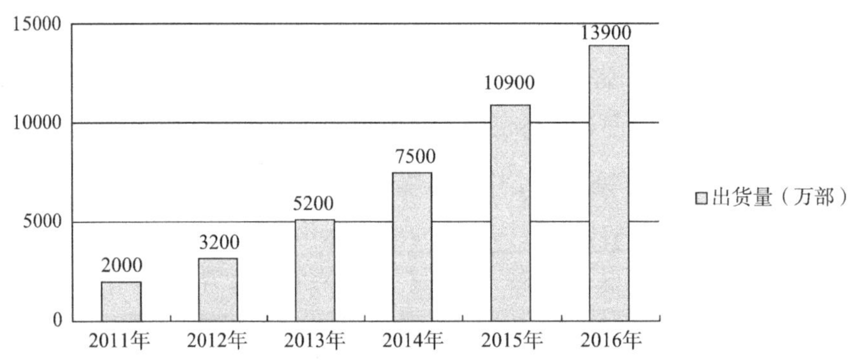

年份	出货量（万部）	增长
2011	2000	
2012	3200	60.00%
2013	5200	62.50%
2014	7500	44.23%
2015	10900	45.33%
2016	13900	27.52%
2017	15300	10%

图 3－2　华为智能手机历年销售情况

2. 华为手机主要系列的定位

随着“全民智能机”时代的到来，国产手机成为越来越多人购买的首要选择。与此同时，国内各大厂商也在不断丰富自己的产品线，想要面向不同人群推出不同功能和价位的子品牌。在华为刚开始做定制机的时候，其手机产品种类比较凌乱，没有统一的规划。不过后来，随着华为对手机业务的逐渐重视，开始有了自主品牌荣耀和 Ascend 等，其手机产品线的结构也就逐渐清晰起来了。

现在 Mate 系列也成为华为高端形象的一个招牌。如果说华为 P 系列（2012 年推出）作为华为手机在中端市场的走量突破，那么 Mate 系列在整体品牌中奠定了基础，同时整体中高端手机销量提升。从整体市场环境和手机趋势来看，在 2016 年上半年中国手机市场零售规模达到 2.3 亿部，同比上涨 15.5%。中高端（2500～4000 元）成为智能手机市场增长的主要驱动力。2500～3000 元价位上涨 111%，3000～4000 元价位上涨 70%。GfK 预计，2017 年中国手机市场中高端规模将进一步放大，持续推动中国手机市场结构升级。如表 3－1 所示。

表 3－1　华为手机主要系列的定位

细分市场	主要系列	关键点
低端市场	荣耀系列	试水脱离运营商渠道，完成 B2B 向 B2C 转换
中端市场	Ascend P 系列	超薄时尚，成功打开中端市场，同时拉开了国内其他品牌（如小米）中低端形象的距离
中高端市场	Ascend Mate 系列	商务用途，成功打开中高端市场

3. Mate 系列时间节点

华为通过 Mate 试水高端智能手机领域：将 Mate 2 作为过渡品（与 Mate 7 同一年），在 Mate 上吸收经验；Mate 7 达到通过完美的产品和精准的策略，使得其销量高潮；Mate 8 不仅仅是 Mate 7 的升级版，Mate 8 引入更多的用户深层需求解决方案，对于商务人群的痛点都有很好的解决方案；Mate 9 则迎来新一轮的高潮，正如开篇所说。

华为 Mate：2013 年 1 月 7 日发布——试水大屏幕手机，如图 3－3 所示。

华为 Mate 2：2014 年 3 月 6 日发布——华为手机真正崛起，如图 3－4 所示。

图 3 –3　试水大屏幕手机

图 3 –4　华为手机真正崛起

华为 Mate 7：2014 年 9 月 4 日发布——扛鼎之作，成功立足高端市场，如图 3 –5 所示。

图 3 –5　成功立足高端市场

华为 Mate S：2015 年 9 月 2 日发布——尝试小屏幕，如图 3 –6 所示。

华为 Mate 8：2015 年 11 月 26 日发布——Mate 7 的升级，如图 3 –7 所示。

图 3－6　尝试小屏幕

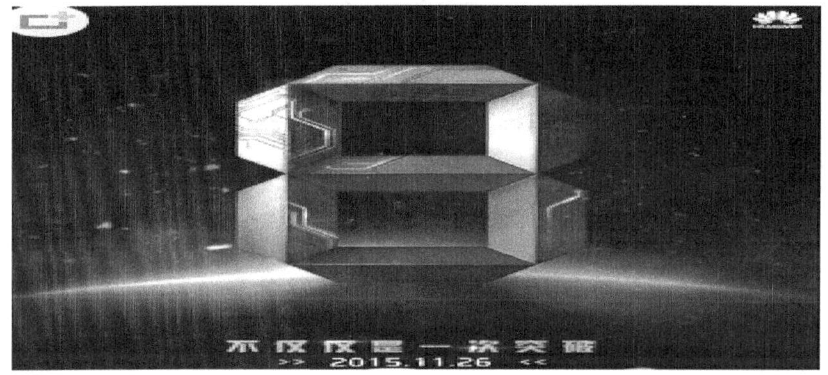

图 3－7　Mate 7 的升级

华为 Mate 9：2016 年 11 月 04 日发布——突显手机拍照（徕卡双摄），如图 3－8 所示。

图 3－8　突显手机拍照（徕卡双摄）

华为 Mate 10：2017 年 10 月 16 日在德国慕尼黑正式发布华为 Mate 10，

如图3－9所示。

图3－9　正式发布华为 Mate 10

4. Mate 系列的定价和主要系列销量

表3－2　Mate 系列的定价和主要系列销量

Mate 系列	定价	主要销量
Mate	1500元左右	
Mate 2	2688元	
Mate 7	2999～3799元（标配到高配）	2015年 Mate 7，销量超过800万部
Mate 8	2999～4399元（标配到高配）	2015年 Mate 8 销量超过了500万部，而2016年 Mate 8 销量超过了1000万部
Mate 9	3399～9888元（标配到高配－pro）	华为 Mate 9 上市仅一个月销量竟达百万部
Mate 10	3429～8999元（标配到保时捷）	2018年3月，华为 Mate 10 全球销量已突破650万部

二、华为 Mate 系列的策略

1. 贴近换机时代的主力人群

Mate 系列要成为华为手机的旗舰，不是生产厂家说了算的，而是需要市场和用户的认可。纵观手机市场，其实早在2014年，手机市场就趋于饱和，随着消费者换机时代的来临，消费升级趋势及用户消费理念也发生了相应的变化，传统价格战及配置战已经行不通，用户对于智能手机的选择也更加理性。而具备换机需求的人群进行定位，比如 Mate 7 的成功，一部分为有着功能机向智能机更换需求的中年人群，以及一部分有着智能机更新需求的白领阶层。这一人群在手机需求上进行分析，他们需求什么？他们在换机过程中主要考虑哪些功能要点？如外观设计及制造工艺、续航能力、安全及用户迁移成本、品牌影响力和产品综合质量等。如图 3 – 10 所示。

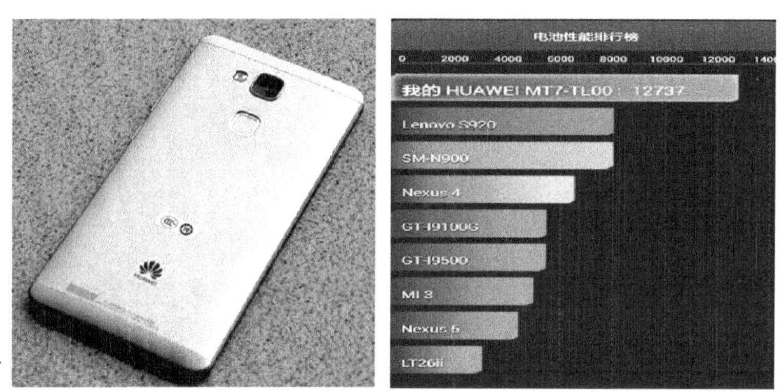

图 3 – 10　贴近换机时代的主力人群

2. 嫁接荣耀基因，完善 B2C 的推广

华为进军手机行业时，营销推广比较弱势，因为 B2B 与 B2C 在运作上有很大区别。华为过去做服务商市场极为低调，但是面对 B2C 市场要变得高调。通过对荣耀系列的试水互联网推广，其初期模式包括营销、推广等模仿小米的成分比较多，使得荣耀迅速成为华为最有力的互联网力量，同时也累积了一定的互联网营销的经验；Mate 系列基于荣耀的成功，运用了互联网推广 + 饥饿营销的方式，Mate 7 是唯一一款从上市到退市都没有降价，并且供不应求的单品。如图 3 – 11 所示。

3. 渲染“国货当自强”的爱国情怀

在满足使用需求的基础上，成功地抓住了国人的心理需求。如华为 Mate 7 依靠国人的“支持国货”的心理，加上不错的手机配置、手机工艺，得以在国内大卖。同时，完成了从“中国制造”到“中国智造”的形象升级。如 Mate 8 系列的广告词——“用 28 年来造好国货，还是去海外扫货”，如图 3 – 12 所示。

图 3－11　嫁接荣耀基因

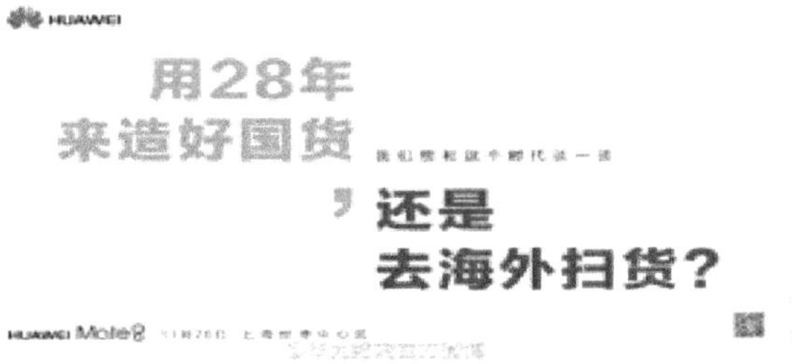

图 3－12　Mate 8 系列的广告词

4. 结合目标消费群的精准推广

基于目标消费者的选择，多维度捕捉目标人群，华为 Mate 7 照搬之前三星杰仕人生的营销渠道，占领机场航站楼，锁定高端人群打概念牌，持续营造高端氛围。同时，通过华为的文化氛围编制一系列故事来定位产品。这也是圈层营销力的一种，特别是每一个高端人士都推崇的尊崇感。如图 3－13 所示。

5. 优质的产品力

实质上，不管什么时代，在各种浮华的背后，企业之间的 PK，都是综合实力的 PK。而在市场上，也只有产品力、推广力、品牌力都领先才是王者。产品是这一切的基础，作为与消费者对接的第一关，产品是能征服消费者的基础。无论你说得怎么样，消费者最后体验的还是产品。所谓的消费者也是建立在一定的价值认可基础上，特别是产品感觉和体验上，产品体验不够优秀，即使说得天花乱坠，也没有什么用，早晚也会被消费者抛弃。而华为手机具有成本和技术优势，如独立研发海思系统，数千的技术

图 3－13　Mate 7 推广

专利。同时，华为在芯片自研、专利互授权或者专利收费后，将很大程度地降低了成本。如图 3－14 所示。

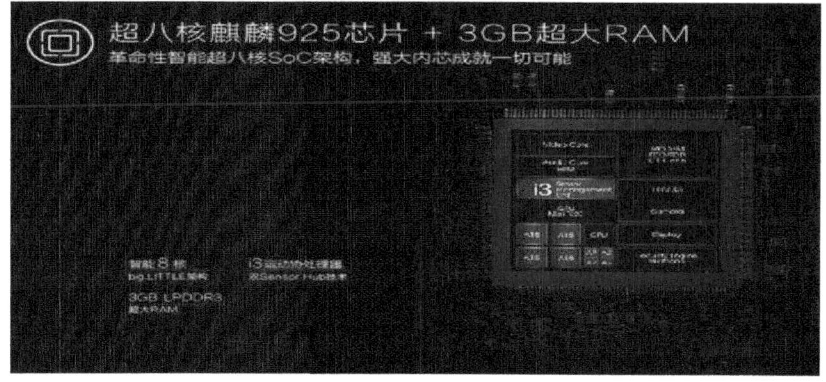

图 3－14　华为优质的产品力

6. 无与伦比的品牌力——世界级通讯企业的背书

首先，华为品牌的知名度和美誉度。在全球范围内的，很多人可能没用过华为手机，但很可能知道华为公司。其次，运营商市场的品牌知名度和美誉度会带动终端销售。这点在国外尤其明显，欧美的手机市场，定制机占了大部分份额，而华为是这些运营商的主流系统设备供应商，这会带动终端的销售。

7. 点面结合——抓大户扶小户

成功抓住了目前手机主流销售渠道（运营商、手机卖场、大型连锁等），如国美、苏宁、迪信通等，资源倾斜，充分保障大户利益，使得华为在一二线城市的地位大大巩固。同时，贴近 OPPO 和 vivo 强势的三四级市场进行覆盖，目前华为启动了“千县计划”。华为消费者业务大中华区总裁朱平表示：华为目前地级市的体验店已经近 500 个，县级店增长到 920 家，覆盖了 800 多个县。

8. 渠道有利可图，形成主推

针对一部高端智能手机，渠道商一般可以赚 400 元，这是正常的渠道销售方式，但华为 Mate 系列定价体系及渠道商返利体系，可以使渠道商多赚 200 ~ 500 元。如华为将 Mate 7 以 3299 元出售给渠道，让渠道销售 3799 元，那么每一部手机可以赚 500 元。

三、华为 Mate 系列的经验借鉴

其实不难看出，Mate 系列的成功可以说是华为大单品的成功，可以归纳出以下几点：

1. 产品力是一切的基础

大单品是在产品力的基础上，再叠加精准的策略和完美的实施。华为技术方面和销量与小米技术和销量对比，结果非常明显。尤其是在目前信息对称的时代，尤为突出。

2. 在消费者洞察基础上，消费者选择和精确产品定位

保持对消费趋势及消费者需求的灵敏感知，及时把握机会、迎合市

场，打造适销对路的大单品，占领行业制高点。事实上，华为正是迎合了换机时代中国消费者对中高端手机的增长趋势，打造出华为 Mate 系列。

3. 资源聚焦，单点突破

从华为 Mate 大单品上看，研发、推广、销售等方面都加大了投入，以压倒性资源投入确保投入先胜于竞争对手。

4. 形成产品组合，构建品牌阵列，突出精品打造

事实上，华为在荣耀和 P 系列成功的基础上，尤其是 P 系列成功拉开了国内主流品牌的差距后，再通过 Mate 系列成功填补了华为手机在高端市场的空白；从 Mate 7 突破 700 万部销量后，让华为在高端市场站稳了脚跟，品牌度也随之提升。而品牌度的提升，将反作用于华为的每一款产品上。

在手机行业，单款销量突破千万，将成为总销量过亿品牌的基本要求。从这方面看，具有成功的产品组合，实现低、中、高多层次消费者覆盖的同时，需要有撇止策略。无论是基于销量还是品牌方面考量，需要突出大单品功能。华为正是基于 Mate 7、Mate 8 的成功，拉升了整体品牌度，反作用于华为的每一款手机产品上，使得华为能够成为国内智能手机 Top1。

5. 合理的利益分配——从炒货到炒渠道

从手机行业来看，提升品牌溢价能力的第一步是得到渠道的认可。使渠道愿意推，需要更加合理的价格体系，同时又不能影响目标消费群的购买意愿和自身产品的品质。

第四章

老板电器

吴铠

本文以老板电器“大吸力”油烟机大单品作为案例，结合厨电行业背景及企业背景，全方位解读与分析了老板电器大单品的聚焦历程及打造逻辑。在此基础上，提出厨电行业一般大单品成功的要素及关键点，希望能给读者带来有益的思考与启示。

一、行业背景

1. 行业概述

近年来，中国房地产业高速发展、城镇化步伐加快、人民生活水平不断提高，带动了厨房电器行业的快速发展。在我国，厨房电器产品已成为人们生活中最基本的家庭消费品。强劲的市场需求为众多生产企业提供了广阔的生存和发展空间，催生了大批的厨房电器生产企业，促使行业规模不断扩大。

通过多年的快速发展，厨电产品从功能、外观设计、科技含量等方面有了长足的创新进步，“整体厨房”“厨电一体化”“智能厨房”等新产品、新技术、新理念不断涌现。尽管如此，厨房电器在中国家庭中的拥有率仍处于较低水平，市场空间依旧巨大，行业发展前景良好。

2. 厨房电器产品及国内消费特点

（1）厨房电器的定义及产品构成。

专供家庭厨房使用的一类家用电器。广义的厨房电器产品构成包括：

油烟机、燃气灶、消毒柜、洗碗机、微波炉、电磁灶、电饭锅、电压力锅、豆浆机、热水器、电蒸锅、电炒锅、电烤箱等。

早期的厨房由一些简单的排风扇及灶台构成，排烟效果差，油烟对人体伤害大。随着科技的进步及生活水平的提高，越来越多的人意识到健康的重要性，新型的厨房电器产品开始大规模替代“粗糙”老旧产品。

（2）国内厨房电器市场的消费特点。

第一，绿色低碳已经成为消费者关注热点。

随着生活质量的不断提高，绿色健康的生活观念越来越受到人们的关注。人民网的一项数据调查显示，在绿色低碳、价格、外观、功能、质量、售后服务六个决定消费因素的选项中，44.8%的消费者认为最值得关注的产品卖点是绿色低碳，占比最高。这预示绿色低碳的产品将成为未来的一个消费趋势。

第二，厨房大家电仍以“烟灶消”为主。

当前，国内消费者现已拥有的厨房大家电产品中，仍以传统的三大件，即油烟机、燃气灶、消毒柜为主，简称“烟灶消”。各大家电卖场及专卖店都主要以“烟灶消”三件套为主。其中，燃气灶的拥有率最高，其次是油烟机，消毒柜的拥有率最低，不足燃气灶产品的50%，消毒柜产品未来仍有潜在的增长空间。而厨房大家电产品中，洗碗机、净水设备等新型产品目前的市场拥有率仍然很低，如洗碗机仅为燃气灶拥有率的25%左右，净水设备为燃气灶的10%左右。由于这两类产品目前仍以高端市场消费为主，不少知名生产企业已经开始规划，在重点区域逐步提升消费者的认知度和关注度。

第三，价格因素对中高端厨电产品的选购不构成直接影响。

对于价格因素，在中高端消费群体中，由于购买力的不断提升，只有不足10%的消费者会把价格因素作为第一选购因素。由此看来，价格仅在中低端消费群体中起决定性因素，而在高端消群体中价格因素的影响力相对减弱。

（3）厨房电器行业竞争格局分析。

第一，厨房电器主要生产区域企业特点分析。

目前国内的生产基地主要集中在以宁波、嵊州为产业基地的浙江派厨房电器，以及以中山、佛山为产业基地的广东派厨房电器。提及中国燃气灶与油烟机市场，谁也不能忽略广东和浙江两大产业区对这个行业的贡献与领军作用，两大产业区风格各异、格局不同，但也无时无刻不在相互竞争。下面通过一些资料的分析，从以下几个方面对这两者进行一个简要分析，如表4－1所示。

表4－1　厨房电器主要生产区域企业特点分析

区域/角度	浙江	广东
产品定位	中高端，走高质量、高品质路线，对核心技术的研发投入较大，尤其是油烟机领域最突出	中低端，走低价路线，与浙江产品没有可比性，几乎没有自己的核心技术，但近几年也有提升
品牌战略	浙江产品总产量国内占优，企业规模相对不大，但质量、工艺讲究，追求品牌知名度，品牌优势明显，并舍得在品牌传播上大手笔投入，如老板、方太。同时，很多企业出于对品牌、定位的考虑，会有目的自主损失一定的规模	广东企业追求高性价比，外观及工艺设计相对普通，品牌形象也不如浙江企业。几乎没有核心技术，附加值很难提升，多数广东企业追求大规模生产以降低成本，以实现产品的迅速普及。相对而言，会忽视消费者的感受，品牌控制力不强，客户的忠诚度不高。但因其低廉的价格，对整个行业的贡献不小，产品更适合二三四级市场
售后服务	厂家对经销商的售后服务管理严格甚至苛刻，有规范的售后承诺和售后流程，售后处理较为快速、及时。客户对售后服务满意度高	因产品制约，很难实现高水准的售后服务承诺

第二，厨房电器企业竞争策略分析。

• 行业品牌分析。

下面是世界品牌实验室权威发布中国厨房电器十大品牌排名，排名以销量、技术实力、产品品质、品牌影响力等指标评定（注：排名不分先后），如表4－2所示。

表 4－2　中国厨房电器十大品牌排名

油烟机	燃气灶	消毒柜
老板、方太、德意、华帝、帅康、西门子、樱花、美的、海尔、火王	华帝、老板、方太、帅康、德意、美的、西门子、万和、火王、樱花	康宝、西门子、方太、火王、老板、帅康、华帝、樱花、海尔、美的

国内厨电行业的品牌集中化使处于一二线地位的厨电企业竞争更加激烈。质量过硬、技术创新、产品差异化等将是保证企业良性发展必不可少的因素，而排名靠后的品牌要想实现突围越来越难。这对消费者来说是个利好的信号——产品的质量、服务等将得到更有力的保障。

● 代表品牌市场策略分析。

下面将以方太、老板、华帝、美的等有代表性的厨电企业为例，从品牌策略、市场推广、促销活动、代表产品卖点等方面进行分析比较，如表 4－3 所示。

表 4－3　代表品牌市场策略分析

策略品牌	品牌策略	市场推广	促销活动	代表产品
方太	方太以产品设计、创新能力和品牌资产来筑造其核心竞争能力，在单一产品上定位高端，在品牌上“厨房专家”的策略深入了解了消费者的需求	销售渠道主要有家电大卖场、装修合作、橱柜商、直营店、网络营销、加盟代理等	企业、卖场周年庆，国家节假日，团购会等	叠翼环吸系列油烟机
老板	发展时间最长、生产规模最大、销售区域最广。坚守“做大、做强”理念，从品牌整体形象上定位高端	销售渠道有家电大卖场、网络销售、装修合作、橱柜商、代理商等	企业、卖场周年庆，国家节假日，团购会，小区推广等	大吸力系列油烟机
华帝	2008 年联手奥运、建立大型体验店等一系列活动让其在品牌知名度上大幅提升	销售渠道主要以经销商最突出，另有家电大卖场、装修合作、网络营销等	企业、卖场周年庆，国家节假日，团购会、砍价会等	聚能灶

续表

策略品牌	品牌策略	市场推广	促销活动	代表产品
美的	注重品质和科技的创新，面对竞争激烈的环境寻求技术创新及差异化	销售渠道主要有代理商、家电卖场、装修合作、橱柜商网络营销等	企业、卖场周年庆，国家节假日，团购会等	蒸汽洗系列油烟机

二、企业背景

图 4 –1　老板电器

如图 4 –1 所示，始创于 1979 年的老板电器，是中国厨房电器行业的一线品牌，专业生产油烟机、家用灶具、消毒柜、电烤箱、电蒸箱、微波炉等家用厨房电器产品。经过三十多年的发展与壮大，现已成为中国厨房电器行业发展历史最长、市场份额最高、生产规模最大、产品类别最齐全、销售区域最广的高端厨电企业之一。

从缔造中国第一代油烟机至今，已有超过 3500 万户家庭正享受着老板电器带来的轻松烹饪生活。在油烟机市场，老板电器全国销量名列前茅，2016 年度销售收入达 57 亿元。

老板电器是国内首家登陆资本市场的高端厨电企业，到目前为止市值已超过 400 亿元，被行业誉为“中国高端厨电第一股”。

三、老板电器“大吸力”油烟机大单品的打造实践

1. 老板电器“大吸力”油烟机作为大单品的聚焦过程

（1）聚焦油烟机主业。

老板电器成立于1979年，创始之初曾经生产电风扇的叶轮配件，也做过冰箱的外壳。但是1985年的时候开始意识到配件利润非常低，决定做整机产品。于是开始寻找国内的技术研发机构，研发并生产当时中国市场上非常少见的、消费者几乎都不认识的产品——脱排油烟机，后来改名为抽油烟机。

1987年，已有品牌意识的董事长兼创始人任建华认为，除了做自主产品还不够，还应该有自主品牌，便在当年注册了“老板”商标，老板牌脱排油烟机也在这一年面世。老板牌脱排油烟机作为国内罕见的全新产品，上市之后，销路非常好，增长也非常快。

脱排油烟机成功之后，老板电器开始向多元化进军，曾经做过包括现在仍然流行的很多家电品类，但是好景不长，经历了七八年的时间，作为主业的油烟机和灶具产品销售业绩开始急剧下滑，之前通过短短的5年就获得了行业第一的位置，经过了五六年又跌回了谷底。

值得一提的是，20世纪90年代，中国有许多公司快速做大然后轰然倒塌，其共同特点便是“看什么挣钱便做什么”。比如当时各类VCD品牌，蜂拥而上的保健品品牌。

1998年，老板电器管理层痛定思痛，决心二次创业，在哪里摔倒的就在哪里站起来。当年开始企业改制，从集体企业改制为私营企业，将企业经营的决策权交给创始人任建华。任建华从产品品类上做了非常大的调整，砍掉了所有跟油烟机无关的品类，包括灶具、消毒柜等。

自此，老板电器只做一个产品：油烟机。通过品类的聚焦，将公司资源全部围绕在油烟机这个产品上，短短几年时间，老板电器又重新回到行业前三的位置。

（2）聚焦“大吸力”这一消费者核心诉求做心智占位。

老板电器经过调研发现，大部分消费者对老板电器产品的高质量有着深刻的印象，但是具体让消费者说出对老板电器的产品价值认知，答案却各有不同，没有形成很好的聚焦。我们知道，通过市场营销行为要达到的一个核心目标就是实现对消费者心智的占位。因此，必须充分了解老板电器究竟要在消费者心智中占据什么位置，它不仅是消费者在乎的，还是企业长期努力的方向，同时还要参照竞品，找到自己的比较优势。

最终，通过大量的调研数据分析得出的结论是：对于油烟机，消费者最关注的就是油烟机的吸力效果。这一最基本的产品特点，是否构成营销的核心关键点呢？是不是吸力越大，代表着油烟机的品质越好？答案是肯定的，油烟机除了外观与智能化的创新，大风量一直是产品技术升级的一个主要突破方向，老板电器更是长期以此作为研发的主要课题，风量越大意味着吸力越好。

实际上，行业中其他品牌在风量的概念上也经常作为某些新产品的卖点进行宣传，但是都不成体系也不持续，最重要的是风量是一个技术概念。老板电器第一次将技术概念与消费者利益进行结合，革命性开创出了大吸力油烟机的高端产品品类。大吸力是消费者关注的，大吸力是老板技术上有引领的，大吸力在消费者的心智占位是同行没有抢占的。

从实际的效果来看，老板电器“大吸力”油烟机的定位，相比方太的静吸和之后的拢烟、美的蒸汽洗等更加简单粗暴，但也更加直击消费者内心的核心诉求，因而用最快的速度占领了消费者心智。

（3）围绕“大吸力”定位，持续打造大单品。

老板电器在明确了大吸力定位之后，从技术研发到产品规划上全部聚焦到大吸力油烟机这一大单品上，并持续地创新改进与升级，确立了“大吸力”才是高端油烟机的代名词。

2009 年老板电器推出的 8210 油烟机是厨电行业中首款风量突破 $17m^3$/min 的产品，在单价上突破了消费者 4000 元的心理价位。性能好、吸力大真正成为行业高端的代名词。之后又持续推出了 8218、8229 等后续高端大吸力机型。

现在，老板电器引领大吸力油烟机从第三代到第四代大吸力发展，最关键的是“风压”增强的效果，以往业界说“大吸力”并没有判断的标准，现在从“风量”到“风压”及“拢吸”技术、拢烟腔设计等逐渐形成标准，老板电器一直主导“大吸力”市场，促使整个油烟机结构的更新换代。

图 4－2　老板电器

2. 老板电器“大吸力”油烟机大单品的打造逻辑

老板电器“大吸力”油烟机的成功打造绝非偶然，而是有其内在逻辑的。笔者将从产品设计、售后服务体系构建、渠道建设、整合营销传播、团队打造五个方面诠释老板电器大单品的打造逻辑。

（1）围绕“大吸力”定位的产品及演示物料设计。

- 领行业之先，制定“大吸力”技术标准。

老板电器是中国研发、探索油烟机领域最早的品牌之一。近年来不断推出新的大吸力产品，从双劲芯 1.0 系统不断更新迭代升级到目前的 5.0 系统，以技术推动产品、产业的新发展，也为消费者带来了更健康、便捷的厨房生活环境。

老板电器认为，随着城镇化转型、消费升级，消费者对油烟机的要求越来越高，油烟机的吸力、清洁能力、外观、噪音都是消费者关注的主要因素，尤其是吸力，成为消费者选购油烟机的核心指标。

在此基础之上，2008 年，老板电器双劲芯技术诞生，首创大吸力油烟机，将油烟机行业推进到另一个新时代——即通过双劲芯风机系统的应用，带领行业进入大吸力时代。

何为大吸力？经过五年多的酝酿和积累，老板电器在 2013 年以自己的产品为标杆，并向行业发布了大吸力的四大标准：

一是拢吸，老板电器首创360°龙卷吸烟，瞬间洁净，20秒给你一个新厨房。

二是强滤，老板电器首创A++免拆洗技术，全面提升油烟分离能力，确保油烟彻底分离。

三是速排，老板电器独创双劲芯技术，动能更强劲，双面立体吸烟，吸排更高效，将油烟瞬间排出，内腔不积油。

四是节能，油烟机能耗达国家1级能效指标。

值得一提的是节能这个指标的内涵，根据油烟机能效标准，油烟机的能效等级共分为5级，主要评定全压效率、待机功率、关机功率、常态气味降低度、油脂排放值五大指标评价分级。其中，油烟机的能效限定值为能效5级，也是市场准入门槛，而能效1级则为最高水平。老板电器全线大吸力油烟机都达到1级能效标准。

老板电器这个标准的推出，破除了大风量=大吸力的误区，将以大吸力为核心的整个烟机性能体系提升到新的高度，同时，也抬高了大吸力油烟机的技术门槛。

- 双劲芯技术快速迭代，技术驱动产品。

大吸力之所以能成为油烟机行业发展的主流趋势，是因为大吸力真正触及到了消费者对于油烟机的根本诉求——吸尽厨房油烟。而老板电器大吸力产品的背后，得益于双劲芯技术的不断升级，技术驱动产品的创新。

其实，纵观我国油烟机行业30多年的发展历史，基本每隔几年就会出现一个革命性的技术，而老板电器正是这些技术的开创者，每一次技术的变革都会推动整个行业的技术升级，成为高端品牌的杰出代表。

2009年，老板电器率先推出双劲芯1.0系统，17m^3/min超大风量，轻松排风油烟。

2011年，双劲芯2.0系统就拥有了18.5m^3/min极速风量，风压330Pa，全面锁住油烟，急速吸排。

2013年，老板电器的智能大吸力油烟机8700产品搭载双劲芯3.0系统面市，带来行业独有的360°龙卷吸烟，19m^3/min超大吸力，彻底解决了油烟逃逸、飘散的难题。

2015 年，双劲芯 4.0 系统登场，油烟机 8228 产品双面立体进烟，形成 360°螺旋，牢牢锁住油烟无逃逸，将大吸力演绎到极致。

图 4 –2　大吸力油烟机

- “大吸力”演示物料设计。

为增强消费者对老板电器“大吸力”油烟机吸烟效果的直观感受，老板电器在所有专卖店中统一部署了两个演示物料（如图 4 –3 所示）：

图 4 –3　“大吸力”演示物料设计

一是大吸力演示：将一块 23.6 公斤的木板放在开启的油烟机下，木板会被牢牢被吸住，消费者都会惊讶于其强大的吸力。2017 年还获得了世界纪录的认证。

二是 360°大吸力龙卷风演示：采用一个盛着小球的塑料桶，放在开启的油烟机下。演示时，小球会随着烟机的风呈螺旋式运动，非常直观的呈现了龙卷风的状态。

上述两样演示物料的导入，老板电器将之成为“视觉锤”，使得大吸力、龙卷风不只是一个概念、一个噱头，而是可以看得见、摸得着，给消费者带来极大的心理震撼。

（2）售后服务体系打造。

作为厨电类产品，高端定位的“大吸力”油烟机，必须要有相应的售后服务体系作为保障。为提升大吸力产品的高端品牌形象，老板电器将售后服务体系的打造视为提升用户体验的非常重要的组成部分，秉承“敏智达·尊享悦”的服务宗旨，打造敏捷快速的智能服务体系，旨在为客户提供高端尊贵的愉悦体验，实现真正的一站式服务，令客户享受钻石般恒久而尊贵的服务体验。

老板电器的售后服务内容包括：

• 老板电器五星管家服务。

2010 年，老板电器将其服务升级为“五星全程管家”，内容涵盖了厨房设计支持、送货安装、维护修理、养护指导、跟踪安检五个层面的星级服务标准。不论是 4S 服务中心、定制化工程服务，还是 CALL-CENTER 多元化服务，多重保险策略无不最大限度地保障了消费者的使用体验。

• 老板电器 KDS 服务。

老板电器在业内首创“烟机未至服务先行”的 KDS 服务（Kitchen Design Service 厨房设计支持），送货之前，服务技师会先行勘察，提供产品组合及厨房布局等专业意见。

• 完善的售后服务网点建设。

目前，老板电器已在全国设有超过 1500 个售后中心，加之微博、微信等社交媒体售后服务渠道，实现售后全方位服务。正是凭借出色的表现，老板电器引领着行业的发展，成为售后服务标准楷模，成为厨电行业内唯一同时包揽“全国油烟机类最佳售后满意品牌”“全国售后服务十佳单位”“全国十佳呼叫中心”称号的企业。

（3）围绕大吸力产品的渠道构建。

老板电器原有全国 62 家代理商，主要覆盖的市场是“北上广深”、计划单列城市、发达地区的省会级市场，主要的强势渠道是国美、苏宁等家电卖场渠道以及高端建材市场中的专卖店。而在国内绝大多数的地县级市

图 4－4　老板电器的售后服务

场，专卖店的数量少，市场覆盖率低。到 2013 年年底，全国专卖店数量只有 1800 家，并且其中有不少专卖店的形象不统一、经营质量不高、管理松散。

随着新型城镇化的推进和消费的升级，老板电器敏锐地观察到：一二线市场的增幅在放缓，而三四级市场的增长空间巨大。于是从 2014 年起，老板电器提出了“掘金城镇化，深耕三四级”的口号，开始启动三四级市场的专卖店建设工作，并提出了三年内建成 3000 家专卖店的目标。为实现这个宏伟的目标，老板电器从以下几个方面推进实施：

一是成立了专门的部门负责推进三四级市场的专卖店建设工作。

二是在市场调研的基础上，对全国的三四级市场的专卖店建设数量、建设标准、维护标准、市场活动标准要求进行了系统的规划。

三是将三四级市场的专卖店建设完成情况纳入对代理商的年度考核，并设置奖惩标准。

四是对于专卖店建设速度不达标的区域，进行适当的扁平化工作，以保证专卖店建设的推进。

三四级市场专卖店的开发建设作为老板电器战略重心，其意义不仅仅是管理模式变革，更重要的是运营模式的改变。紧紧围绕提升渠道运营效率的原则，分工明确、通力协作，以厂商协同开发建设为目标，形成老板电器与代理公司、经销商的紧密协作，从市场开发、建设到管理、维护进行无缝对接、精耕细作，携手向前，挺进三四级市场，共同在三四级市场做大做强，形成牢不可破的事业共同体关系。

到目前为止，全国代理商数量已从 62 家增加到 82 家，全国专卖店数量已达 2650 家，并且以每年新开 400 家专卖店的速度递增。

（4）整合营销传播。

为打造并持续巩固行业第一高端品牌形象，老板电器聚焦油烟机品类，坚持以“大吸力”为主题强化消费者心智，并从如下四个层面做“大吸力”品类的整合营销传播：

• 广告宣传上全面出击。

老板电器总部层面：在广告宣传上全面出击，电视端聚焦权威媒体央视新闻频道及热门卫视；地面广告聚焦交通类媒体（机场、高铁广告）和一二线城市地标商圈户外大屏；网络端实施与爱奇艺、腾讯、乐视等视频网站开展合作；移动端实施与微博微信、新闻客户端等新媒体合作。

代理公司层面：重点以当地电视端、平面公关新闻、城市户外大屏、地铁广告等方式进行宣传。

• 在品牌传播上：与魔兽、奥运等 IP 深度融合，从线上到线下实现整合传播。

• 展会活动。

通过参加中国家电展、“设计上海”国际设计展，举办了“发现食空”“厨房绿色革命”两场大型新品发布会，强化老板品牌高端形象；登陆德国 IFA 展，发布老板油烟机全球销量第一信息，持续强化老板电器在品类上和品牌上的强势地位。

• 基层推广活动。

各区域代理公司持续参加异业联盟活动，推进小区推广活动、品鉴会、新品发布会、节假日主题促销推广活动等，不断提升消费者对老板电器“大吸力”产品的认知。

（5）执行团队打造。

大单品的打造离不开强有力的执行团队，老板电器这些年在代理商队伍、零售商团队、业务团队的打造上都投入了相当的精力，在思维理念、激励机制和能力提升等三方面重点推进。

图4－5　老板电器整合营销传播

- 在代理商思维理念的提升上：

老板电器将代理商视为事业合伙人而不是简单买卖的客户关系，既然是事业合伙人就要共同提升和发展，代理商在思维理念上能够和老板电器的梦想合拍。为使代理商摆脱小富即安的心理，保持创业激情、开阔眼界、放大视野和格局，提升综合能力，2014年年底，老板电器与长江商学院合作，为老板电器60多位事业合伙人定制为期两年的卓越领导者课程，以全面助力老板电器事业合伙人的领导能力提升，确保老板电器人才培养及企业未来发展。

- 激励机制优化上：

为进一步做深做透市场，打破原有代理分公司市场固化的格局，老板电器推行了“千人合伙人计划”。此计划的根本目的是让一级代理分公司转变经营体制，由独家个体经营转向股份经营，实现高管利益共享、风险共担。该合伙人模式核心内容包括两点：

其一，授予核心高管一级代理分公司股权，入股合伙经营，由原来职业经理人变身事业经理人。

其二，进行经营区域的拆分，对市场开拓能力强，愿意承担风险的高管，划出一定经营区域成立合资公司，共同经营新兴细分市场，从而快速完成渠道下沉。

- 业务能力提升上：

为有效配合公司专卖店建设目标的实现，老板电器在人员能力的提升上，设计了分层分类的培养和培训计划，并建立了内部讲师和外部讲师制度，对不同的群体进行了有针对性的长期培养工作，通过培训提升的技能包括：

◇使销售团队掌握规划能力和指导、管控代理商和经销商的能力。

◇使代理商具备执行老板电器的规划方案和策略的能力。

◇使老板电器各技术和职能部门具备支持、配合销售团队的能力，支持服务代理商、经销商的能力。

3. “大吸力”大单品打造给企业带来的实效

老板电器大吸力油烟机的差异化竞争策略与精准定位导致大量油烟机品类跟进，甚至第三方数据公司也开始将大吸力油烟机作为油烟机的专门分支。截至 2016 年，大吸力油烟机市场份额从 5 年前的 16.2% 上升到 51%，老板电器在大吸力油烟机的市场占有率达 60%。事实上，这个时候老板电器在大吸力油烟机市场占据主导地位，并引领行业。

“大吸力”大单品的持续打造也给老板电器带来了高额的回报，从 2007 年开始（除去 2009 年受金融危机影响），公司收入增长保持在 30% 左右，同期利润从 2009 年的 8000 万元上升到 2015 年的 12 亿元，核算下来利润增速保持在 40%。市值从刚上市时的不到 30 亿元上升到目前的 400 亿元，成为各类投资机构追捧的宠儿。

四、案例启示

基于上述对老板电器打造大单品的案例研究，笔者认为对于厨电类企业大单品打造有以下两点启示值得思考：

1. 厨电企业打造大单品成功的前提有哪些

大单品的打造不是一蹴而就的，必须具备一定的基础条件，总结起来有以下六点：

（1）具备一定的技术研发基础。

（2）有一定的品牌积淀。

（3）渠道基础扎实。

（4）具备体系化的品牌传播能力。

（5）有售后服务保障体系。

（6）具备强有力的执行团队基础。

2. 如何打造大单品？关键点有哪些

（1）保持对消费趋势及消费者需求的灵敏感知，及时把握机会、迎合市场，打造适销对路的大单品，占领行业制高点。

（2）不要贪大求全，而要关注细分市场，切分一个局部，创造一个品类，才容易打造一个大单品。

（3）聚焦于单点突破，集中力量于一个单点，在一个或少数几个市场上形成优势兵力，然后滚动复制，逐渐壮大，有效使用有限的资源，这一点对中小企业尤为重要。

（4）局部市场成功后，必须要有一套有效的运营和管理模式，作为大单品成功的有力保障，主要包括以下几方面的组合：

- 大单品的定位和创新方向明确基础上的持续和坚持。
- 产品功能、外观、演示物料设计上与产品定位的高度匹配，并有完善的售后服务体系保障。
- 把握主流价格，抢占高端价格带。任何一个高端大单品，一定是在参照行业内的主流价格的基础上，敢于高端定价突破，才取得爆发优势及行业地位。
- 渠道张开、网点扩张及管理跟进，是保证大单品战略持续、稳定、健康发展的关键。
- 抢占传播推广的先发优势，第一个发出声音的，往往是最先占据消费者心智的，从而无形中建立起行业竞争壁垒，赢得先发优势。
- 高效、强执行力的团队是大单品战略实施成功的保障。

第五章

恒大冰泉

杨 勇

一、矿泉水行业格局、趋势、机会分析

1. 矿泉水市场容量

矿泉水行业高速发展拐点还没有到来，未来几年还具有很大的市场空间，如表 5 – 1、图 5 – 1、图 5 – 2 所示。

表 5 – 1　2015 ~ 2020 年中国饮用天然矿泉水行业市场规模预测

年份	市场规模（亿元）
2015 年	495
2016 年	575
2017 年	668
2018 年	770
2019 年	893
2020 年	1043

2. 矿泉水行业竞争格局

西部的水源地是新兴的板块，目前已有西藏 5100、昆仑山、珠峰冰川等高端产品以此为水源地，如表 5 – 2 所示。

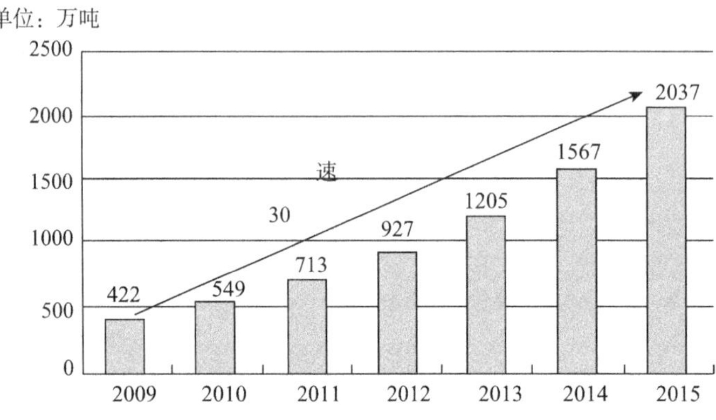

图 5－1　矿泉水市场容量变化趋势

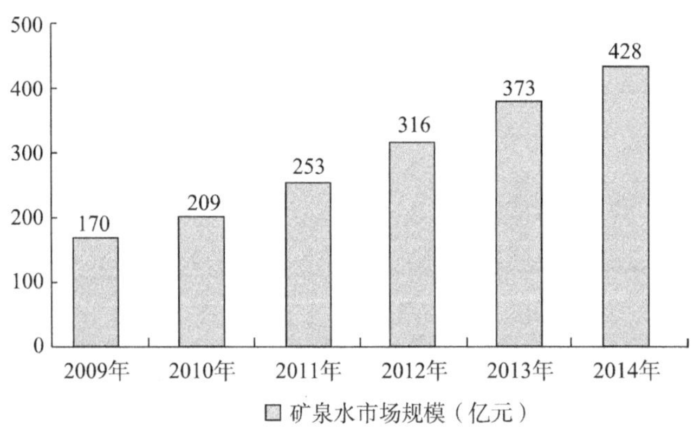

图 5－2　2009～2014 年中国矿泉水行业市场规模

资料来源：中国产业信息网整理

表 5－2　矿泉水行业板块

板块	主要矿泉水企业
吉林板块	娃哈哈、农夫山泉、康师傅、恒大冰泉、昊太集团、北京大地远通集团、吉林泉阳泉及韩国星岛、纳皮亚 NAPIA 等
川滇板块	乐百氏、蓝剑、天外天、大山等
京津板块	娃哈哈、乐百氏、景田、北京大地远通集团等
珠三角板块	乐百氏、景田、广东永隆饮品公司、益力、恒大冰泉等
长三角板块	乐百氏、景田、农夫山泉等

据中商情报网研究显示：2009 年我国瓶装饮用水产量为 3160 万吨，

2010～2015年复合增长率在10%以上，截至2015年我国瓶装饮用水大约为7310万吨；2009年瓶装矿泉水产量为422万吨，年增长在30%以上，2015年瓶装矿泉水产量已达到2037万吨，如图5－3所示。截至2015年，瓶装矿泉水在瓶装饮用水中占比达27.87%。其中，中低端瓶装矿泉水占80%以上的市场份额，高端矿泉水仅占不足20%的市场份额，如图5－4所示。

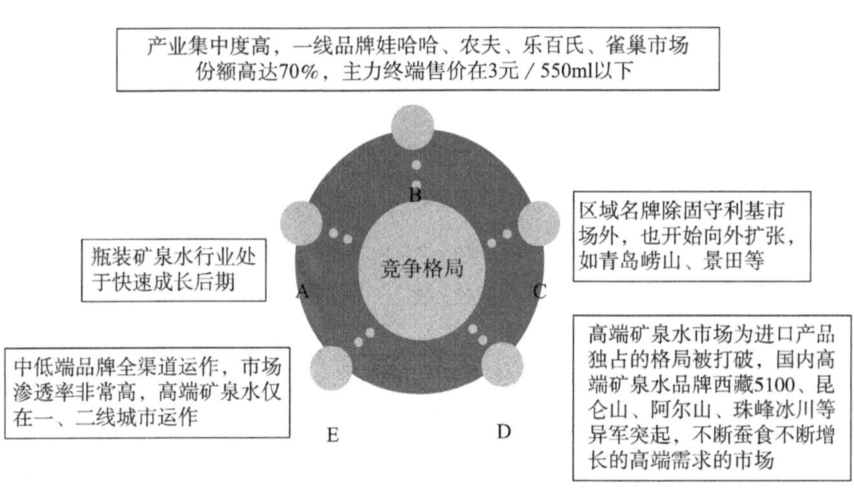

图5－3　中国瓶装矿泉水市场竞争格局

矿泉水行业处于典型的块状同质化市场竞争格局，新进入者必须寻找细分市场的机会，才能有立足之地。我国矿泉水行业一线品牌（农夫、娃哈哈、乐百氏、雀巢）2015年以57.5%左右的市场份额雄居水市场的霸主地位，二线品牌及一些地方品牌的市场份额极低。

3. *矿泉水行业发展趋势*

（1）随着消费观念的转变，瓶装矿泉水行业仍将保持高速增长，结构性（行业内占比、细分市场等）提升还有很大的空间，市场容量仍会继续放大。

（2）中低端市场竞争趋缓，挑战者和新进入者很难对行业的领先者（农夫、娃哈哈、乐百氏、雀巢）造成影响。

（3）本土品牌向高端饮用水市场的扩张速度加快，打破了前些年高端饮用水被外资品牌占据的市场格局，昆仑山、5100西藏冰川矿泉水、珠峰

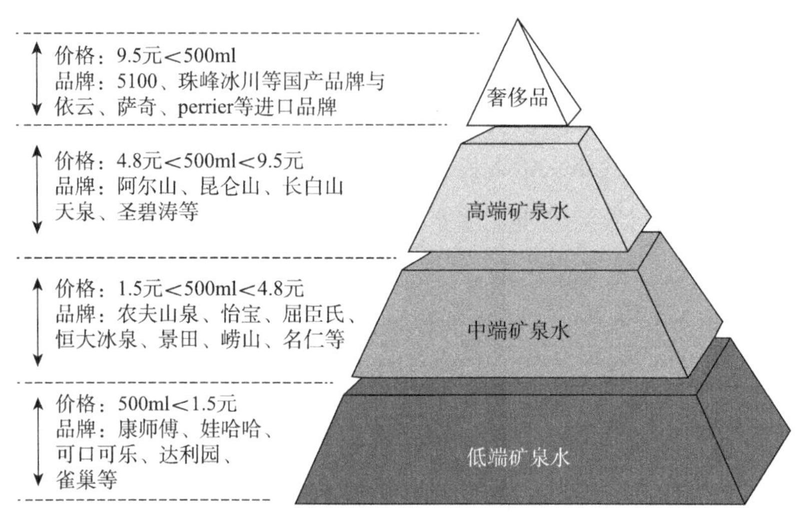

图5－4　中国瓶装矿泉水产品定位分布

冰川等本土高端品牌的出现，打破了法国依云等国际品牌独占中国高端矿泉水市場的格局，并正逐步被市场所认同。

（4）中高端矿泉水销量加速上涨，销售占比不断提升，孕育巨大的发展潜力。中高端与奢侈品矿泉水的销量增速快于低端水，销量占比一直在提升，低端矿泉水的销售占比呈下降趋势。

（5）低端价格产品已经被消费者接受，中高端价格产品还处于导入期，需要进一步教育消费者；市场离散度高，没有垄断寡头，正呼唤有志企业，打破市场坚冰，夺取发展的制高点。

4. 矿泉水行业机会分析

（1）需求机会分析——消费主体和购买渠道，如表5－3所示。

表5－3　消费主体和购买渠道

类型	定义	主要类型	现状	趋势
民用市场	以个人行为采购的用户	家庭用户 个人用户	• 中低端产品格局为主 • 主要品牌均已完成心智注册 • 健康饮用水的市场教育已完成	• 差异化、个性化的需求将引领高端产品的发展 • 品牌化、高价值是主流发展趋势

续表

类型	定义	主要类型	现状	趋势
商用市场	以组织行为采购的用户	公司/企业、连锁餐饮、航食、铁食、酒店、医院、加油站、高尔夫球场、其他特渠	• 开发程度远未达到预期，与民用市场规模相比还有很大的上升空间	• 商用市场是高端矿泉水行业市场重要增长性市场 • 成本控制、产品选型是突破商用市场的两大核心要素 • 资源性渠道商的整合是撬动和延续市场规模放大的关键力量

（2）需求机会分析——消费者购买影响因素，如图 5－5 所示。

调查显示：被调查对象主要考虑的因素分别是品牌 49%、口感 39%、健康安全 37%，其次是价格 27%、购买便利性 26%，其他因素没有被足够的重视。一方面是因为没有将 20 岁以下的人群纳入本次问卷调查；另一方面是因为高端水之间科技感、时尚元素等差异化不明显。

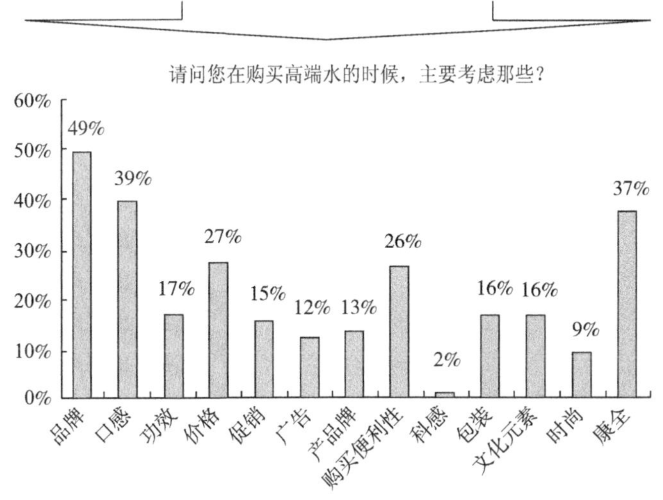

图 5－5　消费者购买影响因素

（3）产品机会分析——产品卖点分析，如图 5－6 所示。组合分析表明：高端水诉求水源产地、矿物质元素的相对集中，诉求科技概念、健康功能、时尚包装的相对空缺。

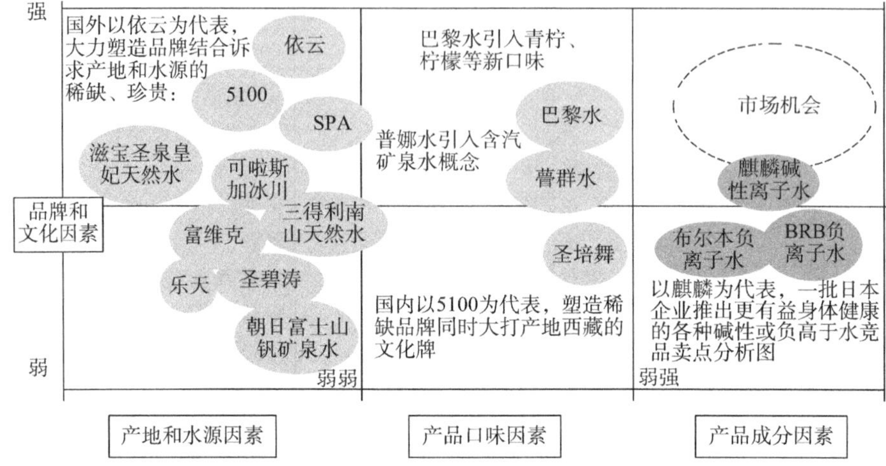

图5-6　竞品卖点分析图

（4）渠道机会分析。

据不完全调查发现，除依云占据一些高端特殊渠道外，5100占据高尔夫、动车组外，其他高端水基本集中在商超和卖场，美容健身等场所暂时基本没有高端水进入，如表5-4所示。

表5-4　渠道机会分析

渠道类别 产品	传统渠道				特殊渠道								
	KA连锁	百货超市	商超连锁	便利连锁	会所	宾馆酒店	娱乐场所	航空	高尔夫	屈臣氏	健身场馆	医院	美容洗浴
依云矿泉水	V	V											
巴黎矿泉水	V	V	V										
普娜矿泉水	V	V	V										
朝日富士山钒		V											
三得利南山天然水		V											

续表

渠道类别 产品	传统渠道				特殊渠道								
	KA连锁	百货超市	商超连锁	便利连锁	会所	宾馆酒店	娱乐场所	航空	高尔夫	屈臣氏	健身场馆	医院	美容洗浴
麒麟碱性离子水	V	V											
5100矿泉水	V	V	V						V				
各种低端矿泉水	V	V	V										
各种功能水	V	V	V										

二、恒大冰泉发展回顾

1. 发展历程

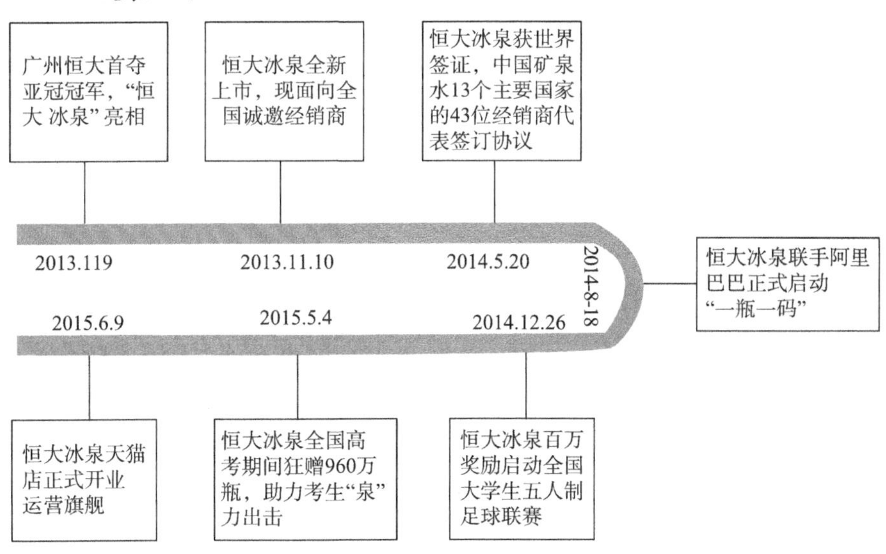

图5-7 恒大冰泉发展历程

2. 战略定位

战略目标：第一年100亿元，3年达到300亿元，未来打造千万吨级的矿泉水帝国。

市场定位：都市白领、中高端人群。

产品定位：来自长白山的高品质天然矿泉水。

品牌定位：高端品质、亲民价格（黄金水源、世界品质、健康长寿）。

分析：恒大冰泉的定位决定了其进入高端水市场，高端水市场需求虽然增长较快，但总体容量仍然偏小（目前100亿元左右），造成战略目标脱离需求增长和市场运作规律，实际表现操之过急（2014年目标100亿元，实际销售10亿元，而2013年、2014年、2015年1－5月累计亏损达40亿元）。

3. 品牌定位

健康：恒大冰泉长白山天然矿泉水作为恒大足球、恒大女排唯一指定饮用水，产自黄金水源带、源于世界三大矿泉水产地之一的健康好水。

长寿：恒大冰泉pH值为7.25~7.8，属于天然弱碱性水，接近人体内环境的数值，更有助于维持正常的渗透压和酸碱平衡。据第六次全国人口普查数据，长白山脚下的靖宇县，百岁以上老人占比是全国平均水平的3.6倍。

分析：恒大冰泉还是有一定的产品优势，长白山天然矿泉水的诉求还是颇具优势。做水饮品、产地资源尤为可贵，在人们的心理，优质的好地产好水，产地好就意味着溢价、价值。但主拼水源地的方式也陷入同质化竞争，消费者也很难辨识其与竞品真正的差异在哪里。

4. 产品策略

产品概念：源于长白山上原始森林中的天然深层矿泉，是直接从深层火山岩中取水灌装而成，经过地下深层火山岩长期磨砺、循环、吸附、溶虑，属珍贵的火山岩冷泉。

产品成分：恒大冰泉蕴含丰富且均衡的人体所需钼、硒、锶、锂等20多种微量元素，且偏硅酸含量较高。偏硅酸对人体主动脉硬化具有软化作用，对心脏病、高血压、动脉硬化、神经功能紊乱等都有医疗保健作用。

设备工艺：恒大冰泉引进世界顶级的德国克朗斯生产设备，直接在源头引流，全程封闭灌装，避免二次污染，严格保证了水质不受外界因素影响。

指标检测：国际品质，高于欧盟标准。经国际权威鉴定机构检测，恒大冰泉“口感和质量与世界著名品牌矿泉水相近，部分指标更优”。

产品定型：恒大冰泉如表5－5所示。

表5－5 恒大冰泉

品名：恒大冰泉长白山天然矿泉水

原料：天然矿泉水

水源地：长白山

pH值：7.25－7.80

规格：350ml，500ml，1.25L，4L

天然矿泉水特征性指标（mg/L）			
溶解性总固体TDS	93.6－230.0	镁 Mg2＋	6.6－22.9
偏硅酸 H_2SiO_3	25.0－49.3	钙 Ca2＋	80.25.6
伽 K＋	15.－62	钠 Na＋	5.5－19.5

5. 价格策略

（1）传统渠道（初期价格体系）如表5－6所示。

表5－6 传统渠道（初期价格体系）

产品		恒大冰泉			
包装		350ml	500ml	1250ml	1250ml
瓶		24	24	12	5
出厂价（含税）（元）		62.00	62.00	47.00	24.00
经销商	进货价	62.00	62.00	47.00	24.00
	毛利 ＋ 返利	8.00	8.00	8.00	4.00
	毛利率	12.9%	12.9%	17.0%	16.7%
分销商	进货价（元）	70.00	70.00	55.00	28.00
	毛利	5.00	5.00	5.00	3.00
	毛利率	7.1%	7.1%	9.1%	10.7%

续表

产品		恒大冰泉			
零售商	进价（元）	75.00	75.00	60.00	31.00
	整箱毛利（元）	16.20	21.00	24.00	11.00
	单瓶毛利（元）	0.67	0.88	2.00	1.83
	毛利率	21.6%	28.0%	40.0%	35.5%
零售价	瓶	3.80	4.00	7.00	7.00
	箱	91.20	96.00	84.00	42.00

（2）团购渠道（初期价格体系）如表5－7所示。

表5－7　团购渠道（初期价格体系）

规格	单位/家庭团购（进货价：元）
350ml×240	80
500ml×240	80
1.25L×12	65

（3）KA渠道（初期价格体系）如表5－8所示。

分析：从恒大冰泉品牌定位看，它的价格定位其实算不上高，但基于两点造成价格高不成低不就：一是如果要走中高端价位，那就要损失一大部分销量，无法完成业绩目标；如果走低端价位又不符合战略与品牌定位；二是在产品为王、体验为王的时代，恒大冰泉的产品不足以支撑品牌和价格，尤其是品牌需要积累和沉淀。

（4）价格调整。

2015年9月，恒大冰泉召开发布会宣布旗下产品全线降价，主打产品500ml装从此前的4元调整为2.5元，350ml、1.25L、4L产品全国零售价也分别从此前的3.8元、6元、25元调整为2.5元、5元和12.5元，降幅最高达到50%。

表 5－8 KA 渠道（初期价格体系）

产品	包装	瓶	出厂价（含税）	KA 经销商			卖场/超市									便利								
							上限价格			建议标准报价			定期促销价格			上限价格			建议标准价格			定期促销价格		
				进货价	毛利	毛利率	进价	零售价	毛利	进价	零售价	毛利	进价	零售价	毛利	进价	零售价	毛利	进价	零售价	毛利	进价	零售价	毛利
矿泉水	350ml	24	62. 00	62. 00	18. 00	29. 0%	82. 00	4. 20	18. 7%	80. 00	3. 80	12. 3%	78. 00	3. 50	7. 1%	82. 00	4. 90	30. 3%	80. 00	4. 60	27. 5%	78. 00	4. 20	32. 6%
	500ml	24	62. 00	62. 00	20. 00	32. 3%	85. 00	4. 50	21. 3%	82. 00	4. 00	14. 6%	80. 00	3. 50	4. 8%	85. 00	5. 50	35. 6%	82. 00	5. 00	31. 7%	80. 00	4. 50	25. 9%
	1250ml	12	47. 00	47. 00	14. 50	30. 9%	66. 00	7. 00	21. 4%	61. 50	6. 00	14. 6%	60. 00	5. 50	9. 1%	66. 00	8. 00	31. 3%	61. 50	7. 50	31. 7%	60. 00	6. 80	26. 6%
	1250ml	6	24. 00	24. 00	7. 00	29. 2%	33. 00	7. 00	21. 4%	31. 00	6. 00	13. 9%	30. 00	5. 50	9. 1%	33. 00	8. 00	31. 3%	31. 00	7. 50	31. 1%	30. 00	6. 80	26. 5%

2016 年 8 月，主打的 500ml 装及 350ml 的小包装均从此前的 2.5 元调整为 2 元；1.25L 和 4L 装的矿泉水则分别从 5 元、12.5 元调整为 4 元和 10 元。

分析：两次下调产品价格，可能会对业绩有一定帮助；但已经与初始的战略与定位背道而驰；未来的道路何去何从，我们拭目以待。

6. 渠道策略

（1）全国招募销售商，力图扩大销售渠道。

（2）恒大地产社区渗透。

（3）一个月铺货全国 20 万个终端。

恒大冰泉借助集团在地产领域全国布局的优势，在北上广深等一线城市直辖市省会城市等核心商圈地标性高端商场设置产品 4S 品牌展厅，在全国超过 130 个城市逾 200 个项目各地区恒大酒店、恒大影城、健康养生会所等设置产品展示零售店，建立起直销批发点；以终端直营渠道和现代渠道为主，以特通渠道和经销商渠道为辅，并设立全国客服热线定期客户满意度反馈机制等提升产品美誉度；产品渠道还将覆盖沃尔玛、华润万家、家乐福、卜蜂莲花、乐购等大型卖场及全国所有片区的快消品分销系统，并开通“恒大矿泉水”网上商城，在有恒大地产项目的城市提供送水上门服务。

分析：渠道建设重数量、轻质量；铺货率、终端建设、客情关系、特渠开发还远未到位。

7. 推广策略

（1）传播主题与导语。

i. 长白山深层火山矿泉、世界三大黄金水源之一。

ii. 一处水源供全球。

iii. 世界水日一瓶一码。

iv. 天天饮用益于健康。

v. 喝恒大冰泉美丽其实很简单。

vi. 喜欢我就喝恒大冰泉。

分析：恒大冰泉变化频繁的传播主题与导语，乱花渐欲迷人眼，很难深入消费者心智，甚至会认知混乱。

（2）品牌代言人众多。

i. 菲戈、耶罗。

ii. 里皮。

iii. 郎平。

iv. 成龙。

v. 范冰冰。

vi. 金秀贤。

vii. 金喜善。

分析：恒大冰泉众多的品牌代言人多是体娱明星，体育营销、明星策略代表的运动和影视属于大众娱乐，与恒大冰泉的品牌定位并不一致；且粉丝的年龄集中在16～25岁，并不是恒大冰泉的核心消费群，粉丝经济难以支撑上量。

另外，代言人并不能完全诠释恒大冰泉的品牌内涵和价值。

（3）事件营销。

i. 广州恒大首夺亚冠冠军“恒大冰泉”亮相。

ii. 恒大冰泉获世界签证中国矿泉水13个主要国家的43位经销商代表签订协议。

iii. 恒大冰泉联手阿里巴巴正式启动“一瓶一码”。

iv. 恒大冰泉百万奖励启动全国大学生五人制足球联赛。

v. 恒大冰泉全国高考期间狂赠960万瓶，助力考生“泉”力出击。

（4）媒体推广。

i. CCTV、数十家省市级卫视。

ii. 24家主流媒体。

iii. 热门网站。

iv. 移动广告。

分析：恒大冰泉近乎狂轰滥炸、野蛮粗暴的高举高打、强压式传播，缺乏体验、互动、情景等方式，虽然知晓度很高，但并不能体现品牌的

“高大上”，某种程度上让目标消费群产生反感，难以深入消费者心智。品牌的传播需要“润物细无声”的方式。

8. 营销组织

(1) 组织能力：在恒大开始操作恒大冰泉的时候，主力的团队都来自于恒大地产，缺乏对行业竞争格局与方式的理解，缺乏快消品（尤其是水行业）运作模式的经验和能力。

(2) 高管心态：从恒大冰泉制定的3年业绩规划可以明显看出管理团队有很强的智商优越感，认为水行业、领域的企业操作水平都一般，自己一进去就能把他们打得落花流水。

(3) 组织与人事变动：2015年9月，恒大矿泉水集团、乳业集团、粮油集团合并为“恒大农牧集团”，由原乳业集团董事长徐文担任新农牧集团董事长、王忠明担任恒大冰泉董事长、原主管物流板块的副总杨华峰出任恒大冰泉总经理。

分析：恒大冰泉跨界经营本身没有对错之说，关键是要掌握新领域的运作规律和运作模式，需要打造专业化的高管团队，及一支职业化的队伍。

三、标杆企业研究

1. 标杆对比研究

表5－9 标杆对比研究

品牌	产地/水源	市场定位（实际）	品牌定位	产品定位	价格定位	市场表现	劣势
依云	阿尔卑斯山/冰川水	高端少数处于消费金字塔顶的消费人群	卖的是天然、健康、纯净，赢的是高端市场	来自阿尔卑斯雪山有内涵、有历史、有品位的水核心诉求：健康、营养、纯净、安全、美容	500ml/8.9～9.9元 330ml/6.7元 高铁500ml/16元	高端水全球10.8%，高端水占有率第一	面对其他高端水进入市场的竞争压力；进口价格高昂，却又国内分装未必保证国外品质

续表

品牌	产地/水源	市场定位（实际）	品牌定位	产品定位	价格定位	市场表现	劣势
昆仑山	昆仑山/高山水	次高端 新富裕人群	中国 最高端水	昆仑山优质冰川水核心诉求：水源地好水	510ml/ 4.8～5元	加多宝旗下，次高端价位优势，国产高端水销售前列	面对后继竞争者的压力，非真正高端水，相当于高端水的二线品牌
农夫山泉	千岛湖、长白山、丹江口、万绿湖/矿泉水	中端	高档、 高质	天然弱碱性的健康饮用水核心诉求：环保、天然、健康	500 ml/ 2元	中国瓶装饮用水的领导品牌之一，近年来一直位居市场占有率第一位	水源偏远造成的成本问题，水源地污染等安全隐患
恒大冰泉	长白山/矿泉水	次高端 都市白领、中高端人群	高端品质 亲民价格	来自长白山的高品质天然矿泉水核心诉求：健康长寿	350ml/ 3.8元 500ml/ 4元 1250ml/ 6元 4000ml/ 25元	恒大旗下，资金、推广优势，运作简单粗暴，力求扭转颓势	新进入者，专业化运作能力不足，高不成低不就

2. 依云

依云在品牌塑造、产地故事、产品定位、渠道打造、传播推广等方面进行系统的策划与运作。依云成功七要素如下：

（1）国外品牌的背景，依云小镇的故事。

（2）最早进入中国市场的高端水，塑造了高端水代言企业的形象。

（3）选择直达消费群的渠道。

（4）指导目标消费群的公关活动。

（5）抵制品牌延伸的诱惑，从专注产品的角度来坚定品牌的打造。

（6）产地概念的打造。

（7）超过物理属性的定位。

3. 昆仑山

（1）富有内涵的品牌定位。

i. 孕育中华民族5000年，与中华文明的发展息息相关。

ii. 万山之祖，中华国山。

（2）产品概念。

i. 水源来自海拔六千米高的昆仑山雪山源头，常年被冰雪覆盖。

ii. 水质经过50年以上地下深层的天然过滤。

iii. 世界稀有的小分子团水，有利人体吸收。

iv. 含锶、钾、钙、钠、镁等多种有益人体健康微量元素。

v. pH值呈弱碱性，有益人体健康。

（3）营销模式。

i. 清晰的市场定位：中国最高端矿泉水品牌定位及中高档价格定位。

ii. 精准的市场节奏把握：先封闭渠道再开放渠道到创新。

iii. 有效的市场突破点：借助赞助来完成高端品牌形象的打造，借助高铁等封闭渠道完成目标人群的教育工作。

iv. 系统化的强大的宣传推广能力和资源：围绕高端品牌形象及水源地的系统的宣传推广。

（4）富有节奏的营销运作。

i. 以新富裕人群为目标市场，借助赞助体育赛事、娱乐节目形式。一方面树立高端品牌形象；另一方面完成高端消费人群的体验过程，然后借助高端人群的示范效应向目标消费人群渗透。

ii. 同时通过传递“昆仑山优质冰川水”的水源地，以及“水的质量决定生命的质量”的概念引导消费者关注水的品质来强化消费者的价值体验。

iii. 以航空、加油站、高铁、高档娱乐场所等封闭型渠道来接近目标消费者，完成“首用消费者”体验，然后逐渐向KA商超、便利店等开放渠道扩张。

iv. 先重点突破浙江、广东市场，布局北京、上海、成都市场，逐步向全国推广复制。

（5）打造立体渠道，重视特渠建设，如表5－10所示。

表5－10　打造立体渠道，重视特渠建设

<table>
<tr><th>渠道性质</th><th colspan="3">渠道</th><th>重点开拓市场</th><th>策略市场</th><th>开拓市场</th></tr>
<tr><td>零食业务
Retail</td><td colspan="3">全国KA</td><td>√</td><td>√</td><td>√</td></tr>
<tr><td>零食业务
Retail</td><td>区域现代</td><td colspan="2">B、C类商超</td><td>√</td><td>√</td><td>√</td></tr>
<tr><td>零食业务
Retail</td><td>区域现代</td><td colspan="2">连锁便利店</td><td>√</td><td>√</td><td>√</td></tr>
<tr><td>即饮业务
On-premise</td><td>特通渠道</td><td>娱乐</td><td>高尔夫、KTV、健身房/高档会所、电影院</td><td>√</td><td>√</td><td>√</td></tr>
<tr><td>即饮业务
On-premise</td><td>特通渠道</td><td>旅行与交通运输</td><td>机场、星级宾馆/酒店、加油站、高档4S店</td><td>√</td><td>√</td><td>√</td></tr>
<tr><td></td><td colspan="3">高档餐饮店</td><td>√</td><td>√</td><td>√</td></tr>
<tr><td>批发业务
Wholesale</td><td colspan="3">批发（邮差、具有特通网络自愿的批发）</td><td>√</td><td>√</td><td>√</td></tr>
<tr><td>其他</td><td colspan="3">政府/行业重要会议公关用水</td><td>√</td><td>√</td><td>√</td></tr>
</table>

（6）除传统传播方式（电视、事件营销）外，强化互联网传播功能。

i. 搭建沟通平台：利用互联网的互动性，进行品牌利益点体验。

ii. 媒体传播：配合主题活动和事件行销需要，利用互联网媒体形成口碑，进行造势。

iii. 建立品牌体验网站（如传播昆仑山历史和文化）。

iv. 重大事件广告精准发布（如产品上市）。

v. 网络会员运营平台（促进销售）。

vi. 高端会议、管理、财经类等栏目合作。

4. 景田百岁山

（1）定位及市场表现。

i. 市场定位：虽然景田百岁山品牌定位为“水中贵族”，但其价格（3

元/570ml）为中档，符合大众消费价格。

ii. 市场表现：在广东地区已经成为强势品牌，逐渐迈向全国，在KA商超、连锁便利店等开放渠道表现较好（与中高端矿泉水比较）。

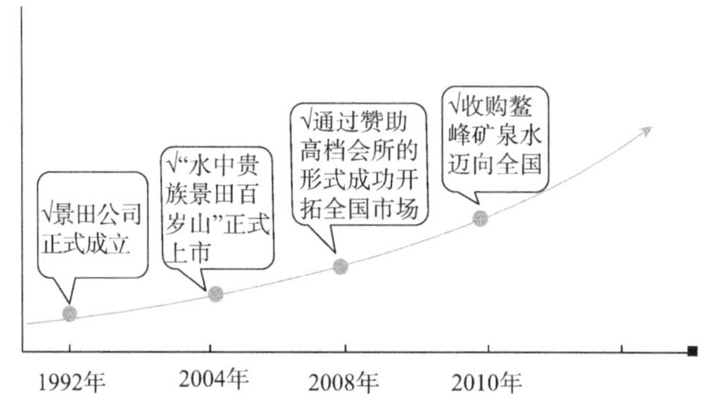

图5－8 景田百岁山发展历程

（2）营销模式分析。

i. 精确的市场定位：以超高性价比的产品产生足够销量支撑渠道运作。

ii. 多年积累品牌口碑及渠道运作能力。

iii. 以中高档会所封闭渠道作为市场突破点。

iv. 精准市场节奏的把握：先封闭渠道再开放渠道，到创新渠道精确的市场节奏把握。

借助在广东地区积累的消费群体和口碑来打造"景田百岁山水中贵族"品牌形象，利用中低端的价格来提升销量；在广东取得突破后，通过赞助中高档会所的形式向一线城市拓展，利用中高档会所的推介能力完成"首用人群"的教育工作，然后利用强大的渠道运作能力，在KA商超、连锁便利店、单体便利店、水站张开，完成市场开拓工作。

（3）竞争策略分析。

i. 竞争定位：中国矿泉水第一品牌。

ii. 竞争导向：价格竞争导向，以最优性价比的产品来抢夺市场。

iii. 竞争策略：以"水中贵族"塑造品牌形象，以中低端价格来拓展市场。

iv. 竞争优势：强大的渠道运作能力以及长时间积累的产品口碑。

（4）产品策略分析。

i. 核心卖点：稀缺水源地，景田百岁山天然矿泉水采自于惠州罗浮山，地层160米深之下的岩石断裂带之中，专家鉴定为世上少见的优质矿泉水水源之一。

ii. 产品形态：瓶装水和桶装水，涵盖主流规格，包装设计高档，给消费者以超高性价比的感受。桶装水：以18.9升为主，瓶装水：348ml/570ml/1000ml。

iii. 价格区间：3元/570ml左右。

（5）渠道及推广策略。

i. 景田百岁山利用多年积累的渠道运作能力来拓展市场，推广策略相对简单，以口碑传播为主，随着近两年竞争加剧，也逐步通过赞助体育赛事树立品牌形象。

ii. 广东地区：经过多年积累的KA、连锁便利店、单体便利店、水站等立体化渠道。

iii. 其他地区：通过中高档会所封闭渠道完成消费者教育，逐步进行立体渠道建设。

四、大单品战略思考与启发

1. 大单品的定义与功能

定义：在企业发展特定时期，对企业的品牌影响力、综合竞争力、行业地位等具有战略性价值，对企业打破市场僵局，提升业绩，推动企业发展或者转型升级起决定性作用的战略性产品。其特点是销量大、份额高、品牌影响力强、生命周期长，引领或者定义品类。

功能：

i. 破局或者巩固市场。

ii. 量利贡献的主要来源。

iii. 塑造品牌影响力和持续力。

iv. 降低运作成本、规模经济。

v. 奠定、夯实产品延伸、组合的基石。

2. 大单品操作要点——品牌策略

（1）品牌定位和价值主张尽可能贴近目标市场的消费习惯、生活方式和价值观；能引起目标消费者的共鸣，乃至参与、互动。

（2）品牌定位固然重要，但品牌背后的故事、诉求、内涵、衍生更重要，品牌需要长期沉淀和积累，高端产品更要注重品牌资产。

（3）品牌一定要有产品力做支撑，且品牌一旦定位，经营目标、所有的营销策略都要与之匹配，切忌急功近利，粗暴简单。

（4）大单品品牌一定要有鲜明的品牌标识、品牌导语、视觉情境等。

3. 大单品操作要点——产品·价格策略

（1）大单品一定是在洞察需求，判断趋势的前提下，通过细分市场进行挖掘。

（2）最好定义或者引领一个品类，提炼、聚焦、放大差异化，提前占位。

（3）大单品的产品诉求要直戳消费者心智，不追求面面俱到，把满足某一点需求做到极致，切忌云里雾里的概念操作。

（4）产品卖点一定要有事实支撑，且强调产品体验与互动；产品包装、卖点、规格等策划一定要符合品牌定位，尤其强调差异化。

（5）大单品的产品定位一定要与目标市场规模相吻合，常规性的产品应按照大众化，先做吨位进行定位；高端奢侈品行业应考虑先有品位，小而美（相对）进行定位。

（6）大单品的价格要落在主流目标消费人群的心理价格带，或者差异化定位在两个价格带之间，类似一个楔子。

4. 大单品操作要点——渠道策略

（1）全渠道营销 = 传统渠道 + 现代渠道 + 特渠 + 互联网 + 会员制。

（2）大单品渠道运作要有顺序和节奏，需要进行渠道排序和选择，优先突破某种渠道，然后再向其他渠道渗透，最终实现多（全）渠道运作。

（3）大单品突破的渠道应优先选择有能力的，而非有资金的，能力、意愿优于资金。

（4）必须强化大单品的渠道运作和渠道关系，将来可以作为共享资源，并丰富渠道资源，降低渠道运作成本，提高效率。

5. 大单品操作要点——推广策略

（1）大单品推广方式一定要符合目标消费群心智模式与消费习惯，切忌土豪式的高举高打和急功近利。

（2）大单品的传播推广应集中一种形式做精做透，形成轰动效应，其他传播方式逐步跟进、配合；最终实现整合传播：媒体+事件营销/公共关系+户外移动广告+互联网+社区推广+会员推广。

（3）要保持传播一致性、持续性，实现“润物细无声”式的心智占位。

（4）大单品的传播推广要强化贴近消费者的互动、沟通、体验。

6. 大单品操作要点——营销组织

（1）营销组织构建应遵从专业分工、有机协同、效率优先的原则，强调专业性与执行力。

（2）营销组织要发育核心能力，包括市场洞察与研究能力、产品创意能力、品牌规划与建设能力、渠道运作能力、终端建设与动销能力、消费者沟通能力。

（3）发育营销管理、营销策划能力，强化前后台、市场和销售的有机联动与协同效率。

（4）营销队伍要有敢于打大仗、打硬仗的意志和能力，也要有慢工出细活的韧劲和耐力。

第六章

金冷汽车制冷剂R134a

聂士超

一、企业背景

中化蓝天集团是国内领先的含氟化学品研发和生产企业，业务遍布全球。金冷是中化蓝天包括 HFC－134a 在内的制冷剂品牌，金冷于 2001 年注册、启用，业已成为国内制冷剂市场最重要的品牌。2014 年央视发布的品牌价值评估报告金冷（JINCOOL）品牌价值 13.86 亿元。

金冷是以冷媒产品为主的，冷媒是在空调系统中透过蒸发与凝结使热转移的一种物质，俗称氟利昂（Freon）。冷媒的应用的两大领域是汽车领域和家电领域。

在汽车领域：金冷售前售后影响力都很大：首先在汽车 OEM 配套领域，金冷与国内汽车行业 80% 以上的整车厂实现配套，如奔驰、宝马全球配套。在汽车售后市场领域，2008 年，金冷战略性投入汽车售后维修市场，经过近十年的运作实现国内售后市场份额第一的业绩，成为汽车后市场制冷剂第一品牌，2016 年年销量突破 1000 万罐。汽车售后市场金冷一直坚持单一制冷剂产品打造，销量及销售额、利润贡献等均占比 95% 以上，近两年逐步涉及清洗剂、冷冻油、冷冻液等相关产品，处于产品线扩展起步阶段。

在家电领域：金冷在售前市场影响力可以，但售后尚未进入，首先在空调售前 OEM 配套领域，市场份额遥遥领先于竞争对手，是 80% 以上空调厂家，比如格力、海尔、美的、开利等主流厂家的配套。但是，空调售后市场尚未正式进入。

二、企业面临发展命题

售前的量利增长空间有限：尽管在汽车售前和家电售前市场影响力很大，且占据了较大份额，但是伴随主机厂强势，OEM 配套竞争激烈，导致价格逐步透明，利润很薄。从长期来看，OME 售前配套市场领域量利增长空间有限。

售前品牌溢价能力很低，难以形成稳定的利润来源：冷媒产品配方的标准化和功能的可检测性，导致产品价格透明，难以包装；再加上售前市场主机厂家采购的理性，难以形成品牌溢价。

营销模式瓶颈：售前市场基本采取的是低价的大宗原材料工贸销售模式，销量难以持续稳定和实现品牌溢价。

售后市场机会诱惑大：相对售前市场，售后空间较大，且容易实现品牌溢价。

整体来看，金冷如何从售前市场走向售后市场，改变过去的营销操作打法；把这种大宗原材料性质的产品进行消费端包装，实现品牌溢价，改变过去依靠价格的这种原材料工贸销售手法。

三、运作大单品的售后市场行业机会

1. 产业呼唤机会

行业上游门槛较高，生产领域高度集中，国内形成寡头垄断，如东岳、巨化、中化蓝天等。行业下游进入门槛低，高度离散，厂家很多，恶性竞争持续行业混战迫使各环节陷入囚徒困境和竞争泥潭，各环节利润很薄，整个行业终端难受，经销商难受，厂家难受，市场需要规范和整合，行业拐点到来，呼唤大品牌新模式的出现。

行业整体营销太弱，以产能驱动的模式导致低价倾销，市场混乱，谁带头整理市场，谁就有机会成为产业领袖；

2. 从需求来看，无论是总需求还是各细分市场都存在较大想象空间

（1）售后市场空间大。

• 受空调保有量快速增长（5 亿台，年增 8%）、冷链物流高速发展（年增 25%）、R410 快速普及替代（变频空调年销占比已超 50%），品牌小包装需求增长（目前仅占小钢瓶市场 30% ~40%，散水市场质量纠纷频出）等多因素驱动，未来市场形势愈好。

• 上游制冷规模迅猛增长，拉动制冷剂市场规模扩张：一是民用空调、冰箱的保有量还在持续增长；二是冷链冷藏、商用制冷在政策推动和市场呼唤下，急速发展。

• 消费意识觉醒，推动制冷剂行业前进：“空调定期维保”“环保制冷”的意识逐渐深入人心，消费意识觉醒。

（2）各细分市场占位机会很大。

• 维修工市场，浑水养小鱼：市场规模大，虽混乱无序，杂牌假货充斥。

只要能沉下心系统整合，市场空间还很大。

• 制冷设备工程与净化工程细分市场：规模大且持续增长，但行业内无真正运作市场者，高端市场缺乏研发，大众市场各品牌没有营销作为。

• 商用中央空调工程商市场，“老虎闭眼，猴子乱窜”：杜邦等外资品牌高端高价放货、疏于运作，巨化和杂牌放任价格透明，这给国产品牌留下整合空间。

3. 行业品牌识别度低，但质量品质意识在加强，给品牌型企业创造条件

（1）渠道和维修工品牌识别度低。

• 配件门店：对品牌的识别度低，制冷剂品牌杂乱，多无序运作，配件终端大多处于品牌切换期。

• 维修工：对制冷剂品牌的识别度更低，多依赖配件门店老板的介绍，大多情况是：门店里有什么品牌，就购买什么品牌。

• 用户产品知识和消费意识很低，无品牌识别度，行业格局未定，谁

都有机会，品牌决策权在渠道商手里。

（2）因质量纠纷，门店和维修工正在觉醒。

• 安装维修工：开始觉醒，尽管无品牌识别，但采购时不买最贵的，也不买便宜的。

• 配件门店：由于卖差制冷剂，导致不断出现制冷剂弄坏压缩机的官司，现在门店遇到长期合作的和稍微大一点的客户，都不敢推差制冷剂，所以整个行业逐步出现品牌驱逐杂牌的过程。

4. 竞争空间大：行业鱼龙混杂，散兵游勇，外资品牌逐步收缩

竞争对手忽视且无系统运作，谁先系统运作就占先机，国际品牌忽视带来的机会：杜邦、霍尼韦尔等国际品牌依靠品牌刚性需求拉动销售，渠道混乱，假货很多，缺乏持续市场投入，影响力和市场份额不断下降，战略上忽视和逐步收缩售后市场，国际品牌退出的市场，给金冷留下占领高端市场占位机会。

国内品牌大众市场混战带来机会：拥挤在大众市场，高端放货、无序运作，渠道利润低，各类渠道商怨声载道，渠道松散和信心不足，渠道建设难以支撑其进一步扩张，各类渠道商和工程商开始切换品牌，金冷可以顺势而为，机会性切入其优质客户。

长尾杂牌带来机会：低端市场杂牌假货充斥，伴随消费觉醒和上游厂家推动，市场最终会逐步净化杂牌假货，给好牌好品的企业提供很大空间。

5. 产品替代升级风口和价格带空缺机会

目前 R22 仍是主流，且稳定增长，但 R410 等 4 系产品伴随市场需求和国家政策推动将快速成长为未来主流产品；把握产品升级节奏，金冷以 R410 为突破口，建立优势，快速跟进产品升级迭代的品牌在未来会占据主动地位。

价格带缺位机会：外资品牌如杜邦、霍尼韦尔，与国产品牌之间价格差距较大，这个价格缺位带机会大。

6. 流通领域对上游厂家的操作模式怨声载道

上游企业的不作为和胡乱运作市场，导致流通领域渠道混乱，各环节

恶性竞争，利润越来越薄，看不到希望。

整体行业流通领域市场运作能力较弱，是行业发展瓶颈，上游厂家要做到渠道的有序覆盖，且帮助渠道发育能力运作市场，让渠道看到希望，更易挤压其他品牌份额。

四、大单品运作的难点

大单品培育难点之一：金冷在售后市场品牌影响力很小。

金冷在售前市场影响力很大，但是在售后市场影响力很小，没有品牌的背景下，金冷大单品如何快速打造？

大单品培育难点之二：工业原料性质的裸体产品难以实现品牌溢价。

- 国家标准的产品、配方和参数都是一样的。
- 原材料基本都是一样的，基本都是同质化的。
- 原材料的价格是透明的，且行业普遍销售模式都是大宗原材料的销售模式，产品价格是可以计算出来的，难以形成消费端溢价，价格透明。
- 产品的功能效果是可以理性检测的，没有情感性价值和自我表现性价值。

大单品培育难点之三：行情高波动的行业如何运作大单品？

制冷剂是一个行情波动较大的行业，类似大宗原材料，基本每天一个价格，价格难以形成定位，单品就难以形成。

大单品培育难点之四：行业假货充斥，产品质量参差不齐为运作大单品形成了难以突破的障碍，当然也是难得的机会。

- 制冷剂行业假货很多，假货赚钱的模式多，行业主流没有形成品牌驱动的发展模式；即使有品牌血统的外资厂家在国内也是假货很多。
- 想要在混乱的假货充斥的国内市场做真品质，品牌运作模式对厂家的耐性、坚持性提出很高要求。

大单品培育难点之五：新进入售后市场，通过何种营销模式提高渠道商对金冷的信心，改变渠道商过去对制冷剂主打品牌市场操作模式的心灰意冷。

大单品培育难点之六：在优质渠道商资源被强势品牌占有的情况下，金冷选择什么样的渠道商，能够快速超越其他品牌的发展速度。

大单品培育难点之七：在冷媒是以工程渠道模式为主的情况下，金冷切入售后市场。在面临工程市场与民用市场的冲突情况下，金冷应该先切入哪类市场，率先突破哪种类型终端。

五、运作大单品的关键策略

（1）把握风口，找准市场切入点——配件网点。

制冷/空调配件店是民用市场与商用市场的交接点，覆盖各类市场需求，是整个渠道的“水龙头”。在市场开拓期，项目组重点切入配件终端，找准了风口。

（2）借势品牌背书，拉高品牌位势。

- 借助中化蓝天世界五百强品牌实力背书，加大推广力度。
- 借助金冷在空调售前 OEM 市场和汽车售前市场的影响力，借势金冷冷媒在空调售前市场主流品牌厂家案例的背书提高影响力。

（3）产品定位准确，切入适合价格带，外资品质，国产价格。

在定位产品时，销售部门希望做高端市场，销量目标压力小、利润空间大且操作相对简单，专注工程客户，基本放弃家用维修市场。在进行充分市场调研后，我们认为结合现有市场品牌现状、中化蓝天实力、销量及利润需求及扩大品牌影响力需求，不放弃民用流通市场。

品牌定位在介于国际品牌与国内其他品牌之间，找准了制冷剂行业的中高端价格带，中高端定位。即比冰龙、巨化高端，比杜邦、大金等便宜，并提高价格，超于行情价格的价格包装，稳定价格模式销售。

客户群体定位上：为维修工群体中逐步觉醒品牌意识、注重质量的人群，工程市场以同质更低价格，强调性价格比替换国际品牌。

（4）抓住渠道痛点，以营销模式为切入点，核心是渠道下沉、控点控价、有序分销，保护渠道利益，进而快速拉开市场，加快渠道商切换品牌。

以渠道痛点入手，以提升渠道信心为核心，改变行业的传统渠道规则，分田到户，以小区域经销商为区域操作平台，渠道和价格有序，分渠道控制货源投放，扁平运作，通过渠道深度营销实现多渠道覆盖。

渠道下沉：摒弃全国或省区代理制，区域代理商 + 制冷配件网点的两级渠道。重点地级市单设代理商，其他 2 ~ 3 个地级市设一家区域代理商。限区销售，严查窜货。

控点：即以制冷配件网点作为切入口，根据商圈、街道或社区签约销售网点，制定合作网点要求，控制数量，尽量避免恶性竞争、相互压价。

控价：即统一价格体系，管控各层级价格，严查乱价行为。

同时将流通、工程市场及大客户在产品包装、规格上做区隔，加上在产品推广上通过消费者拉动、定时促销、技术推广会等方式给予支持。

（5）另起一行重新开始，重新选择代理商。

外资品牌的主流代理商和国内品牌几个巨头进入售后市场早，但是渠道混乱，渠道抱怨多，我们就选择他们的代理商，快速切入市场。

（6）合理分配渠道利益，加大对终端的价值分配。

加大配件网点的利润分配，缩小区域化代理商利润，且保证代理商和终端的利润合理且高于竞品的利润空间，同时通过返利来提高销量并控制市场秩序。

（7）在其他竞品尚未意识到的情况下，金冷率先协助代理商运作市场，帮助客户搞定客户，增强代理商的信心，实现市场精耕细作。

金冷业务队伍和代理商队伍一起开拓市场，强化终端网络的开拓和市场基础的建设，实现了动销，短期让代理商见效见利，看到了希望，做到立体运作、区域精耕。

六、具体市场策略

品牌定位：中高端，中化蓝天率先打破国际品牌技术垄断，生产形成规模及国内先发优势，以替代国际品牌为己任，国际品质、国产价格，通过售前市场的影响力来拉动售后市场。

图6－1　金冷产品

产品定价：流通环节低于国际品牌10%～20%，高于国内其他品牌30%～50%。

渠道上：

• 两级渠道，直供终端。

• 不设省级代理，由小区域化制冷配件/空调配件代理商覆盖本区域配件网点和工程商，由配件网点覆盖维修点，扁平化运作。

划分商圈，做到选择分销，有序分销：

• 把握布局，先选择分销，后密集有序分销：合理布局一个地区配件终端，便于市场管理，刚性管控价格，防止窜货、乱价。

• 有序分销，根据商圈划分区域，在单个区域选择合适的配件网点签订合作协议进行独家供应销售，一个地区设4～10个网点。

先控制终端，反向控制市场，管理直控配件门店：

• 先从终端入手反向选择和确定合作代理商，在完成区域布局后要直接管理到配件门店，掌控市场，控制流向、流量、流速。

• 反向寻找和牵引代理商：直控终端提高代理商管理配件网点能力和市场意识。

• 易造势，推广阵地，锁定安装维修工：基于安装维修工有长期采购的几个固定配件终端这一采购习惯，直控终端，作为推广前沿阵地，更容易造势。

• 提高终端主推意愿：便于市场政策落实，提升终端推力，提升金冷销量。

市场拉动上：借助影响市场的核心是推力大于拉力，以推助拉；

• 现阶段对市场动销的影响配件终端老板的推力远大于拉力，通过直管终端，减少层级，提高终端利润。

• 通过三会的召开加强配件网点和代理商对金冷的认可：工厂参观会、区域品牌宣传会议、工程安装维修工推广会。如图 6－2 所示。

图 6－2　合作门店推广会议

• 终端合作：授权＋形象包装＋不定期促销支持，如图 6－3 所示。

• 促销活动支持：门店进货压仓活动，如图 6－4 所示。

• 返利政策锁定：引入销量返利机制，增强配件终端主推意愿，增强终端信心。

七、金冷成功的关键因素

（1）率先抓住行业痛点，领先半步的先知优势：准确把握行业发展趋势，预判到未来市场空间。

市场建设一，店招建设（已做7家，陆续投放中）

市场建设二，店招建设，最好的位置，最大的气势

市场建设三，配件店海报、KT板布置、授权牌、广告衫投放

“金冷”快速成为终端维修工群体讨论传播的中心话题，现在流行金冷

图 6－3　终端合作

合作门店推广会议

- 活动区域：广东、福建、浙江、江苏、上海五省市；
- 活动时间：广东5~7月为期三个月；其他四省6月18日~7月18日；
- 活动方式：广东采购投资+分享送代金券；其他四省买金冷送螺丝刀

广东省有奖销售海报

四省市买赠活动海报

推广活动不仅拉动产品动销，同时迅速扩大品牌知名度：
- 代理商、门店进货积极性显著提升，感受到公司对售后市场大力投入的决心和对合作伙伴的支持，帮助代理商和门店高端产品更快速消化，主推金冷核心增强。
- 推广过程持续海报、路演等宣传，成为今年售后市场热点，品牌影响力显著提升。
- 维修工在购买金冷时享受到优惠，使用金冷后感受到金冷优良品质，良好口碑将对金冷影响深远。

图 6－4　促销活动支持

（1）改变产品定位，价格插位，颠覆国产品牌的认知：建立与国际品牌对等的品牌定位，改变渠道商对金冷的认识。

（3）善于借势，品牌背书。

（4）掌握了消费者痛点和针对消费群体的定位：即高端品牌价格偏高，不想用；国内假货横行，不敢用。金冷既不贵，质量又可靠。

（5）选择合适的渠道和渠道能力的适配性很重要：重新筛选行业渠道，发育了渠道能力，置换行业渠道体系的既有打法。

（6）利益机制设计：确保渠道各环节的利润高于竞品，且终端利润高于代理商，驱动终端形成推力。

（7）控点控价的营销模式：撕开了行业传统的打法，打破行业渠道商固有认知，保护了渠道商的利益，提高了渠道商主推金冷的信心和意愿。

（8）发育代理商能力，帮助深度运作市场：解决了代理商觉得金冷高价能卖、会卖、愿意卖的三个疑问。

（9）企业高度重视和坚持：在与 OEM 业务不具可比性及原材料大幅波动的情况下，仍始终坚持。

（10）坚持做品牌的理念：能够放弃短期的利益，能够放弃大进大出的 OEM 配套销售模式，坚持在终端推广和教育消费方面大力度投入，这是做大单品的最基础的前提。

八、关于大单品打造的思考

（1）不同行业情况下对大单品的定义是不一样的。如化工行业和消费品行业，在运作大单品的难度痛点和关键点完全不一样。如制冷剂这种高度同质化，产品性能可检测，行情波动较大的情况下，如何去做大单品运作。

（2）不同企业发展阶段和产品定位特性决定了大单品打造手法不一样。一是企业自身坚守执着于某一产品，如加多宝、老干妈，通过大单品塑造建立产品品牌的品类独占和品类认知；二是新兴企业切入成熟市场或企业处于困境亟待破局，导入新产品以期单品突破。

（3）在品牌影响力不够和也没有革命性的差异化产品的前提下，切记大单品的运作一定是一个系统的成功，是运营的成功，别过多寄望于产品本身颠覆性变化和表面的差异化变化，单纯依靠产品驱动，单纯从产品差异化发力去建立大单品，那是徒而无劳的。

（4）聚焦自身产品优势和企业优势：聚焦在自身 1 ~ 2 项优势，围绕自身优势打造两点，如技术、质量、包装、理念新颖等，产品有亮点、产品靠谱才是硬道理。

（5）从定位到策略、路径、举措等大单品策略系统要非常清晰：目标市场明确，品牌定位、目标消费群体、竞争对手等就清晰，不能梦想横扫一片、上中下通吃，先做强再考虑做大。

（6）大单品运作更强调用户运作，消费者运作，而非渠道运作：与目标消费群体的连接，营销操作模式上企业尽可能靠近消费群体，避免中间环节过多。

（7）与销售环节中的合作者互利共赢。渠道伙伴、终端合作者因为主推金冷获得较高利润，用户选择金冷——高性价比产品，用的放心。

（8）大单品的运作更强调控制性，主导型操作，刚性管理，一根线运作。

（9）大单品推进上要做到战略高度，上下同欲：在中国企业，业务队伍都喜欢卖老产品不愿意卖新品，大单品打造是企业战略高度，而非单一市场竞争策略调整。聚焦企业资源包括营销团队自上而下全力突破。

（10）大单品信仰非常重要：金冷在确定正式进入空调售后市场后，首先团队经历从小组到独立部门再到多部门发展的过程，在制冷剂原材料大幅波动过程中未成动摇决心。企业高层给予高度关注和支持，作为企业从 OEM 业务向售后延伸的关键举措。正是因为作为企业战略发展业务来做，成就了今天的金冷品牌。

（11）企业队伍能力，外部经销商的推广能力，最后复制的系统组织能力非常重要。自身组织职能适应市场操作需要，运作高效。从小组到部门再到多部门协调，随着业务推进和市场变化不断完善组织结构、人员投入。

第七章

手机行业大单品

叶 宁

手机行业的单品主要指一个系列，如华为的 Mate 系列，OPPO 的 R 系列、xplay 系列等。

从手机行业各主要品牌的发展历程总结大单品对手机品牌成长突破的重要性，并进行对比研究，总结不同企业的资源和能力不同，大单品打造的策略和路径的差异，最后给出未来发展大单品策略及对其他行业的借鉴意义所在。

一、手机行业数据、消费和市场格局分析

1. 2016～2017 年全球及中国市场智能手机情况概述

• 2016 年全球市场低速增长，中国品牌增长明显：IDC 发布了 2016 年全球智能手机出货数据。从这份报告来看，2016 年度全球智能手机总出货为 14 亿 7060 万部，同比增长 2.3%。中国品牌贡献了接近全球出货量的 1/3，达到了 4.65 亿部。全球市场的 TOP 5 分别是三星、苹果、华为、OPPO 和 vivo。相比出货量萎靡的三星和苹果，TOP 5 中的三个中国厂家出货量正在快速增长，OPPO 和 vivo 的出货量更是同比增长超过 100%。在售价 400 美元以上的高端智能机市场，依然是苹果和三星的天下，2016 年第四季苹果在高端市场的份额暴增至 70%，三星在高端市场的份额则由于 Note 7 爆炸被压缩到 17%。

• IDC 公布了 2017 年各大手机厂商的全球出货量数据，销量前五名分别为三星、苹果、华为、OPPO 和小米，如图 7 – 1 所示。

Top Five Smartphone Company, Shipments, Market Share, and Year-Over-Year Growth, Calendar Year 2017 Preliminary Date

(shipments in millions)

Company	2017 Shipment Volumes	2017 Market Share	2016 Shipment Volumes	2016 Market Share	Year-Over-Year Change
1. Samsung	317. 3	21. 6%	311. 4	21. 1%	1. 9%
2. Apple	215. 8	14. 7%	215. 4	14. 6%	0. 2%
3. Huawei	153. 1	10. 4%	139. 3	9. 5%	9. 9%
4. OPPO	111. 8	7. 6%	99. 8	6. 8%	12. 0%
5. Xiaomi	92. 4	6. 3%	53. 0	3. 6%	74. 5%
Others	577. 7	39. 5%	654. 5	44. 4%	– 11. 7%
Total	1472. 4	100. 0%	1473. 4	100. 0%	– 0. 1%

Source: IDC Worldwide Quarterly Mobile Phone Tracker, February 1, 2017

图 7 – 1　2017 年各大手机厂商的全球出货量数据

• 2017 年国内市场呈现，国际调研机构 GFK 送出的 2017 年数据显示，去年国内智能手机整体销量中，华为稳坐第一的位置，其销量达到了 1. 02 亿部，当然这个成绩中包括旗下荣耀品牌。紧随其后的是 OPPO，去年销量为 7756 万部，而 vivo 则是 7223 万部，苹果和小米的去年销量分别是 5105 万部和 5094 万部，这四家增长幅度在 5% ~ 8% 之间。与此同时，魅族、金立、三星、百立丰及联想位列整个榜单的后五名，各家的销量依次是 1681 万部、1494 万部、1107 万部、467 万部和 179 万部。这个梯队的厂商，想要努力跻身前五名，是一件非常难的事情，而昔日牢牢霸占国内手机市场第一的三星，已经滑落到如此田地，足以说明国内智能手机市场竞争有多惨烈。去年国内手机市场出货量 4. 91 亿部，同比分别下降 12. 3%，而国产品牌手机出货量 4. 36 亿部，同比下降 12. 4%。如图 7 – 2 所示。

BRAND	智能机销量（万台）	销量份额
HUAWEI&HONOR	10255	23%
OPPO	7756	17%
vivo	7223	16%
APPLE	5105	11%
MI	5094	11%
MEIZU	1681	4%
GIONEE	1494	3%
SAMSUNG	1107	2%
LEPHONE	467	1%
LENOVO	179	0%
OTHERS	4583	10%
总计	44944	100%

图 7－2　国内智能手机整体销量

• 从中国市场整体来看，2016 年全年，中国智能手机市场实现了同比 8.7% 的增长，该增幅远高于 2015 年 1.6% 的年度增长。如图 7－3 所示。

表二　2016 年前五大智能手机厂商——出货量、市场份额、同期增幅

单位：百万台

厂商	2016 年出货量	2016 年市场份额	2015 年出货量	2015 年市场份额	同比增长
OPPO	78.4	16.8%	35.3	8.2%	122.2%
华为	76.6	16.4%	62.9	14.6%	21.8%
vivo	69.2	14.8%	35.1	8.2%	96.9%
苹果	44.9	9.6%	58.4	13.6%	－23.2%
小米	41.5	8.9%	64.9	15.1%	－36.0%
其他	156.7	33.5%	173.3	40.3%	－9.6%
总计	467.3	100%	429.9	100%	8.7%

图 7－3　中国智能手机市场增幅

同时，中国手机厂商之间的竞争日趋激烈，已经到达了白热化阶段，两极分化较为严重。2016 年全年，前五大厂商共计占有 66.5% 的市场份额。这表明，用户已经向头部集中，赢家通吃的时代来临。其中，OPPO、vivo、金立、华为、魅族呈现快速增长，OPPO 增长高达 109%、vivo 增长 78%、金立和华为增长 21%、魅族增长 18%。而中兴、小米、酷派和联想手机出货量增速均出现不同程度的下滑，联想下滑幅度更是接近 80%。如图 7 -4 所示。

2016 年中国十大智能机厂商

排名	品牌	2016 年智能机出货量（含海外）百万台
1	华为	139
2	OPPO	95
3	vivo	82
4	小米	58
5	中兴	57
6	联想	50
7	TCL	34
8	金立	28
9	魅族	22
10	乐视	19
Source：IHS Technology Jan. 25th		

图 7 -3　2016 中国十大智能手机厂商

2. 全球和中国 Top5 品牌集中度

全球范围内 Top5 的品牌情况：三星依然是全球最大的智能手机厂商，2016 年的出货量为 3.114 亿台，占全球智能手机市场份额达 21.2%；苹果排名第二，市场份额是 14.6%，出货量为 2.154 亿台；华为、OPPO 和 vivo 则分别以 1.393 亿台、9940 万部和 7730 万部的成绩，排在第三至第五，它们的市场占有率分别为 9.5%、6.8%、5.3%。而国内 Top5 的品牌分布是华为、OPPO、vivo、苹果、小米，其具体市场份额如图 7 -4 所示。

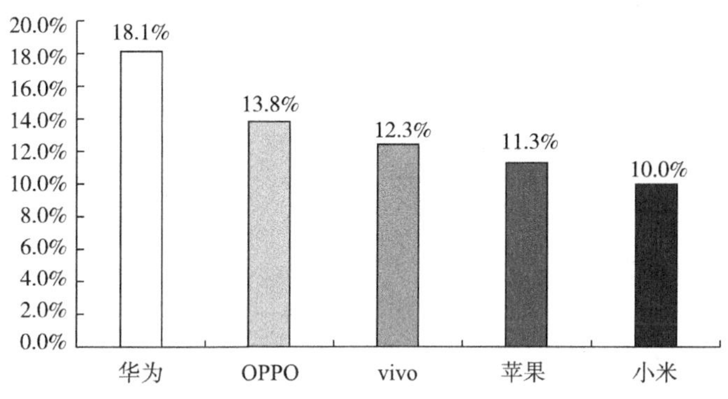

图 7－4　国内 Top5 的品牌市场份额

3. 中国市场各价格段分布格局

从整体市场环境和手机趋势来看，2016 年上半年中国手机市场零售规模达到 2.3 亿部，同比上涨 15.5%。中高端（2500～4000 元）成为智能手机市场增长的主要驱动力。2500～3000 元价位上涨 111%，3000～4000 元价位上涨 70%。GfK 预计，2017 年中国手机市场中高端规模将进一步放大，持续推动中国手机市场结构升级。如图 7－5 所示。

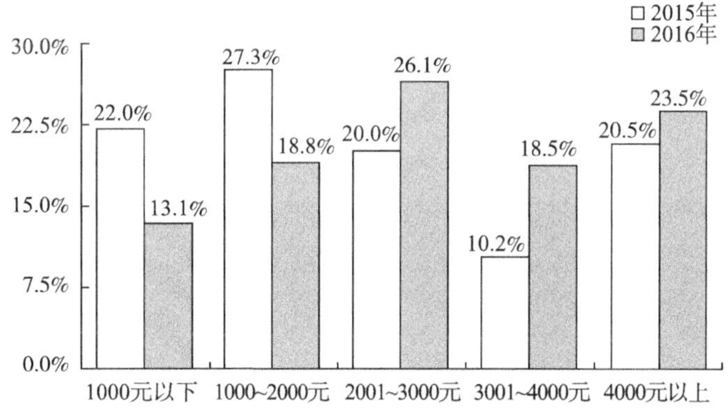

图 7－5　中国市场各价格段分布格局

从 2016 年下半年开始，中国手机市场资源快速集中，由原来的“倒三角”演变为“T”形格局，即头部品牌继续扩张产品线，高中低价位全线洗牌，腰部品牌空间大幅压缩、规模受限，小品牌与消费者形成断层，渠道难以渗透，市场活力大幅减弱。

4. 中国畅销手机型号排名

中国畅销手机型号排名如图 7 – 6 所示。

2016 年 12 月中国畅销手机 TOP 20

排名	品牌型号	参考价格	排名	品牌型号	参考价格
1	华为 Mate 9	3899	11	iphone 7	6188
2	vivo X9	2798	12	OPPO A59S	1999
3	OPPO R9S	2798	13	vivo Y67	1798
4	华为 Nova	2399	14	华为 畅享 6	1299
5	vivo Y55	1298	15	荣耀 畅玩 6X	1599
6	华为 麦芒 5	2399	16	华为 畅享 5S	999
7	iPhone 7 Plus	7188	17	vivo X7	2498
8	华为 P9	3688	18	金立 F100	599
9	OPPO A57	1599	19	OPPO A33	999
10	OPPO A37	1299	20	OPPO R9S Plus	3499

图 7 – 6　中国畅销手机型号排名

研究机构 Counterpoint 调研数据显示，2017 年度中国销量 Top10 手机机型排行第一为 OPPO R9s，如图 7 – 7 所示。

Best-selling smartphones in China in 2017:
- Oppo R9s
- iPhone 7 Plus
- vivo X9
- Oppo A57
- iPhone 7
- Oppo R11
- vivo Y66
- Honor 8 Lite
- Xiaomi RedMi Note 4X
- Honor Enjoy 6X

图 7 – 7　2017 年度中国销量 Top10 手机机型排行

ZDC 统计数据显示，2017 年 1 ~ 12 月中国手机市场总共出现过 1997 款机型。经过去库存及产品线调整，12 月，在售机型为 1173 款。其中，2017 年全年新上市的机型有 417 款，如图 7 – 8 所示。

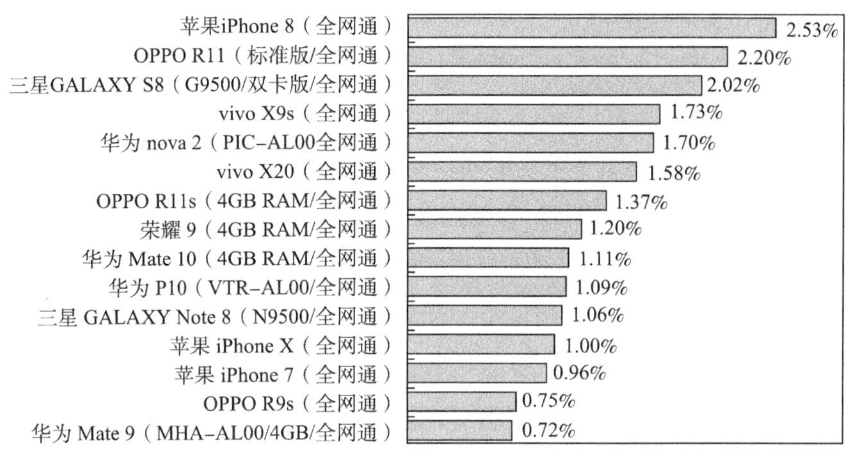

图 7-8　2017 年中国手机用户市场用户关注 TOP15 机型

5. 各品牌手机的销售对比分析

2016 年苹果手机中国市场份额首次低于 OPPO 和 vivo。根据 IDC 报告，中国智能手机市场在 2016 年第四季度同比增长 19%，环比增长 17%。2016 年全年市场增长了 9%，而中国自主品牌智能手机厂商占据了更大的市场份额，份额从 2015 年的 46% 增长到 2016 年的 57%。同时，2016 年是苹果第一次在中国市场同比下降。即使新的黑色 iPhone 吸引了消费者的注意，总体来说，新发布的 iPhone 没有创造与过去相比的疯狂。2016 年第四季度苹果公司在中国市场的手机销量为 1490 万部，同比下降约 13%。在中国的市场份额从上年同期的 15% 降至 11%，同期中国三大本土手机制造商的市场份额均出现上升。OPPO 市场份额从上年同期的 10.2% 升至 18.1%，华为从 15.7% 升至 16.9%，vivo 从 9.7% 升至 16%。此前苹果公司公布财报数据，在大中华区收入下降 12%，而这是苹果全球唯一出现下降的地区。

针对 2016 中国手机市场的报告里，IDC 给出的数据是，OPPO 以 7840 万部的销量，排名第一，后两位分别是华为、vivo。苹果排在第四，小米第五，三星只能和余下的众多品牌一起被计入“其他”这个类别。2016 年，在中国智能手机市场，OPPO 以 7840 万部的出货量超越华为，夺得 2016 年销量冠军。小米在 2016 年被竞争对手全面赶超，销量同比大滑

36%，仅卖出了4150万部手机，小米也由2015年的销量冠军跌至第五。2016年，华为在中国市场的出货量为7660万部，相较2015年的6290万部增长21.8%，以16.4%的市场份额排名第二。2016年中国市场第四名小米和第五名的苹果的出货量成绩则相当令人失望。小米智能手机年总出货量为5124万部，相对2015年大幅减少21%，市场份额也从2015年的15.2%降到10.8%，达到2013年以来的最低点。苹果全年出货4377万部，环比减少18.2%。从整体销量看，苹果、三星这两大巨头销量集体下滑，三家中国厂商都有不同程度的增长。全球市场，OPPO的增长率达到132.9%，vivo增长103.2%；国内市场，OPPO同比增长122%，华为同比增长22%，vivo同比增长97%。

在另一家机构Counterpoint的数据中，OPPO R9超越iPhone 6s成为2016年最畅销的手机。OPPO的明星机型R9在2016年销售2000万部，超过iPhone 6s，拿下单品销量冠军，也堪称行业奇迹。而在过去四年，中国智能手机市场的单品销量冠军均被苹果的机型垄断。金立推出了M2017、华为推出保时捷设计版本的Mate 9 Pro、小米也带来了小米MIX概念手机。如图7-9所示。

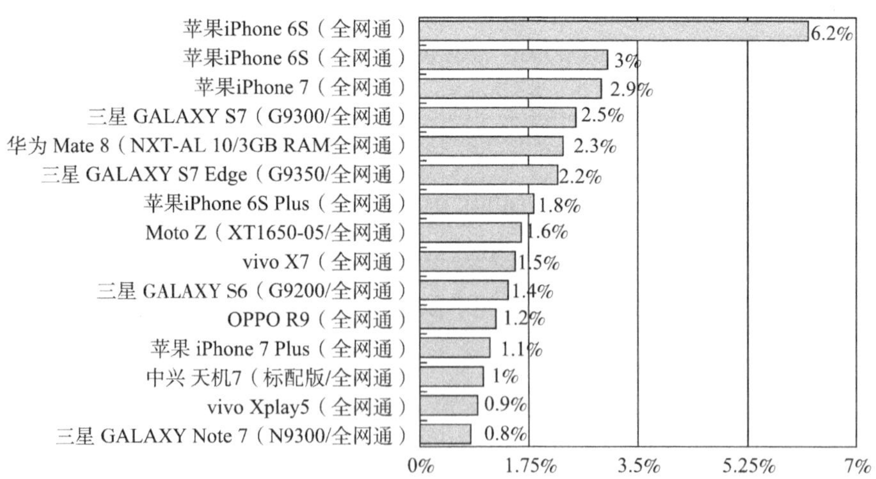

图7-9　中国智能手机关注排名

2018年，知名数据调研机构Counterpoint公开了一份2017年国内市场的手机销量排名 OPPO、vivo、苹果和荣耀等厂商成为大赢家。其中，OPPO 有三款机型进入销量前十，R9s 更是摘得榜首；vivo 也有两款机型在列，排名最高的 X9 进入前三；苹果的 iPhone 7 系列宝刀未老，一大一小两款机型均销售火爆；荣耀也有两款手机挤进前十，荣耀 8 青春版排第八，荣耀畅玩 6X 排第十；而小米旗下的红米也有一款进入排行榜，红米 Note 4X 排名第九。

6. 国内互联网品牌手机生存现状

国内以小米和荣耀为主的互联网品牌状态低迷，寻求线下突破。荣耀和小米手机是这一批互联网手机中，目前算经营得不错的。但相比 OPPO、vivo，甚至是金立这几家深耕线下渠道，尤其是在三四线城市有很好渗透力的厂商来说，互联网手机在过去那一年显得很失意。根据 IDC 数据，2016 年全年，小米出货 4150 万部，与 2015 年的 6480 万部相比，下跌 36%。而荣耀方面，因为被归在了华为中，目前尚无具体数据，但是它在 2016 年也算风光，成立三年间诞生了至少 5 款销量破千万部的产品。反观锤子、360 及一加手机，虽然一直不缺话题，但也一直没能转化为与之匹配的出货量，全年销量甚至不及华为、OPPO、vivo 的爆款单品。

二、手机行业大单品典型案例简介

1. 手机大单品策略的鼻祖苹果的策略

iPhone 各个型号的发布或发售时间如表 7-1 所示。

表 7-1　iPhone 各个型号的发布或发售时间

苹果各系列	发布或发售时间	备注
iPhone（第一代）	2007 年 1 月 9 日	试水之作，开启了苹果智能手机元年
iPhone 3G（第二代）	2008 年 6 月 10 日	借助饥饿营销，形成爆发点，抗衡 Android 手机
iPhone 3GS（第三代）	2009 年 6 月 9 日	借助国内三大运营商渠道，成功打开中国市场

续表

苹果各系列	发布或发售时间	备注
iPhone 4	2010 年 6 月 7 日	大胆创新，借助产品和品牌力，风靡全球
iPhone 4s	2012 年 1 月 13 日	
iPhone5	2012 年 9 月 13 日	借助乔布斯“盛名”以及品牌力惯性，进入鼎盛时期
iPhone5s/5c	2013 年 9 月 20 日	
iPhone6	2014 年 9 月 10 日	
iPhone6s	2015 年 9 月 10 日	
iPhone 7	2016 年 9 月 7 日	
iPhone X 和 iPhone 8	2017 年 2 月、9 月	

iPhone 各型号销售量占比：苹果手机 2016 年全年销售 2.154 亿部，同比增长 -7.0%，如图 7-10 所示。

□	iPhone 6	32%
▨	iPhone 5S	19%
▨	iPhone 6S	12%
▨	iPhone 6 Plus	10%
■	iPhone 5	8%
■	iPhone 5C	6%
▩	iPhone 4S	5%
▨	iPhone 6S Plus	5%
▨	iPhone 4	3%

图 7-10　iPhone 各型号销售量占比

2017 年中国手机市场上，苹果共有 22 款在售机型，数量并不算少。其中，售价在 5000 元以上的机型数量最多，达 9 款，占比四成；售价

3000 元以上的机型则占据着九成以上的关注度。

苹果大单品策略概述：其实一开始说 iPhone 从 1 代是作为战略性新品项目，进行维护（但是苹果笔记本等 PC 类产品仍为主流），直到 iPhone4 横空出现，才真正凸显出大品战略的威力。基于 iPhone 系列的演变历程来说，我们可以看出来，从 iPhone 第一代这个战略新品推出以来，一直走的是进化之路，也就是说，每一次的进化，都是在原有的基础上做的强化、优化和补充，都使 iPhone 产品越来越大、越来越重要，而不是重新推出了战略性的新产品。苹果公司倾尽全力只做一款手机，每一次升级都追求完美，乔布斯可以自豪地说："苹果手机是世界上最完美的一款手机！"如图 7－11 所示。

图 7－11　手机发布

从当今市场的现状来看，全球手机商家，品牌最响，盈利最佳的是苹果手机，而三星、HTC、索尼、联想、华为等都落后于苹果；而苹果手机永远只推一款机型，新款一上市，老款就逐步退市，所以，苹果手机基本是全球同步卖一款；而其他的手机品牌，都是数十款产品。

2. 三星 note 大单品策略赢得了智能手机的地位

三星 Galaxy Note 系列的重要时点：

- Galaxy Note：2011 年 11 月发布（大屏手机的开山祖师）
- Galaxy Note 2：2012 年 8 月发布（更进一步的大旗舰）
- Galaxy Note 3：2013 年 9 月发布（逐渐趋于复杂）

• Galaxy Note 4 和 Edge：2014 年 9 月发布（同时代无人能及的性能怪兽）

• Galaxy Edge：2014 年 9 月发布（曲面屏试验品）

• Galaxy Note 5：2015 年 8 月发布（失意的大屏旗舰）

• Galaxy Note 7：2016 年 8 月发布（风险、困局……）

三星手机销售数据如表 7－2 所示。

表 7－2　三星手机销售数据

年份	整体销量	Note 销量
2014 年	3.07 亿部	Note 4 自 9 月 26 日上市之后，仅约一个月的时间，其销量已突破 450 万元
2015 年	3.25 亿部	其中 Note 系列占整体约 40% 以上 其中 Note 5 约占 2500 多万部
2016 年	3.114 亿部	三星 Note 5 占 3000 万部 Note 7 由于“爆炸门”事件，仅为 1500 多万部元
2017 年	3.17 亿部	三星 Galaxy On 系列和 A 系列主打的低预算群体，配置只是中低端够用的水平，首要目标还是在走量

3. 华为 Mate 系列突破带来的整体品牌突破

Mate 系列的重要时点，如表 7－3、图 7－12 所示。

• 华为 Mate：2013 年 1 月 7 日（试水大屏幕手机）

• 华为 Mate 2：2014 年 3 月 6 日（华为手机真正崛起）

• 华为 Mate 7：2014 年 9 月 4 日（革命性的创新“电池、指纹”）

- 华为 Mate S：2015 年 9 月 2 日（尝试小屏幕）
- 华为 Mate 8：2015 年 11 月 26 日（Mate 7 的升级）
- 华为 Mate 9：2016 年 11 月 04 日（突显手机拍照“徕卡双摄”）
- 华为 Mate 10：2017 年 10 月 16 日在德国慕尼黑正式发布。

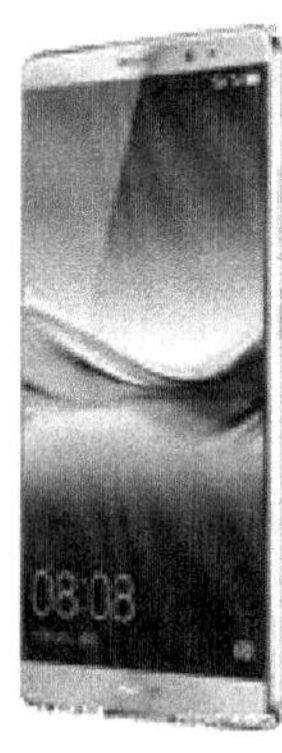

表 7－3　华为销量情况

年份（年）	出货量（万部）	Mate 销量
2014	7500	
2015	10900	Mate 7 销量超过 800 万部，Mate 8 销量也超过了 500 万部
2016	13900	Mate 8 销量超过了 1000 万部
2017	650	2018 年 3 月，华为 Mate 10 全球销量已突破 650 万部

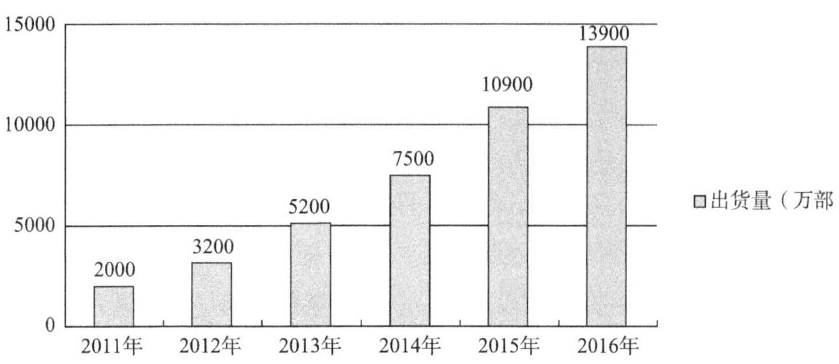

图 7－12　华为智能手机出货量

华为 Mate 系列案例详细见《华为 Mate 系列案例研究》

4. 小米的单品策略成长之路

小米手机的重要时点：

- 2011 年 8 月 16 日，小米手机问世，中国首款双核 1.5GHZ。小米手机 1 代是小米公司推出的第一款手机。
- 2012 年 8 月 16 日，小米手机 2 与小米手机 1S 发布。
- 2013 年 4 月 9 日，发布 MIUI V5 小米手机 2S，小米手机 2A。
- 2013 年 7 月 31 日，红米手机发布，首次支持 TD 制式。
- 2013 年 9 月 5 日，小米手机 3 发布。
- 2015 年 4 月 8 日，小米 5 周年米粉节，小米官网免预约销售小米 Note、红米 Note、小米 4 和小米 2 等四款手机。
- 2015 年 5 月 6 日，发布小米 Note 顶配版。
- 2015 年 9 月 22 日下午，小米 4c 正式发布。
- 2016 年 2 月 22 日，小米 5 以及小米 Note 2 发布。
- 2016 年 9 月 27 日，给小米 5 系列增加了两款新机，小米 5s 和小米 5s Plus。
- 2017 年 2 月，小米 5C、红米 4X、红米 Note 4X。
- 2017 年 4 月，小米 6。
- 2017 年 5 月，小米 Max 2。
- 2017 年 7 月，小米 5X。
- 2017 年 8 月，红米 Note 5A。
- 2017 年 9 月，小米 Note 3/小米 MIX2。
- 2017 年 10 月，红米 5A。
- 2017 年 12 月，红米 5、红米 5 Plus。

小米单一产品到多产品发展概述：

小米学习苹果，在起步阶段主推一款小米手机，销量迅速攀升至 100 ~ 300 亿元（已发展成大型手机生产商）。之后小米为了覆盖更多用户，于 2013 年下半年量产低端款的红米。现在，小米公司在 1000 元以内，卖红

图 7－13　小米产品

米系列；1000～2000 元，卖小米系列。2014 年，小米发展如日中天：小米完成了估值 450 亿美元的新一轮融资，全年售出 6112 万部手机，增长 227%，含税收入 743 亿元，增长 135%。即便是没有完成目标的 2015 年，小米最终也在中国销售超过 7000 万部手机。

小米手机的主要系列概述如表 7－4 所示。

表 7－4　小米手机的主要系列概述

系列	特点	主力价格带
小米系列	定位中高端、消费者互动设计	主打：1500～2500 元 其中小米 Note 系列达到 3000 元
红米系列	定位大众，追求体验、高性价比并有一流的供应商和元器件的双卡双待手机	主打千元及以下机型

小米手机近年销售数据如表 7－5 所示。

表 7－5　小米手机近年销售数据

年份	整体销量
2014 年	6112 万部
2015 年	7100 万部

续表

年份	整体销量
2016 年	4150 万部
2017 年	9200 万部

5. 步步高体系的 OPPO 和 vivo 的大单品突破策略和历程

(1) OPPO 的大单品突破策略和历程。

OPPO 各系列手机的重要时点：

- 2008 年 5 月，首款功能机“笑脸手机”A103 问世；2011 年 8 月，OPPO 首款全键盘智能手机 X903 上市。
- 2012 年 12 月，高端智能手机 Find 5 发布。
- 2013 年 9 月，N1 全球首款旋转摄像头大屏拍照手机发布。
- 2013 年年底，推出了首款 R 系列机型：OPPO R1 华丽的流光镜面。
- 2014 年 3 月，高端智能机 Find 7 发布。
- 2014 年 6 月，推出了 R3，金属一体成型机，薄至 6.3mm。
- 2015 年 5 月，推出主打年轻时尚的 OPPO R7/R7Plus 发布。
- 2016 年 4 月，推出主打年轻时尚的 OPPO R9/R9Plus 发布。
- 2017 年 6 月 OPPO R11 发布。
- 2017 年 11 月 OPPO R11s 上市。

OPPO 手机主要系列概述如表 7 -6 所示。

表 7 -6　OPPO 手机主要系列概述

系列	特点	主力价格带
Find 系列	先进技术　智能旗舰 整个系列的定位处于 OPPO 产品的顶级位置	主打：3000 ~ 3500 元的价格带
N 系列	旋转镜头　创意拍摄	2000 ~ 3000 元的价格带
R 系列	纤薄设计　至美外观 销量最高的一个系列：价格适中，性能够用，外观漂亮，设计时尚	1500 ~ 3000 元的价格带
A 系列	潮流设计　实用体验 低价不低质	主攻 1500 元以下价格带

图 7 – 14　OPPO 手机

OPPO 手机近三年的销售数据如表 7 – 7 所示。

表 7 – 7　OPPO 手机近三年的销售数据

年份	整体销量	主要系列销售情况
2014 年	3000 万部	
2015 年	5000 万部	R7、R7s 和 R7 Plus 总销量达到 1500 万部
2016 年	9500 万部	R9 销量达 2000 万部（占到整体市场的 4% 的份额）
2017 年	11180 万部	OPPO R11 和 OPPO R11s 各 3000 万部

2017 年，OPPO 仍旧坚持精品导向，集中资源与精力，打造大单品，注重在不同价位段都能为消费者提供一款代表机型。同时，针对消费者手机使用过程中的“痛点”和“爽点”进行技术整合，从而增加消费者的黏性和忠诚度，持续扩大市场。

（2）vivo 的大单品突破策略和历程。

vivo 各系列手机的重要时点：

- 2012 年 11 月，发布当时世界最薄手机（机身 6.55mm）的 vivo X1。
- 2013 年 5 月，发布首款手机 vivo Xplay。
- 2013 年 12 月，Xplay 系列第二款手机 vivo Xplay3S 发布。
- 2014 年 12 月，X 系列最新手机 vivo X5Max 发布。

- 2015 年 11 月，发布 X 系列的最新旗舰 vivo X6。
- 2016 年 3 月，发布 Xplay 系列最新旗舰 vivo Xplay5。
- 2016 年 7 月，vivo 拍照新旗舰 vivo X7 在北京·中国导演中心发布。
- 2017 年共发布了 6 款新机，其中 vivo X20/X20 Plus、vivo X9s/X9s Plus 为主推机型，vivo Y79/Y75 为年底推出的中端全面屏手机。

vivo 手机主要系列概述如表 7－8 所示。

表 7－8　vivo 手机主要系列概述

系列	特点	主力价格带
Xplay 系列	针对注重影音体验的年轻人群，提供极致的 HiFi 影·音产品，主打极致 HiFi 和极致影音	主打：3500～4500 元以上价格
X 系列	针对年轻和时尚消费人群，提供极致 HiFi、极致薄的产品，vivo 的 X 系列主打 HiFi 音质、超薄设计、畅快体验	主打：2000～3000 元的价格带
Y 系列	针对年轻化消费人群，提供外观漂亮，音质好的智能手机产品	1500 元以下价格带

图 7－15　vivo 手机

vivo 手机的销售数据如表 7－9 所示。

表 7－9　vivo 手机的销售数据

年份	整体销量
2014 年	3000 万部

续表

年份	整体销量
2015 年	4320 万部
2016 年	7730 万部
2017 年	10000 万部

6. 泛步步高系：金立手机大单品追赶策略

金立各系列手机的重要时点：

- 2014 年 2 月 19 日，首款超薄智能手机金立 S5 首发。
- 2015 年 6 月，超级续航的 M5 的横空出世，界定了全新的行业标准。
- 2015 年 12 月 21 日，以"海阔天空"为主题的金立 M5 Plus 发布会，上市推广项目总曝光量为 22 亿多人次，成为 2015 年度现象级话题。
- 2016 年 2 月 22 日，S8 发布，开启了手机美摄时代。
- 2016 年 7 月 26 日，M6/M6 Plus 上市，推出"内置安全加密芯片"手机，围绕政商人群需求，业界和消费者为之轰动。
- 2016 年 12 月，金立 M2017 上市，全面升级诠释成功的标配。
- 2017 年 11 月，金立一口气发布 8 款全面屏手机。

图 7－16　金立手机

金立手机主要系列概述如表 7－10 所示。

表 7－10　金立手机主要系列概述

系列	特点	主力价格带
M 系列	手机电池容量大，超级续航，待机时间长	M2017：6999 元，其中定制版达 16999 元；M6 plus：2999 元；M6：2699 元；M5：2000～2500 元的价格带
S 系列	主打颜值，拍照效果好，双摄，前置柔光自拍	S8、S9 为 2500 元的价格带 S5、S6 为 1500～2000 元的价格带
F 系列	手机性价比高，外观也好看	1500 元以下价格带
金钢系列	抗摔性、耐用性大	
天鉴系列	实用性和标志性十足的双屏翻盖设计，商务用途	3500～4000 元的价格带

金立手机近年的销售数据如表 7－11 所示。

表 7－11　金立手机近年的销售数据

年份	整体销量	主要系列销售情况
2014 年	2800 万部	S 系列占比约为 30%
2015 年	3000 万部	M5 销量达 200 万部，而 M5 plus 首发当月（12 月）超过 100 万部，其中 M 系列整体占月销量 25%
2016 年	4500 万部	M 和 S 系列占比约为 62%；M6/M6plus 销售 300 万部以上
2017 年	2600 万部	1494 万部（国内）

截至 2016 年年底，金立在国内开拓了 10 万多个合作网点、7 万多个专区、超过 30 万节专柜。2017 年主打全面屏战略，主推屏幕占比高达 86% 的全面屏手机，但由于广告投入效益不明显，产品力严重跟不上对手，销量下跌严重，可见手机市场竞争白热化。

三、各种大单品的案例策略的比较分析

1. 华为的以产品和品牌为核心的大单品策略组合模式

(1) 华为手机大单品策略背景和现状。

早期很多手机厂家都是以运营商渠道为主，华为也是如此。不可否

认，以运营商渠道能迅速拉高出货，但是也有着很多的弊端，也是在这一时期一个从没做过手机的厂家——小米出现了。从功能机到智能机的换机潮，合适的定位和互联网饥饿营销策略等诸多原因让小米一飞冲天，迅速成为国内手机市场的巨头。此时的“中华酷联”中的华为开始改革，学小米的同时坚持对海思芯片的研发投入，借着运营商营改增的变革顶住内部压力改革终端部门，最终脱颖而出，没有随着运营商渠道的没落而和其他几家厂商一样沉沦。其实，华为的突破是聚焦在产品的突破上，带来整体品牌的美誉度，以拉力为主：Mate 系列在产品上的突破，从而带来整体的品牌的升级突破，并有效形成线下 Mate 和 p 系列的产品组合模式，线上荣耀品牌的组合模式。

从华为 P9 单品策略的提升，延续了 Mate 系列单品的策略，形成了大单品组合突破策略：现象级的产品是华为 P9。这款产品在 2016 年 4 月发布，因为其与徕卡合作调校的后置双摄像头性能出色，受到市场认可。截至 2016 年 12 月底，华为宣布其全球销售已经超过了 1000 万部，这在旗舰级手机中还是首例。华为消费者 BG CEO 余承东表示在手机出货中高端产品占比达到 44%。同时，华为、荣耀双品牌独立运作又相互协同，2016 年 8 月，荣耀打败小米手机，成为互联网手机的销售额冠军；9 月，荣耀成为互联网手机销量第一名。2016 年是华为、荣耀双品牌独立运作进入实质化阶段的节点，2017 年要把荣耀继续打造为面向年轻人的互联网科技品牌，要面对的不仅仅是 OPPO、vivo 的线下攻击，同样面临的是与华为进一步打造差异化卖点，避免左右手互搏的戏码。如表7 – 12 所示。

表 7 – 12　互联网手机排名

GFK – 2017Q1 – 互联网手机排名			
排名	品牌	销量（部）	销售额（元）
1	荣耀	10，521，719	14，922，922，967
2	小米	9，450，191	12，556，312，266

续表

GFK －2017Q1－互联网手机排名			
排名	品牌	销量（部）	销售额（元）
3	魅族	4，599，750	5，213，027，175
4	乐丰	1，720，680	587，412，547
5	酷派	1，607，692	1，253，167，040
6	乐视	1，571，434	1，993，846，923
7	小辣椒	1，162，715	595，564，291

（2）华为的大单品策略总结分析。

针对华为的以产品和品牌为核心的大单品策略组合模式进行总结，分析可以归纳出：

- 华为 Mate 系列的成功完全是产品的成功：成功借鉴了小米的饥饿营销，Mate 7 是唯一一款从上市到退市都没有降价，并且供不应求的单品。
- 华为的渠道推力是弱势：每次新品上市只是保证大客户，并且是前几个月的市场秩序，之后就放开，没有价格和物流秩序的严格保证，窜货严重，渠道利润很低。
- 持续发展的优势在于（技术和品牌号召力）技术上的优势：独立研发海思系统，数千的技术专利；联合跨界合作优势的徕卡双摄；品牌的号召力：通讯行业的世界级企业的背书。
- 持续发展的短板在于（需要弥补短板到不至于影响长处的极致发挥）：一旦产品力不足，渠道会迅速主推其他产品，这也是增长低于 OPPO、vivo 的核心产品。

2. 步步高系的从渠道为核心到产品和渠道双轮驱动的组合模式

步步高体系是基于渠道的推力为主，聚焦主推核心单品，从而完成整体品牌的提升。在渠道能力基础上，OPPO 核心主推 R 系列单品，vivo 核心主推 Xplay 系列单品，金立主推 M 系列单品。最主要的是依托多年渠道网络和市场秩序的核心竞争能力，抓住了三四级市场职能手机的换机热潮：OPPO、vivo 都有二十万以上的专卖店；零售店每台 200 元以上的利差，以及市场秩序严格的管理，以及说到做到的降价补差。日益突出大单品的核心拉动策略，在大单品上持续利用明星效益，强化核心卖点，整体带动品牌价值提升的系统整合营销：OPPO 的充电五分钟，通话两小时；vivo 的前置柔光自拍；OPPO、vivo 都有五个以上系列的产品组合，但是越来越强调大单品的拉动策略；R9 的发布到预售借鉴行业领先技术，做到极致；2016 年 2000 万部的傲人业绩，超越苹果在国内做到单品第一；Xplay 系列单品持续的专推和主推，从广告到终端。

（1）步步高系手机的成长基石——三四级市场。

纵观步步高系手机的成长历史，可以看出其主要是依托渠道掌控了三四级市场。其实即使在城镇化高速发展的今天，乡村人口仍然超过 6 亿（2015 年统计数据），占比 44%，县城是手机厂商连接这些人群的纽带。事实上，除去“北上广深”一线城市及成都、杭州等二线城市，其他城市相当一部分比例的人口对移动互联网、对智能手机的认知和县城、农村相差无几，这意味着这部分人的比例更高。OPPO 和 vivo 就是在读懂这些人的需求中迅速提升销量。在三四级市场采取了针对性的渠道推力，因为该市场的消费群对互联网、对手机的认知十分有限，甚至可以说是“小白”，他们不懂 iOS 与安卓的区别，不会看 cpu 频率，也不懂屏幕分辨率及摄像头像素。他们对手机的所有认知都来自于直观感受，外形漂不漂亮、拍照清不清楚、微信卡不卡、电池经不经用，甚至在比较两款手机哪一个更好时，还需要有人指导、解说。所以，这是与一二线城市完全不同的市场，手机的直观体验很重要、导购的解说很重要，这就是渠道的作用。

（2）步步高系战略突破市场——采取农村包围城市。

在渠道基础上发力大单品策略，抓住了消费升级的巨大市场空间。OPPO、vivo 形成大单品群，据统计 OPPO、vivo 还在年度最畅销的 20 款机型中占了 7 个名额，其中 OPPO 独占了 5 个。如 OPPO R9 核心聚焦突破：在 2016 年 3 月开售，当天销量即超过 18 万部，并且在发布 88 天后，其销量已突破 700 万部，即平均每 1.1 秒就有一位用户选择 OPPO R9 系列产品。根据权威市场调研机构赛诺数据显示，OPPO R9 从上市之初销量即迅猛增长，上市一个月即成为开放市场的热销机型冠军。这一热销势头一直持续，直到十月，OPPO R9 始终位于最畅销机型榜首。同时伴随大单品策略的实施，进攻一二线市场，品牌提升就水到渠成，使得 2016 年，OPPO R9 超越苹果的大单品策略之路一路畅通。

（3）步步高系大单品突破的核心策略——聚焦卖点。

熟悉 OPPO 的用户都知道，在最初售卖手机之时就凭借 Ulike、N 系列在手机拍照这件事上俘获了不少用户，只不过近两年“充电 5 分钟，通话 2 小时” Slogan 的深入人心让拍照只是作为一个功能点存在，但是在 2016 年 10 月 OPPO 发布 R9s/R9s Plus 再次把拍照的基因搬到用户面前，新 Slogan 确定为“这一刻，更清晰”。如图 7－17 所示。

图 7－17　OPPO R9s

（4）金立手机的大单品模式分析——从机海走向大单品。

2016 年金立与 OPPO、vivo 的打法很相似，虽然没有挤进前五，但从之前高层透露的信息和下半年的营销投入来看，已接近 4000 万部，其改变机海产品策略，突出大单品策略取得了良好的效果。于 2016 年 12 月 26 日晚间，金立正式发布了其全新商务旗舰手机 M2017，6GB＋128GB 版本为 6999 元，私人定制版（6GB＋256GB）的最高定价竟然达到 16999 元。从一开始金立就知道自己应该对焦什么样的用户群，所以，在 M2017 的宣传方面，金立为这款产品选择了“成功的标配”这一宣传语，并请来冯小刚夫妇做这款产品的代言人。超长续航和安全，“高端制造”和“私人订制”，金立很聪明地选择了高端人士更为关注的功能点作为产品卖点，对于这部分人来说，这些显然要比宣传手机性能更容易让人接受。

2016年加大了推广攻势，冠名多个电视节目，提升了金立的知名度。12月，金立低端机、中高端机均走强，跻身国内市场前三，领先三星、OPPO、苹果、小米、魅族等。在国内千元机市场，金立F系列、金刚系列表现强劲，另外，金立M6以及金立S系列，都颇受消费者欢迎，金立在2017年的表现将不容小视。如图7－18所示。

图7－18　金立手机

（5）OPPO和vivo的发展隐患。

● 无法摆脱“靠信息不对称高价低配，攫取高额利润”的帽子。要达到想要的宣传效果，就必须付出相应的高额宣传费用，势必增加成本，挤压硬件成本空间；要线下门店最大限度地推广，就必须留出足够的利润空间。当OPPO和vivo的手机满足这两点时，在竞争如此激烈的国内市场上，势必会形成这样“高价低配”的局面。

● 这样的发展模式，其弊端是显而易见的，当三四线的市场空间饱和之后，未来的增量从哪里获得？随着渠道进一步扁平化，依靠信息不对称形成的“高价低配”还能维持多久？而且以OPPO和vivo对线下门店的合作模式，其实并不存在绝对的竞争壁垒，也就是说这种模式不光OPPO和vivo可以做，其他厂商同样可以做。

● 所以“风口”总有过去的时候，在过了“风口”之后，手机厂商们又该从哪里找市场呢？不要说挑战三星和苹果，如果在“风口”之后依旧能在国产手机的竞争中站稳脚跟已经很值得思考了。其实答案很简单，同时这也是大部分国产手机厂商正在做的事情——叩开全球市场的大门。

3. 苹果和小米的突破：大单品策略的持续性

苹果和小米面临的问题是如何持续打造出核心单品，而保证市场地位、提升市场地位的命题：小米在于如何通过一款核心单品，改变没有产品设计，不入流的品牌价值；他们都存在如何利用新的技术创新，打造核心单品，完成生态圈打造的终极策略目标。

（1）苹果逐步放慢的创新步伐，大单品策略难以持续增长的困境。

从 iPhone 6s 系列开始，苹果的创新步伐慢了下来，进入周期性的创新低估，所以 iPhone 6s、iPhone 7 系列的出货量并没有相比前代大幅提升。作为曾经全球手机行业的风向标，苹果在 2017 年备受质疑。苹果 iPhone8 已经是连续第三代外观无明显改变的机型，甚至创下了苹果手机史上最差销售记录。手机行业的持续被定义和持续创新特点，给苹果留的空间还需要想象力。

（2）后“互联网风口”时代的小米。

2016 年第一季度到第四季度，小米智能手机销量（出货量）同比下跌分别为：32%、38.4%、42.3%、40.5%，全年出货量同比下跌达 36%，市场份额也从 2015 年的 15.1% 下跌到如今的 8.9%。按照雷军的说法，这是小米在高速成长之后的“补课、降速、调整”。其实很简单的一个问题就是，小米的产品，从设计定位开始就是为了线上电商渠道服务，强调性价比，压缩利润空间，这样的模式势必和当前线下追求更多利润空间的要求相左，一样的产品，很难同时满足线上和线下的所有要求。所以，小米最近一直在尝试线下渠道“小米之家”的建设。雷军的目标是将完全自营的小米之家在今年内做到 200 家，并且在三年内做到 1000 家，每家营业额达到 1000 万元。我们暂且不说这个目标是否能实现，即便真的实现了，就算以每台手机售价 1000 元计算，总量也不过是 1000 万部而已。三年后 1000 万部的线下销量，到底能给小米带来多大的改变？如图 7－19 所示。

（3）小米模式的突围：产品力提升＋小米之家布局＋生态圈协同，新零售战略落实。

小米致力于建立生态圈，即未来企业之间的竞争，是产业链的竞争，

图 7－19　小米之家

更是生态圈的竞争。传统企业拼的是企业内部的核心竞争力，通俗说就是比“能不能比别人做得更好”。在互联网时代，由于互联网强大的资源聚合与用户聚合能力，未来商业模式的竞争，将是生态圈的竞争。也就是说，企业核心竞争力由内部转移到外部、由单方转移到多方。那个时候，“和谁在一起玩”“和谁一起玩得好”，比自己玩得好更重要。小米通过小米手机，在 MIUI 系统内建立起 8 大核心应用，支撑起了 MIUI 的生态圈。另外，小米手机、小米盒子、小米路由器、小米电视所建立起的全球顶级配件和制造企业组成的供应链体系，以及与雷军有关联的金山、优视软件、多玩、拉卡啦、凡客诚品、乐淘等公司所组成的生态链，这些链条与亿万用户组合在一起，就是小米的生态圈帝国。

在 2016 年 1 月 12 日小米公司的年会上，雷军说 2017 年收入力争千亿，果然凭借产品和线下小米之家的布局，生态圈的布局合力出现，实现了 2017 年的逆转。雷军在 2016 年致辞中说，最坏的时候已经过去了。小米起家的电商销售模式在 2016 年遇到了挑战，他认为眼下只做电商已经不够，因为只有 20% 的人会通过电商来购买手机，还有 80% 的人仍然是通过线下实体商店购买手机。不安于只做一家不错的电商手机公司，小米提出了线上线下融合的“新零售”模式。小米线下品牌零售旗舰店，目前已经开通 54 家。在 2017 年，小米计划开到 200 家店，未来三年计划开通 1000 家小米之家。雷军认为小米 2017 年销量逆袭，重要原因之一是线下销售方式，最新公布小米开了超 300 家小米之家线下专卖。

（4）小米从机海到大单品群打造，产品力和品牌力的提升。

在产品层面，小米面对下滑也将“机海战术”发挥到了极致——小米 2016 年发布的新机数量达到了两位数，但一众新品都没有扭转小米在舆论场的劣势。配置虽高，但设计欠佳的 1999 元经典价位的小米手机 5s 更是让外界质疑小米“重配置、轻设计”的产品理念。

小米 2017 年在售机型有 52 款，仅次于三星。52 款产品中，1000～2000 元机型与 1000 元以下机型数量相当，分别有 20 款和 19 款，但 1000～2000 元机型的用户关注度要明显高出近 10 个百分点。

2016 年，小米手机在产品策略上出现严重问题，主打机型小米 5“ID 无边框”、推低配降频版，5s、5s Plus 造型红米化、“祖传”3GB 内存，小米 Note 2 屏幕素质差，小米 MIX 无法量产。

2017 年，小米的手机针对去年存在的问题进行了大刀阔斧地整改。主打手机小米 6 成为国内首款骁龙 835 机型，6GB 内存一步到位，2499 元起依然性价比无敌。小米 MIX 2 补足前代短板，实现量产，担当起旗舰重任，让小米在 3000 元以上市场站稳脚跟。小米 Note 3 放弃旗舰地位，但专注于自拍功能，立足线下市场。

小米 Max 2、小米 5X 专注于特定卖点，取得不错的口碑。红米系列今年没有特别亮眼的表现，但基本覆盖了千元和百元机市场，守住了基本盘。

总体而言，在 2017 年的手机产品方面，小米采取的策略为稳扎稳打，主打机型各方面表现均衡、无短板。在销量上，也得到了积极的回报。

（5）新零售战略落实，线下小米之家生态共享疯狂扩张，如图 7－20 所示。

2016 年小米把小米之家增加到了 50 家，2017 年小米的开店速度可以用疯狂来形容，小米之家和小米专卖店的数量超过了 250 家。

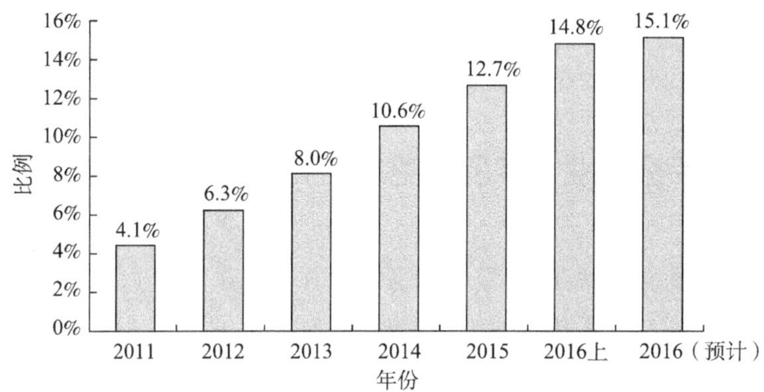

图 7－20　2011～2016 年中国网络市场交易规模占社会消费品零售总额比例

除此之外，2017 年 11 月，首家小米之家旗舰店在深圳正式开业，全面向 Apple Store 看齐。小米提出的新零售战略可以说是完全落实，全面弥补了小米在线下的短板。首先，在吸引客流量上，小米之家采用了选址对标优衣库、星巴克等快时尚商区的策略，可以快速获得大量基础客流。另外，除了手机产品，各式小米百货登场，种类齐全丰富，提高了用户消费频率。其次，在提高转化率方面，小米之家的策略是根据线上数据，尽量摆放容易成为爆品的商品。然后，小米之家的产品来自各个生态链企业，但都统一在米家品牌旗下，进一步深化了用户的品牌认知，同时实现线下线上用户互相转化。小米之家的坪效已经达到了惊人的 27 万元，仅次于苹果，这也是对小米新零售战略最有效的验证。2017 年，小米从实质意义上实现了线下线上一把抓。

4. 华为 VS 步步高 VS 小米手机的成功经验区别

纵观这 10 年中国手机市场的变化，华为的成功来源于对对手的学习，更来源于长期大笔研发资金的投入。时至今日海思已经成为国内最大的 IC 厂商，华为也是目前国内唯一搭载自研芯片的手机厂商，华为的成功可以复制，但是门槛非常高。小米的成功赶上了换机潮，赶上了 Android 的不完善，赶上了电商的快速发展，凭借着 MIUI 和性价比打出了一片天地，这些因素很多都无法在重现，小米的成功几乎不可复制，这点从学小米的厂商身上就可以看出来。OPPO 和 vivo 的成功看似简单却又不简单，因为线下渠道的建设需要长期的一步步的经营，需要大量的时间和金钱，想复制也不容易。

四、手机行业大单品策略趋势和核心成功要素启示

1. 认清手机行业核心发展趋势

（1）线上/线下手机销售情况如图7－21所示。

2017年线下增长势能延续，线上厚积薄发 GfK

中国智能机市场线上/线下市场销量同比变化2016 vs 2017（预计）

2016销量同比 17.9%
线下市场

+3.6%

2016销量同比 6.8%
线上市场（含官网）

© January 17, 2017 | 2016年中国手机市场回顾与展望

图7－21　线上/线下手机销售情况

（2）手机原材料成本趋势如图7－22所示。

2017年原材料上涨，厂商盈利压力增加 GfK

手机成本结构　易受汇率波动影响元器件

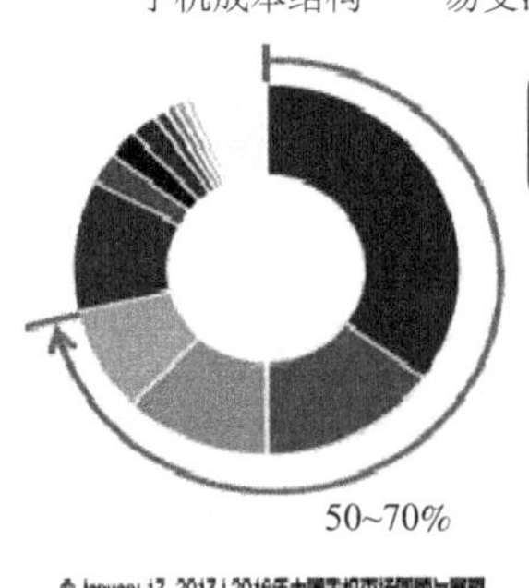

- 土芯片组
- 显示屏和触控模组
- 前后镜头
- ROMRAM
- 机壳
- 电池
- 指纹识别模组
- Type-C
- 扬声器
- 听筒
- 卡槽
- 耳机插孔
- 马达
- 其他

人民币兑美元基准汇价

1501 1503 1505 1507 1509 1511 1601 1603 1605 1607 1609 1611

·受人民币贬值影响，手机供应链企业毛利受较大影响；
·2016年市场表现远超年初预期，导致主要元器件产量供不应求，下半年手机成本上涨明显；
·受成本及汇率挤压，明年手机厂商利润压力增大

© January 17, 2017 | 2016年中国手机市场回顾与展望　数据来源：中国人民银行　3

图7－22　手机原材料成本趋势

（3）未来发展需要全球竞争。

在全球智能手机增长停滞的2016年，以华为、小米、OPPO、vivo为

代表的国产手机依然保持强势的增长，还是来源于国内市场的红利，一旦各种“风口”过去，红利消散，届时国产手机又拿什么和三星苹果一较高下呢？只有打开了全球市场的大门，那才真正是华为、小米、OPPO、vivo挑战三星苹果的时候。

（4）手机新零售趋势：消费升级＋购买行为o＋o。

国产智能手机市场快速增长的一大原因则是消费者对消费升级的诉求。消费不再单纯地追求“跑分除以价格”的性价比模式，转而支持追求能体现其品位的产品。IDC给出的原因是，用户对于智能手机购买与使用的诉求已经发生改变，不再是高性价比，而是满足时尚化的智能工具，以及能够体现其个人品位与身份特征的品牌手机。这或许也是一直追求高性价比小米下滑的主因。

洞察用户需求、品牌升级、精品战略将成为主流厂商赢得新用户的三大手段。2018年，预计立足线下、依托互联网结合，整合资源实现全域营销的“新零售”模式将在手机市场遍地开花，而这也是实现手机品牌再创造和再升级、改变零售方式的最直接和有效的方法。

（5）国内市场已经形成T型格局。

ZDC数据显示，2017年中国手机市场上参与竞争的厂商数量有118家，较2016年的134家减少了16家，竞争激烈程度可见一斑

整体来看，2017年中国手机市场品牌格局更加集中，T型格局已经形成，前五品牌累计占据近七成的用户关注度。其中，华为以18.45%的关注比例位居榜首，OPPO、vivo分别以13.61%、12.98%的关注比例排在第二位、第三位。苹果获得第四位，但关注比例与排在第三位的vivo相差不大，落后0.54%。三星以11.43%的关注比例位居第五。荣耀以7.36%的关注比例领跑第二阵营。

T型格局下，第一阵营品牌竞争激烈程度前所未有。第二阵营以后的品牌成长空间被严重压缩，生存压力倍增。

2. 如何正确认识和避免打造大单品的误区

误区一：大单品的“产品推销模式”VS“战略单品模式”。

产品推销模式的弊端是以低价产品为主，以量取胜，打造“爆款”；

重视产品基本功能，忽略品牌附加价值。而战略单品运营模式的优势是以品牌和战略单品为核心，同时兼顾销量和影响力。其实可以看出华为和OPPO、vivo的大单品系列，无一不是与其品牌相联系、相互作用，同时带动其他系列的提升。

误区二：不要把鸡蛋放在同一个篮子里。

不做大单品策略的企业可能会说："不要把鸡蛋放在同一个篮子里。我多做几种产品，能降低风险，东方不亮西方亮。"这只是一种投机的心态，而做企业应该用一种竞争的心态。如果要战胜对手，在思想上，就要"战战兢兢，如履薄冰"；在行动上，必须要"全力以赴，破釜沉舟"。试想，一家企业如果倾尽全力打造一款产品，做到极致，仍然做不好，无法赢得市场的认可，那分散资源，同时推几款产品，如何能保证都是最佳产品？又凭什么保障销售成功呢？估计只能凭运气了。其实大单品也是产品，只要是产品，就必然符合产品生命周期理论，有其导入、增长、成熟、衰退的过程，不可能一直期望某只大单品像"永动机"一样持续成长、源源不断，而是像管理产品生命周期一样，导入新的、升级的大单品。

3. 顺应趋势的手机大单品策略的核心成功要素

（1）准确把握阶段性关键竞争要素，精准定位。

战略单品要做大，需要为战略单品量身定做营销模式。营销模式的制定不能凭空想象，也不能照搬别的企业甚至是同行对手的成功经验，而是应该依靠对产业结构、消费趋势的洞察，准确把握本阶段的关键竞争要素来最终制定：承接品牌升级、销量突破；换机时代主流消费群体。

（2）结合消费者的差异化产品和推广传播创新，形成一定壁垒。

需要抓住不同消费群体的基本功能述求，例如，快速充电、照相质量、音质等方面。同时，结合手机行业特性，嫁接互联网思维的消费者推广传播。在产品全生命周期内，充分与消费者互动，进行设计、更新。同时，利用口碑推广、饥饿营销等互联网方式推广。从外部情况看新的红利也在酝酿之中，2020年5G商用，必然会带来新一轮换机潮，物联网和人工智能的突破，或许继续扩大手机的边界，带来创新红利。

（3）手机产品发展趋势：精品路线替代机海潮，体系作战追求持续的单品突破。

• 以量取胜的机海战术在过去几年曾出现过数次回潮，不过从现在的趋势来看，这种广撒网荒蛮圈地的方式在换机市场已经彻底失效，品牌数量大增和需求的饱和倒逼厂商走精品和品牌集约化路线。

• 互联网手机品牌的倒闭加速产业洗牌，用户对产品的关注度开始集中于固定品牌，也加速了小品牌和产品的消失，诸如华为、荣耀、魅族等品牌逐步完成了产品的系列化，无论是高端还是中低端产品都在有序进行版本迭代，产品发布的规范化让数量进一步“瘦身”，也有利于品牌对单品集中曝光。

• 创新永远是手机单品突破策略的核心：2017 年是手机 AI 年，各手机厂商都会强调人工智能如何在手机中体现，但在做好软件创新的同时手机的 ID 设计也同样重要。任何手机厂商都有机会分一杯羹，只要你能提供令人眼前一亮的创新，并能够提供充足的供应量，消费者永远都会为真正的价值创新买单。

4. 手机行业大单品策略对营销创新的启示

（1）企业成长最佳战略路径是大单品打造策略。

企业在成长之路上，真正“做强”比“做大”更重要，但是关于如何做强，却众说纷纭，最佳的发展战略是单品战略，集中资源打“歼灭战”；打造一款最具潜力的产品，迅速占领市场，迅速赢得领先地位，并获得利润。这才是中小企业的成功之道。实施大单品策略取得成功的企业遇到困境恰恰是大单品发展得不够、没有形成大单品群造成的。如果中小型企业分散资源，同时做几种产品，甚至几个品牌，那很可能会导致每个产品都做成“半拉子工程”，迟迟得不到利润，最后资源枯竭而败下阵来。

（2）“O2O”模式下，线下渠道的支撑对大单品策略的实施必不可少。

线下渠道仍然被推崇。OPPO、vivo 十几年的深耕已经带来了丰厚的果实，各种厂商也开始追随其模式。如实力最强的华为启动了“千县计划”；尝到线下甜头的还有金立，其在全国已经建立 8 万个合作网点、10 万个专区，今年一跃跻身到线下份额第四的位置；曾经造就“线上神话”的小米，也开始大力推广自己的米家品牌，2016 年年底全国将新建 60 个米家体验店，并宣称在2020年前开出至少1000家零售店；魅族方面，则接受了天音通信2亿元的投资，也开始了大举进军线下的步伐；荣耀、360等厂商也曾对搜狐科技表示，将线上线下结合，不走纯电商模式。

（3）极致大单品策略，首先是产品思维的改变。

互联网时代经营的核心，是用户的口碑，而口碑产生的充分条件，是要把单品做到极致，让单品的价值超过用户预期，好到大家愿意口口相传。只有完成了口口相传，才能最终实现单品爆发，把单品做到海量。

一个品牌的产生，其基本路径是品类创新产品——战略单品——做大战略单品——大单品品牌成为品类代表性品牌——大单品决胜——百年品牌。正如OPPO研发出超级闪充、vivo拿出顶级Hi-Fi模块和前置2000万像素双摄像头、华为自研处理器和用上徕卡镜头。其实在企业发展的初期，由于各种资源都有限，最佳的战略其实是单品战略。就是坚持主推单一产品、单一包装、单一品牌、单一卖点、单一广告语，在消费者心中建立单一、清晰、巩固的品牌形象。这是中小型企业最低成本、最高效率的成功之道。

（4）大单品策略突破是为了形成有效的产品组合，从而突破品牌的号召力。

大单品相当于企业产品群这一联合舰队的核心战舰航空母舰，其他小产品群则相当于驱逐舰、护卫舰、巡洋舰等辅助舰船。但虽为辅助却也决计少不得，假使除母舰以外的舰只均是素质低劣，不堪一击，则航母再厉害也终归无用，因为其他舰船会扯其后腿。实施大单品策略取得成功的企业遇到困境恰恰是大单品发展得不够，没有形成大单品群造成的。

（5）聚焦核心消费群定位，覆盖主流价格带。

当发展到一定阶段的时候，都会出现高、中高、中、中低、低等各种不同的价格带。在这众多的价格带中，有一个价格带往往是销售规模最大的，我们把它叫作行业的主流价格带，或者叫主流市场。针对该主流市场，可以从销量和品牌上实现双突破。华为、金立、OPPO、vivo的大单品系列都是顺应中国消费者趋势（从填补空白到换机时代、从低端到中高端）。

（6）基于客户价值倍增的大单品性价比策略。

让大单品性价比更高，可以大大提升其竞争力，有利于快速做大。这种性价比，不一定是价格，只要超越顾客期望，可以向消费者提供额外的价值。满足各消费群体需求的不断延伸。如手机的基本功能以外的快充、拍照；消费者购买角度提供便捷，如线下随处体验、购买；能够充分获取产品相关信息。或者使得消费者能用更低的价格获得同样的利益，或者用同样的价格获得更多的利益。

第八章

美的太阳能热水器案例反思

王义强

一、背景介绍

1. 行业发展背景介绍

（1）京都议定书。

为了应对气候变暖威胁，1997 年 12 月，《联合国气候变化框架公约》第 3 次缔约方大会在日本京都召开，149 个国家和地区的代表通过了旨在限制发达国家温室气体排放量以抑制全球变暖的《京都议定书》。《京都议定书》规定到 2010 年，所有发达国家二氧化碳等 6 种温室气体的排放量，要比 1990 年减少 5.2%。

1998 年 5 月中国签署《京都议定书》，加入全球减排计划。太阳能作为低碳、环保的产业开始在国内萌芽。太阳能热水器行业技术门槛低，国内一部分企业开始介入太阳能热水器产业。随着 2002 年 8 月中国核准该议定书，国家大力推广太阳能产业，太阳能热水器也开始在国内蓬勃发展。

（2）住建部及地方太阳能政策。

随着《京都议定书》2010 年窗口期的临近，以及 2009 年 12 月《哥本哈根会议》的召开预期，国家开始大力推行太阳能利用产业。2009 年 3 月住建部发布《太阳能光电建设应用财政补助资金管理办法暂行办法》《关于加快推进太阳能光电建筑应用的实施意见》及相关太阳能普及政策，支持把光热企业列入环保企业，给予税收优惠等政策。随后江苏、山东、云南等地政府相继出台强制性政策，城市建筑在12层（含）以下必须安装或保留太阳能热水管道安装。同时此项规定纳入城建及环保部门审批流程。太阳能产业进入火热时代。

（3）家电下乡政策。

为了刺激农村消费，国家于2007年12月开始试点“家电下乡”，给予农村用户购买家电补贴。2009年首次将20多家太阳能企业列入下乡名录，相当于国家为企业给消费者进行产品信誉背书，大大刺激了太阳能热水器行业的普及与蓬勃发展。

基于国家政策大力推动及优秀企业的经营，从2002年开始，太阳能热水器行业规模保持每年30%以上的增长，从2003年的115亿元增长到2008年的430亿元，并于2009年首次突破500亿元，大大激发了各企业进入行业的热情。如图8－1所示。

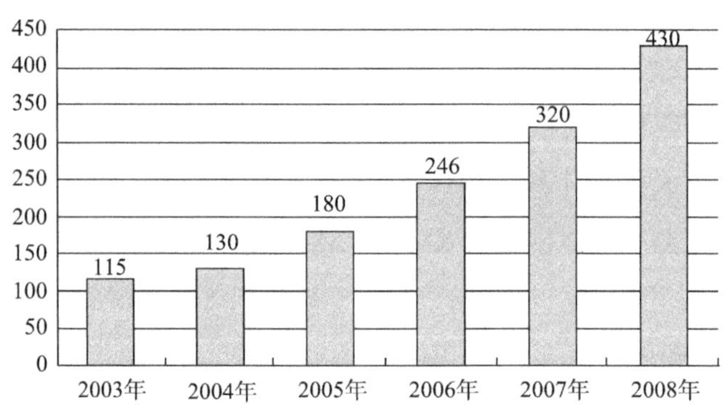

图8－1　2003～2008年太阳能热水器行业规模（单位：亿元）

数据来源：国家农村能源行业协会《太阳能热利用专业委员会行业报告》

2. 行业主要参与者及竞争格局分析

（1）清华阳光：真空管发明与升级者。

太阳能热水器主件由“真空管、水箱、支架”三部分组成，其中真空管转换太阳能的部件，其热效率是太阳能热水器能否满足使用的关键。清华阳光作为清华大学参股的企业，在真空管研发上一枝独秀。1978年发明世界第一根太阳能真空管，1984年发明吸热比80%以上的“晒乐管”，2003年发明吸热比96%以上的“紫金管”，至此太阳能热水器真空管技术相对成熟。基于真空管的研发升级，清华阳光为太阳能热水器行业发展做出了不可或缺的贡献，自身也成为第一批太阳能热水器企业的佼佼者。

（2）皇明太阳能：太阳能产业的普及者与技术引领者。

1997 年，《京都议定书》签订完毕后，皇明太阳能从总部山东德州开始启动《太阳能科普万里行》活动，连续十年，累计行程 8000 公里，在全国建立了上百个太阳能科普园，累计发行了 1 亿份《太阳能科普报》，让太阳能进入千家万户，其自身也成为国内太阳能行业“教父”。

皇明太阳能以太阳能利用研发为导向，除太阳能热水技术外，还重点研发光电技术的应用、“零能建筑”等太阳能应用项目，并承担了四项国家“863 计划”与“火炬计划”项目。在太阳能热水器市场，主打中高端产品，在 2008 年以前，销售一度排名行业第一。

（3）太阳雨太阳能：太阳能热水器产业营销模式颠覆者与领跑者。

太阳雨太阳能成立于 1998 年，旗下含“太阳雨”“四季沐歌”双品牌。从 2002 年开始，在市场上另辟蹊径，开创了独特的产品卖点与营销推广体系。在产品卖点层面，基于真空管的成熟，太阳雨从水箱保温角度入手，提出“有保热墙的太阳能更好用”，并长期推广，带动了市场保温诉求的潮流。

在营销推广方面，独创“城乡联动”模式：以县级代理商为平台主体，发动乡镇经销商、水电工带客户至现场成交，俗称“割草”。城乡联动模式一方面通过约 20 天的“蓄水”绑定乡镇意向客户；另一方面在现场营造抢购氛围带动犹豫的客户，成为太阳雨抢夺市场的利器。太阳雨还有效地通过“村长工程”等意见领袖营销方式，深入扎根村级市场，取得了优秀成绩，同时也是将“人海战术”发挥到极致的企业。一场活动有数十上百名业务、经销商、水电工等团队成员参与。2009 年，太阳雨太阳能（含四季沐歌）合计销售额超越皇明，成为行业第一。如图 8－2 所示。

（4）行业竞争格局。

由于太阳能热水器农村市场前期空白，乡镇存量市场巨大，吃透一个省都能实现过亿销售额。同时，产品销售更多依赖于人海战术，所以厂家在运作上有区域偏好，不同区域领导品牌不同，部分区域当地品牌在本地

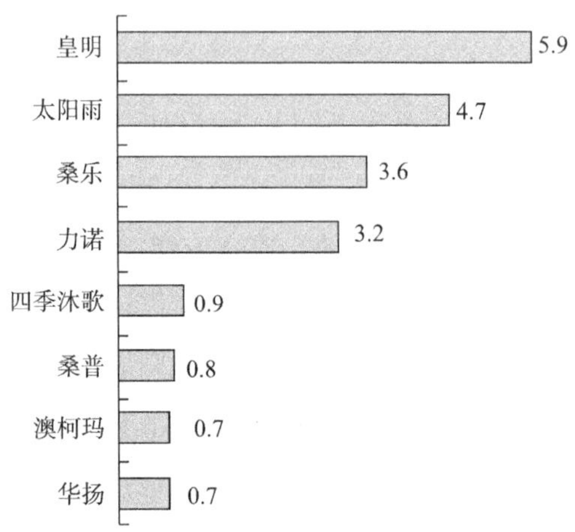

图 8－2　2008 年国内市场占有率

市场占据主导地位。

从全国层面而言，太阳能热水器行业集中度低，缺乏重量级巨头，呈现出典型的“大产业、小企业”特征。由于进入门槛低，山寨杂牌充斥市场，在 2008 年，浙江海宁品牌超过千家。

整体而言，太阳能热水器行业厂家分为四类，竞争层次分为三层：

- 太阳能热水器行业参与品牌分类如表 8－1 所示。

表 8－1　太阳能热水器行业参与品牌分类

类别	品牌	主攻市场
全国性品牌	皇明、亿家能、力诺、桑乐、太阳雨等	山东、河南、安徽、武汉
地方性品牌	太标、1 通、现代阳光、北京天普等	厂址所在地：鲁、滇、豫
地方性杂牌	沐阳、红太阳、祥瑞兄弟、火鸟	三四级市场
假冒大品牌	美的家庭、德国西门子等	厂址附近的零散市场

- 太阳能热水器价格及品牌竞争层次如图 8－3 所示。

3. 美的电器切入太阳能热水器背景

（1）项目组成立背景。

2002 年，美的电器曾介入太阳能热水器行业，但由于各方面原因，该品类后期被取消。2007 年美的整体厨卫事业部（下称“美的厨卫”）重组

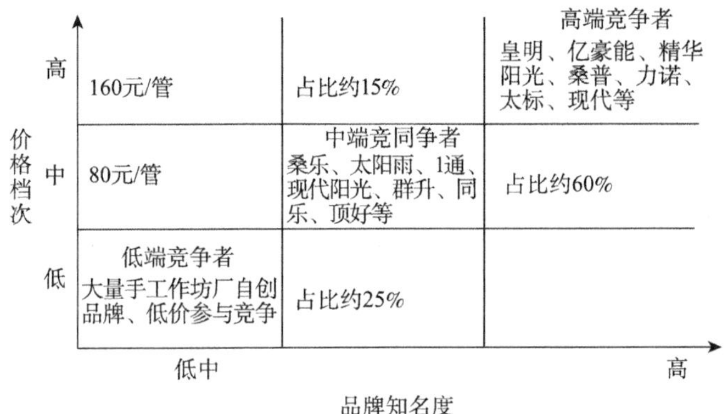

图8-3　太阳能热水器价格及品牌竞争层次

合并，经营热水器、吸油烟机、燃气灶等产品，并于2008年取得了同比业绩翻番的优异成绩。基于厨卫事业部的高速发展需要，以及厨卫事业部热水器产品的关联性，2008年下半年，美的厨卫启动太阳能热水器试销，并于2009年10月底开始组建营销团队，正式成立太阳能项目组。

（2）美的切入太阳能热水器行业的优势。

品牌优势：美的品牌被千家万户认知并接受，切入市场具备先天的品质背书与服务背书。

渠道与终端优势：美的厨卫经过一年重新耕耘，分公司与代理商成熟，同时已经建立数百家专卖店、数千家网点，产品能快速进入终端直面用户。

生产优势：太阳能热水器水箱的钣金、发泡工艺与电热水器一致，以美的的生产控制能力，一旦规模化自制，将产生良好的成本优势。

（3）美的切入太阳能的劣势。

准备时间短：2002～2008年是太阳能热水器迅速普及与成长期，美的错过了该阶段，成立伊始就直面2009～2010年的疯狂竞争期，市场不允许美的有太多筹备与试错时间。

产品力不足：按照项目组规划，到2010年6月以前，美的太阳能产品将一直采取OEM模式，因此产品上很难找到核心差异点，价格也不具备优势。从2010年6月开始自制，由于按照集团工厂布局，太阳能热水器将在新建的芜湖基地实现自制，前期工人、工艺、产能都将存在不可控性，从而影响产品力。因此，2011 年以前产品力本身将是美的太阳能的短板而非优势，按照经验要实现生产效率的价值发挥，需要等到 2012 年以后。

行业玩法不熟悉：太阳能行业更偏向于五金水暖的操作手法，同时比水暖做得更深，具备自身的特色。其倾向于以县代为平台，除开发乡镇网点外，更依赖于水电安装工、地方意见领袖等毛细血管网络深入农村，将原先未安装热水器的客户通过熟人介绍实现成交，本质上是发动经销商、水电工、地方意见领袖等实现“人海战术”。美的是典型的家电“大制造、大分销”玩法，更依赖于通过地级代理商进驻 KA 卖场、开发专卖店、乡镇网点、复合渠道的方式实现大分销，产品实现销售依赖于产品自身拉力与导购主推，距离太阳能用户成交还差“熟人”的最后一步。不同的操作手法，对项目团队提出了较大的考验。

二、项目操作历程与要点

美的太阳能项目从 2009 年 11 月启动，到 2011 年 11 月结束，整整两年时间，经历了“高效启动、全面布局、下沉受挫、项目终止”四个阶段：

1. 高效启动

(1) 立项确认。

2008 年试销期，太阳能项目已经有研发部、采购部等制造体系团队基础，通过江西、广西、山东三个地方分别以销售公司、省级代理、县级代理三种模式半年试销，在产品与市场认知方面形成了初步基础。

2009 年 10 月下旬，厨卫事业部领导从原有厨卫体系调动一名优秀分公司经理任太阳能项目营销副总监，经过 10 天的调研后，形成了立项报告，并提出了太阳能项目的三年规划，经日电集团审批后，项目正式启动。如表 8 - 2 所示。

表 8－2　美的太阳能项目三年规划

年度	暂定单价（元）	产量（台）	销量（台）	含税净收入（万元）	利润	制造性质
2010 年	1，546	53，334	53，333	8000	－2，050	OEM/自制
2011 年	1，649	131，480	125，000	20000	－211	自制
2012 年	1，649	312，500	312，500	50000	2，033	自制
合计	4，845	497，313	490，833	78，000	－229	

（2）团队组建。

基于 3 年 5 亿元的战略目标，项目组成立期定位就是产销一体化的公司化运营方式，并希望在未来培育成第二个厨卫事业部。因此，项目组在依赖厨卫事业部的物流、财务等后台基础上，组织架构相对独立，制造体系的研发、采购、品控职能与营销体系的营销策划、营销管理、驻外销售团队都相对独立。具体组织架构如图 8－4 所示。

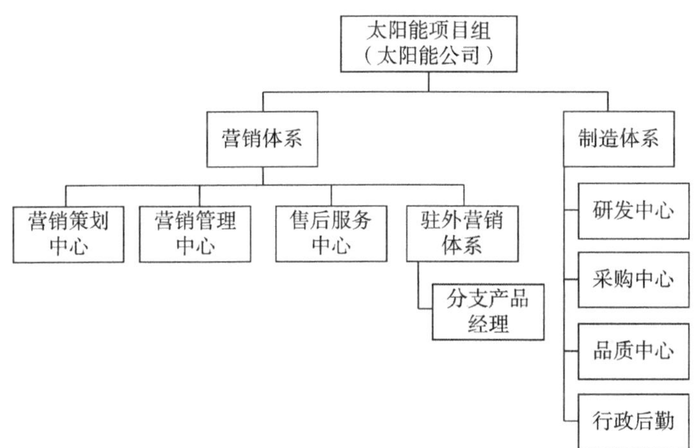

图 8－4　组织架构

其中制造中心在即有基础上适当补充相应职能，营销体系完全从零开始搭建。2009 年 11 月 2 日，营销策划中心人员到位，直接开始调研工作；11 月底，营销管理中心与售后服务中心核心成员到位，同时厨卫事业部各地销售公司、分公司安排产品经理；12 月底，42 名产品经理基本到位。2010 年 1 月初，统管制造与营销体系的项目总监到位，太阳能项目组正式更名为太阳能公司，同时完成了相关公司注册手续，太阳能项目宣告正式启动。

（3）产品组合设计。

• 太阳能产品配置介绍

太阳能热水器产品技术含量低，整机由标准化的“真空管、水箱、支架”三部分组成，差异化少，主销为直径 58mm、长度 1.8m，真空管数量 20 ~24 支的一款单品 2 ~3 个规格（以 20 管为例，型号代码为 581820，下同）。皇明、太阳雨等厂家 5818 系列的 20/24/30 管三个配置单品销售占比能达到 50% 以上，符合“大单品”的概念。其他规格中，有小规格的 4715 配置，属于小型产品，面临被淘汰趋势，部分厂家拿来做特价吸引眼球，5816 置为替代 4715 的特价产品，5820 为高端形象产品。

• 美的太阳能产品竞争定位

由于市区不具备安装条件，太阳能热水器主攻三四级市场及城郊地区。在半个月的走访调研基础上，结合对竞品走访、经销商调研信息反馈，策划中心认为，皇明已经牢牢占据高端产品市场，其技术与行业品牌溢价能支撑其高端市场定位，美的不足以与其竞争。太阳雨产品定位在中端主流市场，通过太阳缘系列、天福系列抢占大众市场，并通过营销模式实现竞争优势，符合美的产品定位与渠道操作能力习惯，因此美的太阳能定位为贴近太阳雨，主攻三四级市场。

• 产品线组合设计

太阳雨经过多年运作，旗下产品线有“天和、天骄、天福、保热墙、BID”五大系列，涵盖高中低各档次，每个系列都涵盖各个规格配置。为满足家电下乡产品线需要，“天骄系列”在家电下乡产品中命名为“太阳缘”系列，同质同价。在全国层面，主推“保热墙”系列或“太阳缘”系列，在局部市场中，根据市场需要选择性推“天福”系列低端产品。美的初期由于体量有限，无法实现全面跟进，因此只能模糊其系列差异，针对其主销款配置设计针对性的产品线。如表 8 -3 所示。

表 8－3　太阳雨、美的产品线及零售价格对比

太阳雨			美的			
系列（规格）	单管价（元）	管数配置	系列（规格）	单管价（元）	管数配置	美的定位
天御	540	30/36	金镶玉 5821	233	30/36	形象机
BID210	233	14/16/18/20/24/30/36				
BID180	183	14/16/18/20/24/30/36				
保热墙 210	216	14/16/18/20/24/30/36				
保热墙 200	200	14/16/18/20/24/30	青花瓷 5818	160	16/18/20/24/30/36	利润机
保热墙 180	166	14/16/18/20/24/30/36				
保热墙 160	145	14/16/18/20				
天骄 180	165	14/16/18/20/24				
天骄 160	147	14/16/18/20	暖洋洋 5818	145	18/20/24	走量机
天和 180	135	14/16/18/20/24	喜洋洋 5816	116	18/20	特价机
天和 160	114	14/16/18/20				
天福 5818	101	14/16/18/20/24	喜洋洋 4715	93	16	特价机
天福 5816	89	14/16/18/20				

- 产品价值链分配

在渠道空间上，美的与太阳雨走的是截然不同的两条路。太阳雨给代理商保留了 450 元/台的单台批发空间，而美的基于对代理商的强势习惯，同时认为市场重心在乡镇零售端，因此给代理商空间不到太阳雨的一半，零售商的空间是太阳雨的两倍，希望零售商能够发挥更大积极性，主动开展终端推广活动。

以 5818 配置 18 管产品为例，美的与太阳雨的价格空间对比如表 8－4 所示。

表 8－4 美的与太阳雨的价格空间对比

产品型号	开单价（元）	批发价（元）	中标价（18管）（元）	批发空间（元）	零售空间（元）
美的 1.8	1683	1883	3298	200	1415
太阳缘 1.8	1800	2250	3000	450	750

（4）产品卖点提炼与推广组合。

第一，行业卖点宣传状况。

2009 年的太阳能行业，产品技术已经严重同质化、标准化。由山东力诺公司与德国瑞特公司合资的力诺瑞特控制着玻璃矿山到真空管成品 75% 的份额，牢牢把握产业链前端，行业多数厂家都由该公司采购真空管。皇明太阳能基于其在太阳能行业的领导力，牢牢占据着高端产品市场；太阳雨以“保热墙”为概念，引领着市场“水箱保温”概念的潮流。

笔者带领策划团队历时一个月市场走访调研，深入了解经销商与用户的诉求，对皇明、太阳雨、力诺瑞特、桑乐等各大品牌进行分析，提出了“行业概念假大空”的问题，并提炼出“美的开创太阳能智能用水时代”的概念。

- 行业“空”的问题：概念包装空

以真空管为例，皇明诉求为“极地高寒管”、太阳雨命名为“南极管”、四季沐歌由于赞助航天事业定义为“航天管”、力诺瑞特定义为“钛金管”，以跟随策略为主，部分市场有一定影响力的桑夏太阳能，直接定义为“高端真空集热管”，还有杂牌厂家定义“超高三靶管”等，概念纷飞，其实就是同质化的真空管，行业技术语言统一命名为“三靶管”。靠命名做区隔，并没有太多核心技术支撑。

- 行业“大”的问题：竞争诉求大

在行业竞争定位上，太阳能厂家偏好以“开创时代”为概念，在市场上宣传比较质朴的行业地位。如皇明，“用名车概念开创太阳能 3G 时代”“原装集成开创无后患时代”，一个品牌开创两个时代。其中，“3G 时代”无概念支撑，“无后患时代”较符合皇明的行业标准引领者的地位；力诺瑞特以“钛金管”为切入点，“引领太阳能进入3.0中温集热时代”，并将真空管按照“单靶管、三靶管、钛金管”分为三个时代。而桑夏，则直接“开创十项全能时代”。从营销概念推广表现上看，都比较质朴，离用户较远。

• 行业“假”的问题：山寨满天飞

在“三靶管”的基础上，杂牌厂家纷纷提出“三高紫金管”“特效光波管”“三元高寒管”等山寨概念，在“保热墙”基础上，又模仿出“超厚保热墙”“锁热盾”等概念，用户在选择时无所适从，极易被杂牌误导，从而花大价钱买了假货、山寨货，导致后期问题频出，信心缺失，行业快速衰退。

第二，美的太阳能核心概念切入点。

• 基于美的品牌优势，提出“家电大品牌，智造新时代”

将美的太阳能定位与家电大品牌下的专业品类，重点突出美的拥有10年以上太阳能使用研究经验、25年以上热水器制造经验、40年以上家电制造经验，453亿元品牌价值，用品牌为产品背书，让用户放心选购，安心使用。

• 发掘用户核心诉求，在于“用水”而非“热水”本身

着重强调美的太阳能使用便利性、舒适性，并设计终端推广物料，赋予系列产品文化内涵。

• 以温控仪差异化为卖点，提出“美的开创太阳能舒适用水时代”

行业第一代：制热水时代，2006年以前，行业关注太阳能能否产生热水；真空管技术成熟后，该时代结束，第二代来临。

行业第二代：保热水时代，2006~2009年，保热墙使得部分厂家开辟出蓝海，在市场上耳目一新。随着发泡技术成熟，各品牌保温效果差异不大，该时代即将结束。

行业第三代：美的引领，行业从“强效制热”“超强保温”时代进入“舒适用水”时代，以温控部件技术差异点，主打感应灵敏、调温方便、可靠性强。

基于“用水时代”，策划团队提出“美的智能芯、洗浴好心情”及

“出一天太阳、用两天热水”的推广语，并上升到品牌高度提出“太阳能洗澡，还是美的好”的品牌推广语。该系列推广口号中，“美的智能芯、洗浴好心情”主要用于店内产品推广，“出一天太阳、用两天热水”及“太阳能洗澡，还是美的好”用于户外展示、刷墙广告等。在招商巡讲中，该系列概念在经销商层面形成了较热烈的反响，促进了经销商认可美的太阳能产品。

第三，产品推广体系设计：基于“家”文化的产品外观设计及三四级市场推广主题。

由于三四级市场消费特征，整个太阳能行业推广都比较简单。美的太阳能策划团队基于农村特色，提炼了极具“乡土气息”的产品推广概念。

喜洋洋：鹊立枝头、喜自东来，主打“喜”文化，主要针对新婚用户推广，产品用大红色做点缀。

暖洋洋：祥燕安居、情暖人间，主打“和”文化，主要针对有小孩的家庭，产品用橙色元素点缀。

青花瓷：书香门第、传承经典，主打“韵”文化，针对中年家庭，产品用青花瓷元素点缀。

金镶玉：百年富贵、金玉满堂，主打“贵”文化，针对三世同堂家庭，用金色点缀。

在终端视觉形象系统上，结合巩俐形象，将该系列推广主题上墙，营造美的亲民氛围如图 8 –5 所示。

产品推广主题策划，丰富了产品内涵，得到了业务团队与渠道的认可，大大促进了团队对产品的认知和理解，并有利于终端导购记忆。

（5）市场思路确定。

结合太阳能行业特色与美的操作习惯，项目组确定了“高品质、中价格、好形象、均利润、低重心、强推广、精聚焦”的操作思路。

- 高品质：以皇明为品质标杆，与行业主流产品保持相同的服务承诺
- 中价格：在产品价格上以太阳雨为标杆，锁定最广泛的大众消费人群

精简产品线，打造大单品，聚焦主销价位段，考虑母品牌拉力，主销

图 8-5　美的太阳能终端产品推广画面

价格略高于太阳雨（约 10% ~15%）。

• 好形象：终端形象贴近三四级市场消费者，保持亲和力，合理利用巩俐形象，保持美的大品牌风格、突出太阳能单品形象

• 均利润：将更多的利润留给价值链下游，增加积极性、树立信心、打通销售通路；引导下游客户共同投入市场建设，合理分配渠道利益，重视下游收益

• 低重心：以三四级市场为切入点，着重建设县城、乡镇市场

• 强推广：预算刷墙资源，聚焦部分三四级市场投入刷墙广告

• 精聚焦：集中优势资源，做深市场打造标杆，在局部区域市场优先实现突破

（6）渠道策略制定。

• 销售公司 + 县级代理 + 乡镇终端三级渠道

2010 年，美的厨卫存在“销售公司”与“办事处”并存的销售架构，多数区域拥有独立经营核算的实体销售公司。太阳能项目区域销售团队初期每个省只有 1 ~2 名业务，整合销售公司资源能合理利用资金、人员、渠道、网点资源，迅速进入市场实现规模，快速打开局面。

因此，美的太阳能初期依托销售公司，采取“销售公司——县级代理——乡镇终端”三级渠道，以销售公司为主体，开发县代客户，支持引导县代客户开发乡镇与分销网点，从而实现区域整合推进。

• 全面布局

结合第二年2亿元的目标，给予项目组的时间不多，因此项目组前期即决定在全国全面启动。由于行业热度和事业部的重视，事业部上下都对太阳能项目寄予了极大期望，各地销售公司也积极响应，保障了项目的快速启动。

（7）终端推广策略制定。

• 终端策略：县级专卖店 + 乡镇网点

在方案设计中，美的太阳能规划建设以县级专卖店为销售平台与代理商，辐射乡镇网点。实现1个专卖店 +10个乡镇网点后，可以尝试城乡联动模式。

然而专卖店政策参考了已经成熟的厨卫专卖店，太阳能客户规模短期内不足以支撑专卖店生存，总部释放资源有限，导致第一步就遇到阻力，专卖店扩张速度有限。

即使开出专卖店，由于县代批发空间只有200元/台，客户宁愿零售，不愿批发，乡镇网点进展也不如预期，导致城乡联动在半年内竟然一场没开，预计的标杆计划也未能成功。

• 推广策略

在2010年度计划中，美的太阳能的推广策略分四个阶段逐步提升：

一是集中造势，强势切入行业。

通过招商会、软文、媒体、内外部推广等，展示出美的大品牌的风范，吸引内外部成员加入太阳能事业。

二是频繁搅动，逐步放大声音。

通过户外推广、户外促销、小区推广等方式，实现初步多点的终端搅动。

三是标杆突围，以点带面破局。

在优质区域开展广场秀、车友会、订货会、推介会、科普会等大型活动，打造影响力，实现销售力，提振渠道信心。

四是立体造势，全面轰炸市场。

通过城乡联动、割草战等方式，深度抢占市场。

（8）动作节奏确定。

根据太阳能三年规划，第二年实现2亿元销售，第一年需实现布局市场并在局部形成影响力。因此项目组将2010年度节奏分为五大阶段：

第一阶段：

时间：1月~3月

主题：蓄势·抢滩登陆

具体工作：以基础培训为开端，在全国开展招商竞赛

第二阶段：

时间：4月~5月

主题：起势·促销出击

具体工作：以招商建设的县代专卖店为平台，开展促销活动，同时实现分销开拓

第三阶段：

时间：6月~7月

主题：观势·练兵整编

具体工作：在淡季对前期招商促销进行总结优化，提炼模式，锻炼队伍

第四阶段：

时间：8月~9月

主题：造势·城乡联动

具体工作：结合新品，在具备条件的区域开展城乡联动，实现定点爆破

第五阶段：

时间：10月~12月

主题：成势·全面突围

具体工作：根据已经试点成功的城乡联动开展复制，实现品牌突围，

在影响力上进入太阳能市场主流阵营

2. 全面布局

（1）培训开局。

按照年度动作节奏规划，2010 年 1 月 10 日，项目组召集全国 42 名产品经理，以“抢滩登陆、势不可挡”为主题，开展了为期 3 天的培训会议。在会上传达了项目组的操作思路、规划、政策，对产品线、卖点体系、推广思路进行基础培训，就下一步重点招商工作开展达成统一认识，确定动作计划，如图 8－6 所示。

图 8－6　美的太阳能第一期培训素材

（2）全面推进。

培训结束后，招商大赛启动。为配合区域招商工作顺利开展，项目组策划中心为区域设计制作了全套标准化方案、资料与物料，以便新入职的产品经理能实现傻瓜式操作，做好每个经理能招商、会招商、招好商，如图 8－7、图 8－8 所示。

图 8-7 美的太阳能招商手册部分图样

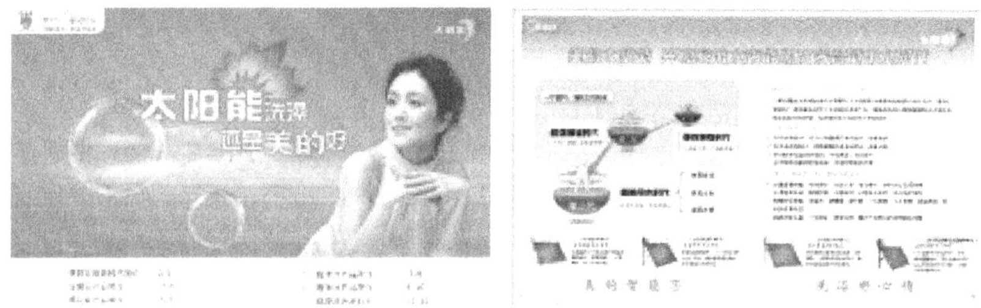

图 8-8 美的太阳能产品手册部分图样

美的太阳能招商操作标准化流程与课件：

太阳能招商会会议课件流程

2010 美的太阳能新产业推介

招商会标准课件

智感科技阳光美浴——美的太阳能产品推介

美的太阳能——小样

由于标准化招商推广的实施，招商进度迅速。排除过年假期因素，截至 4 月底，全国累计开展招商会 16 场，合作客户 271 家，合计回款 2628 万元，快速打开了渠道局面，如表 8-5 所示。

表 8-5 标准化招商推广

区域	时间	回款金额（万元）	客户（个）
江西	2010 年 1 月 13 日	250	30
四川	2010 年 1 月 17 日	80	9
安徽明光	2010 年 3 月 15 日	30	12

续表

区域	时间	回款金额（万元）	客户（个）
安徽蚌埠	2010 年 3 月 22 日	60	20
杭州	2010 年 3 月 26 日	86	28
甘肃	2010 年 3 月 26 日	187	23
广州	2010 年 3 月 26 日	50	8
湖北	2010 年 3 月 28 日	570	29
江西	2010 年 3 月 29 日	90	5
陕西	2010 年 3 月 31 日	89	15
安徽省	2010 年 4 月 7 日	240	6
湖南常德	2010 年 4 月 10 日	160	16
重庆	2010 年 4 月 12 日	275	12
南京	2010 年 4 月 16 日	150	27
湖南岳阳	2010 年 4 月 23 日	86	8
湖南衡阳	2010 年 3 月 30 日	225	23

（3）渠道造势。

在招商已经完成的区域，地方团队迅速开展局部促销活动，截至 5 月底，全国累计开展中小型促销近 200 场，有效实现了产品销售，并在局部市场形成了影响力，如图 8－9 所示。

3. 下沉受挫

随着市场工作进一步深入，各项工作有效推行。但是从 6 月开始，不断有区域出现完不成回款任务的情况。第二阶段的促销规划推进受阻：原本计划开展 500 场促销活动，总部给予了丰厚的促销补贴，但是前面 200 场开完后，后面 300 场迟迟没有动静。各地反馈县代积极性不足、网点难开发、销售不畅等问题，具体冲突体现在以下几个方面：

（1）价格与空间冲突。

第一批愿意配合的渠道商都是美的的铁杆粉丝，短期内并不指望通过太阳能实现盈利，而是希望将规模做大；而深度操作后势必需要开发体系外客户。无论是产品布局和竞争力还是价值空间，都对客户产生了较大困

图 8－9　渠道造势

扰。销售公司前期备货不能顺利流通，项目组总部又要求区域跟上销售进度，导致双方矛盾积累，市场工作迟迟无法深入。

（2）市场操作模式还没有完全下沉。

在市场操作中，基于操作习惯和下沉节奏问题，销售团队更多的只采取了传统家电“进店、促销、卖货”的模式，虽然有一定效果，但是并不完全符合太阳能热水器行业玩法。彼时太阳能热水器网点已经开始开展城乡联动、异业联盟、村长工程、水电工团队开发等深度工作，并牢牢把握住地方意见领袖等排他性销售资源，导致美的太阳能游离于主流渠道外。

4. 项目终止

2012 年，美的集团战略转型，从规模导向转向利润导向，集团全面清理销售体量小、盈利能力差的项目，太阳能热水器项目被正式终止。

三、美的太阳能热水器项目思考

1. 美的太阳能项目亮点

（1）项目快速启动，进度高效运转。

从项目启动到总部营销团队搭建仅用了不到10天，营销团队搭建历时不到一个月，体现了美的的资源协调能力与团队的执行力。

（2）产品精准定位，推广特征突出。

“用水”概念的提出，承接于“制热”“保热”，立意又高于前者，在推广格局上站在行业高点，有效结合了美的品牌优势，“家文化”的推广概念深入人心，渠道与用户都能认可接受，有效避免了后进者的认知劣势。

（3）培训开路，迅速落地。

通过培训宣贯策略、统一思想、培训操作、确定方法与节奏，保障了新团队阶段工作的顺利开展。

（4）招商标准化，有效破局。

标准化的流程、课件、物料，结合区域产品经理的专业与执行能力，确保了招商工作顺利启动，实现了良好开局。

（5）节奏明确，有的放矢。

全年12个月5个阶段节奏紧凑，动作重心逐步下移，有效衔接，每个阶段都能做到有目标、有方法、有保障、有考核。

2. 美的太阳能项目运作中可能存在的问题

美的太阳能项目失利最终被停止，除了行业下滑影响、集团战略调整等客观问题外，在项目运作上，存在如下问题：

（1）切入时机问题。

美的2009年年底正式启动项目，在2010年起才正式进入市场，错过了市场最好的沉淀期。太阳雨等品牌已经将优质的底部资源（水电工、意见领袖等）抢占完毕，借用社会资源形成了人海战术，短期内无法扭转格局。

（2）战略规划与节奏问题。

3年5亿元，连续翻番，虽然从行业容量格局上，以及美的的操作能力并不是无法实现，但是必须确保整个执行过程中高效运转才能实现。事实证明，2010年下半年的磨合调整期，影响了整个节奏推进。

（3）资源配置问题。

2010年年底总结显示，由于缺乏执行主体，公司预算的资源很大部分并没有花掉，市场动作没有开展，推广资源没有落到实处。

全盘铺开是基于三年目标倒逼的结果，但是在执行过程中，对于聚焦区域并未倾斜式投入太多资源，希望扶持的标杆并没有出现，项目组并没有形成多点引爆的结果，迟迟没有将销售推上正轨。

（4）优势利用问题。

美的“大制造、大分销”的策略一度无往不利，高性价比的产品、密集的渠道网络、强势的促销推广拉动是美的操作产品的基点。然而对于太阳能项目，产品不具备性价比，渠道没有有效嫁接，促销推广最终也未能落地，美的太阳能在市场实操过程中成为“非典型美的打法”，美的的优势并没有发挥相应作用；

（5）产品线问题。

第一代产品线贴近太阳雨本身没有问题，但是在实际操作过程中，特价产品配置过低，利润产品系列虽然配置全，但性价比不高，主销走量的产品只有 3 个规格，整体出现无效产品多、有效产品缺失的局面，无法满足市场实际需求。

（6）渠道空间问题。

渠道空间问题应该是后期进度缓慢的根源。太阳能项目组“低重心”的策略没有问题，销售重心是在乡镇市场，但是美的销售团队无法支撑直接进入所有乡镇开展工作，前期开拓网点，后期引导支持乡镇开展活动，相关工作都需要县代来主导完成。代理商空间过低，积极性不足，宁愿将自己定位为“专卖店零售商”，不愿意配合开展乡镇工作，使得策略无法落地。

3. 美的太阳能案例给企业的启发

（1）产品定位需有效结合自身优势。

以美的太阳能为例，既然立项理由是美的具备大制造的成本优势，那么一开始哪怕是 OEM，就应该假设优势存在，利用公司给予的战略预亏计划，直接摆出“价格屠夫”的姿态，在预算允许的情况下，真正推出能实现主流销售、价格具备足够穿透力的单品。美的喜洋洋系列特价产品，本身配置过低，不能满足用户需求，属于无效产品。

（2）先聚焦局部形成方法后再全面铺开。

美的 2008 ~ 2009 年虽然在广西、江西、山东开展了试销，但是在局部区域并没有形成成型的操作方法。2010 年项目铺开后，通过招商竞赛铺开了第一批网络，但基于网点各地没有形成统一的销售模式，导致后期茫然，工作无法顺利开展。

（3）渠道运作要找准立足点，并给予其合理利润。

一开始美的就认识到县代是操作关键主体，但是在空间设置上没有给予县代合理回报，方法上没有给予县代支持，县代开展工作的专业性、积极性都不足，从而使得市场动作不能落地。

（4）战术主体上要找准引爆点，专业运营。

既然安装工和地方意见领袖是销售主体，美的应该尽早发挥资源整合优势与地方代理商的沉淀，先在局部形成整合性的安装工联盟方案，开展专业化运营方式，从而实现根部的引爆。

（5）遵循行业玩法，在既有玩法上导入优势资源，而非按照自身历史习惯运作。

做地产的方案不能卖水，做内容的厂家不会卖手机，甚至做家电的企业也玩不好建材。操作一个品类，在战术层面必须遵守行业玩法，管理能力和体系能力只能用于战略主导和高屋建瓴的作用，现有行业的相关资源只能作为助力，不能作为主力。

（6）控制好动作节奏，充分考虑各种变量与备用方案。

美的太阳能 2010 年度动作节奏规划上不存在问题，但是每个阶段节奏过紧。一方面忽略了春节假期与新项目的接受期；另一方面由于产品线、空间设置等问题，导致期间经历了 2 个月左右磨合调整期，整体节奏延后了 2 个月，影响了第二年的市场基础。虽然 2010 年销售进度基本达成，但是 2011 年开始就没能跟上规划进度。

（7）大单品的切入市场动作模型。

确定竞争定位：结合竞争格局与自身优势确定目标市场与竞争定位，是贴近领导品牌还是打击杂牌，是跟随者还是进攻者。

确定产品线：首先以竞争标杆为基点设计产品配置，然后布局特价、走量、利润、形象产品的配置差异，需确保每一款产品都有精准定位，不能为了掩护而掩护。

确定价格体系："定价定天下"，价格体系遵循自身竞争定位，即使是特价机也必须满足产品使用需求，不能为了特价而特价；要结合渠道认知、产品竞争力与溢价能力考虑溢价。

确定行业参与者贡献：明确各个阶段开展主力工作、发挥价值的主体，给予其合理的利益保障。

了解行业玩法：从行业特征出发，逆向推导公司现有资源如何匹配与适应战术策略。

聚焦局部市场，打造标杆：磨刀不误砍柴工，只有在局部实验出成功模型，形成操作手册，并匹配相应资源，才能铺开推广。

第九章

江小白

王 然

近年来，一个戴着黑框眼镜、穿着黑色风衣的青年男性的卡通形象风靡朋友圈，各种“最想说的话在眼睛里，在草稿箱里，还有梦里”“我把所有人都喝醉，只为和你说说悄悄话”等文艺语录被疯狂转载。一款像二锅头的二两装光瓶小酒被越来越多年轻人聚餐时举起，这就是江小白，一款为“80后”、“90后”私属定制的青春小酒，用互联网精神在低迷的白酒行业中刮起了一股青春风暴，不仅销量连年翻番，其倡导的“我是江小白，生活很简单”的生活态度，更是击中了都市青年的情感软肋，越来越多的年轻人成为忠诚的“白粉儿”。

一、江小白简介

1. 企业简介

“重庆江小白酒业有限公司是一家集高粱酒研发、酿造、分装与销售于一体的专业酒业公司。公司产品面向新青年群体，主张简单、纯粹的生活态度，坚持小众而独特的企业经营价值，做有长期价值的事业。”这是江小白官网对自己的简介，目前为止，它是一家只生产高粱酒的酒企，其主体目标客户为“80后”、“90后”的年轻人，其不仅为这类新青年人提供更为利口化、低度化的白酒产品，更通过不断的产品魅力化、线上线下协同互动、粉丝参与等，传递给年轻人简单、纯粹的品牌价值主张，在消费者心中创立了一个个性鲜明、区隔明显的品牌形象，赢得了越来越多年轻人的喜爱。

2011 年成立的江小白，在白酒这种典型品牌导向、资金密集、近几年整体低迷的行业中逆势出场；2013 年销售额 5000 万元，实现盈亏平衡，随后销量连年快速增长；2015 年销售收入同比增长近 100%；2016 年在西部，南方等大概 11 个省份完成了产品的覆盖；截至 2017 年 2 月微博粉丝数已经达到 12 万，仍在不断增长中。

2017 年 1 月，江小白投资 5 亿元建设酒庄二期工程，计划 2018 年全部完工。项目建成后，可实现年储酒能力 2 万吨，新增年产值超过 10 亿元，产区总面积也将达到 210 亩，总产能将是现在的 4 倍。江小白如图 9 – 1 所示。

图 9 – 1　江小白简介

2. 团队简介

江小白创始人陶石泉，1980 年生人，是个喜好摇滚和当代艺术的“文艺青年”，在著名民营白酒企业从事品牌和营销十年，正是多年在传统白酒企业的从业经历，使其看到当前白酒行业的种种痛点和机会，从而创立了江小白。他是江小白的 CEO，同时也是江小白的“第一产品经理”。用陶石泉在 2016 年中国营销盛典中的话说：“我 40% 的时间做消费者调研；30% 的时间是做产品开发，我是我们公司产品部一号负责人；20% 的时间是品牌管理；另外有 10% 的精力管一管渠道。”好产品是好营销的前提，这是陶石泉的营销价值观。目前，江小白拥有员工加经销商共 300 多人，其中内部员工 120 人，多数属于销售体系。公司架构扁平化，在 CEO 之下，只有一级管理干部。除了产品研发几位国家级评委外，其余绝大部分员工均为“80后”、“90后”。而恰恰正是这支年轻富有活力、年龄结构合理的团队，筑成了江小白高速发展的真正动力源泉。

二、江小白大单品的挖掘

拥有一个一举奠定行业地位的超级大单品，是无数企业梦寐以求的愿望。虽然我们能如数家珍般罗列出市场上很多已成功的大单品，但是胎死腹中或半路夭折的更多。有数据统计，近年来每年还有成长势头的单品成活率仅为0.2%。原因在于，每一个大单品都诞生于对消费者当前未满足需求或潜在需求深刻的洞察和理解，从而切分出一个细分市场或开创一个品类，而对未满足需求、潜在需求、新的需求变化、行业发展趋势等新情况多数企业很难把握，甚至对“只可意会，不可言传”的内容给予洞察，才是如何找到大单品“冰山下的秘密”的关键，是大单品隐藏的逻辑起点。

1. 白酒行业现状分析

（1）白酒行业扫描。

2003～2012年是白酒产业公认的黄金十年，在高端消费的带动下，全行业的产销不断攀升。数据显示，白酒行业2012年产量1153万千升，销售收入近4500亿元；与2003年相比，产量增长2.5倍，销售收入增长7.4倍，十年来白酒产量和销售收入分别保持了13%和23%的年平均增长率。不过，从2012年开始，三公消费的禁令与产业周期发展因素叠加，加上下半年塑化剂事件的影响，白酒业进入寒冬期，产量、收入的增长率开始下滑。到了2014年，亏损的酿酒企业由上年的新增51家变成327家，亏损面超过12%，2015年亏损面11.2%。但是不可否认的是，白酒行业在中国仍是一个大市场，2015年市场规模为5600亿元。如图9－2、图9－3所示。

随着增长的下行，行业竞争变得更加激烈，全国一线品牌、二线品牌、区域性品牌，还有各地的小酒厂，林林总总，成千上万。高中低端各个段位都有强势品牌，如高端的茅台、五粮液；中高端的郎酒、洋河、泸州老窖；中

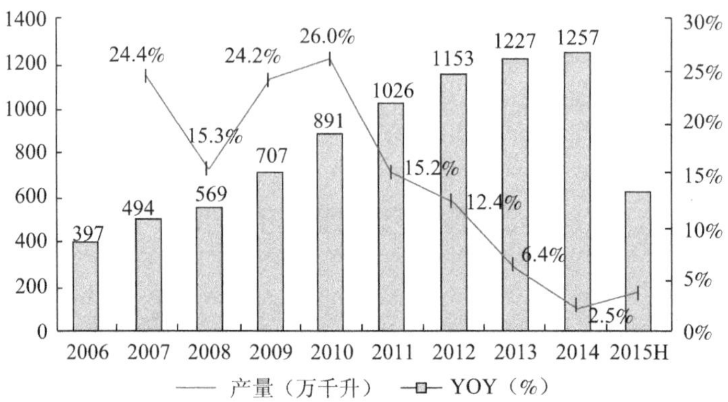

图 9－2　白酒业销量

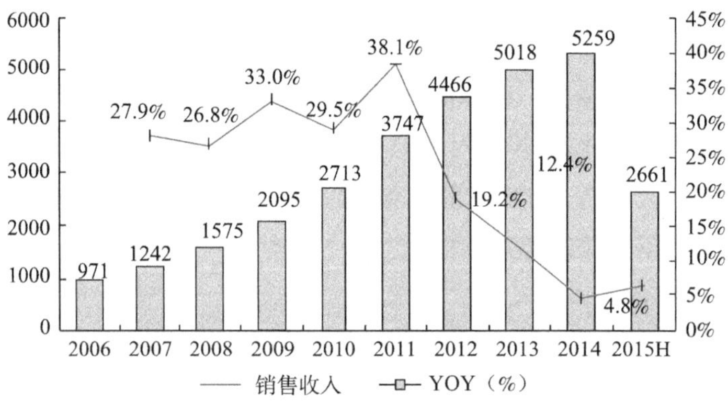

图 9－3　白酒业销售收入

低端的牛栏山、老村长等。虽然由于白酒特色的原因，产业集中度不高，但竞争格局比较成熟，属于传统的红海市场。

（2）白酒企业的营销困境。

白酒行业属于“品牌驱动，渠道为王”的行业，白酒产品如果不提历史、文化、名人、典范、窖藏等字眼，似乎就进入不了品牌的队列，宴请招待都拿不出手。为了提升品牌，主要品牌纷纷抢占在各类主流媒体和热播节目投放广告，如红花郎近几年 3～6 亿元的广告费，老村长高价赞助热播综艺节目《欢乐喜剧人》，每一年央视广告的招标，各大酒企都是挥金如土的大金主。似乎只要有品牌、有知名度，产品就能不断溢价，我的产品就能被全国的经销商争相代理。层层分销的高门槛、巨额广告投放却收效甚微、投入产出比愈加低下。白酒黄金十年，封锁、低效和高成本被丰厚的利润所掩盖。

但是，事物总有两面性，正是这些年“高大上”的品牌运作，加之“大型宴会、政商会晤、高端会所、请客送礼”消费场景的刻板印象等原因，使得白酒与“80后”、“90后”两代年轻人越来越远。红酒、啤酒、非酒精饮料，甚至舶来的鸡尾酒，如RIO预调鸡尾酒饮料，都在年轻群体中越来越流行。

这一代人尊重自我、个性独立，他们的消费观是“你是谁不重要，重要的是能为我带来什么”，他们崇尚自由，厌恶各种迎合，传统白酒塑造的“拘束、高端、混人际关系”的消费场景与年轻人之间，似乎已经形成了某种无法调和的矛盾。年轻人对白酒不感兴趣，几乎已经形成了整个白酒行业市场困局，主要表现在：产品本身上的重口味导致口感不适，精神感受上的品牌老化导致的刻板印象。

曾经有一项调查，主题是25～30岁年轻人对白酒的态度，结果发现有95%左右的年轻人第一选择不是白酒。他们普遍认为：白酒口味太冲，不适合自己；度数高，容易醉酒；场合有限，觉得太过正式；给人感觉不够时尚、自由。

2. 江小白对行业发展机会的洞察

（1）中国白酒业存在消费换代的潜在机会。

“90后”的消费者，最大的已经27岁，“80后”消费者大部分也已经30多岁，他们构成了当今大部分行业的消费主力。“80后”、“90后”自诞生起，就被贴上很多标签，他们的价值观与消费观与“60后”、“70后”有着很大的差异。他们是伴随着互联网成长的一代，他们崇尚自由、个性独立，更加注重精神的彰显，具有较强的自我意识；他们努力奋斗，有时却有点叛逆，不守规则；他们白天广交好友，但夜晚经常感到孤独，渴望归属；他们工作时严格认真，却在生活中表现得文艺、性格两面……

他们的消费观是不愿被单向推销，更愿意与品牌互动，表达欲望强，消费欲望强；他们不相信广告，甚至电视都很少开，更愿意听听朋友的口碑；他们关注购买过程中产品和服务的体验，偏重娱乐和社交；他们关注生活品质，追求价值消费，但又各种比价，理性购买……

而传统白酒身上，对年轻人来说，附带了太多刻板印象。比如味道辛辣；喝酒就是混人际关系，这意味着喝酒要有比较正式的场合；北方还有围桌文化，座位有尊卑，敬酒讲顺序等。酒企多年的营销惯性和长期固化的刻板印象，使得年轻人离白酒越来越远。有数据统计，“80后”、“90后”占到白酒市场15%的比例，但是再过两年、五年，随着“80后”、“90后”年龄的增长，这个比例肯定会加大。

（2）江小白对消费换代的深刻洞察。

陶石泉认为，对于白酒品牌，除了优势产地和口感独特等基本功外，能不能最大程度上给消费者以情绪满足，尤其对于“80后”、“90后”，成了一件特别重要的事。

有一次，陶石泉在北京和朋友聚会喝酒，朋友一句话让他很受触动。他说：“我每个礼拜喝一次酒。”我问为什么？他说：“每到周末的时候，我就想活成另外一个自己。”你会发现原本很沉默的人，他可能突然变得话很多，原本一个很外向的人有可能喝酒之后特别的沉默，走向了性格的反面。所以喝酒这种消费行为习惯，是由产品属性的精神层面需求所引发的。白酒是一种情绪饮料，这是他从业多年对市场的嗅觉判断。

消费换代或是消费升级，有个很重要的特征就是，开始从原来的物质彰显，变成情感彰显，原本商品的售价把消费者分成三六九等，今天发现很多消费者对品牌给予的精神分类非常看重。

因此，对于“80后”、“90后”，在白酒这样一个传统行业，需要一个白酒品牌能打破常规，不再讲历史和身份，而去代表青春、活力、个性，甚至是屌丝的文化；需要一个白酒品牌能创造出一个轻松、自由、关系简单的消费场景，让年轻人释放自我，需要一个白酒品牌能表达他们的情感，所发声的价值主张能引起他们的精神共鸣；需要一个犹如我身边朋友般的更加接地气品牌。就像陶石泉在2016年营销盛会演讲所说：“好产品应该产生情感链接。消费升级的重要变化应该是商品能抚慰情绪，品牌能链接情感。”

(3) 江小白对消费换代的物理承接。

江小白粮食产地及酿酒车间地处小曲清香型白酒发源地——重庆市江津区白沙古镇。由于小曲酒得天独厚的自然条件和酿造工艺，相比其他地区的白酒，本身口感比较清淡。而且可以通过江小白专业研发团队的创新和改进，使口感变得更加清爽柔和，清香纯正，更加利口化、低度化，从而打破传统白酒的口味辛辣、易醉酒的弊端，更加适应年轻人的口感体验。

同时，单一高粱酿造的单纯酒体，可作为调味基础酒，根据个人喜好，用户可以将其与红茶、绿茶、柠檬等软饮混合调制出创意的混饮鸡尾酒，使传统的推杯换盏变成了一种非常有趣的娱乐玩法，更加符合年轻人的性格。如图 9 – 4 所示。

图 9 – 4　江小白对消费换代的物理承接

因此，这些得天独厚的优势所酿造的产品，为江小白搭建了一个与消费者连接的良好的物理载体。加之研发和营销团队不断的改进升级、产品差异化的定位和营销模式的创新，完全有想象空间打造出一个能代表年轻人的白酒品牌，不仅在味觉上能有良好的口感体验，而且能在情感上与年轻人达成共鸣。

三、江小白大单品的孵化

有了对白酒年轻化这一潜在市场机会的深刻洞察，如何研发打造出一两款产品，使之不仅产品体验上更符合年轻人的口感，在情感上也能与年轻人产生链接，就变成接下来的重要命题。主打产品必须少而精，有着鲜明的价值主张和较强的话题性，即具有良好的静销力，让好产品独立走路，自传播。只有这样，才能使无品牌、无知名度、无太多资源的江小白在品牌林立的白酒行业脱颖而出。

由于白酒行业成熟且传统，因此对于身处白酒行业的江小白来讲，其所要打造的大单品的定义和功能是：聚焦年轻人。从白酒这一红海市场切割出一个新的细分市场或品类市场，通过产品极致化的打造和自传播能力的发育，在初创期节约传播成本，提升品牌，后期作为“尖刀”成为企业主要的销量贡献，并拉动其他产品共同增长，它应该是能够起到决定性驱动作用，代表品类的战略性产品。

1. 良好的产品体验

无论营销模式如何创新，细分市场找的多么准，如果没有良好的产品体验，消费者都不会买账。如小米手机雷军说小米卖的是参与感，但是如果没有小米手机超强的性价比、人性化的 MIUI 系统，再多的参与感也只是噱头。陶石泉一直认为：“好产品是好营销的前提，好产品是营销的发起点。”

江小白拥有 3 名白酒国家评委、1 名果酒国家评委、7 名白酒省级评委及 4 名国家注册高级酿酒师为代表的蒸馏酒专业技术团队。为了打造更符合年轻人的口感，技术团队对小曲清香型白酒的酿造工艺进行不断的创新和升级，使之更加利口化、低度化和轻口味化。由此推出了白酒发展史上具有里程碑意义的“SLP 守则”，即白酒应当适宜消费者口感，向“Smooth、Light、Pure”的方向努力。

Smooth，即入口更顺，减少辣感、刺激感和苦味。

Light，即清爽，低醉酒度，不易醉，不口干，饮后无负担。

Pure，即指纯净，无杂香、杂味。

为实践“SLP 守则”，让消费者体验更适宜的口感，江小白从原料、工艺、度数等方面进行了一系列的优化：将红皮糯高粱作为单一原料、使用青石板窖池代替传统水泥池，将杂香、杂味排除在外，酒体纯净，酒香纯正，始终坚持用高粱做酿酒唯一原料。

江小白酿酒研发上的另外一个原则是，“为了提升 20% 的质量，愿意付出 200% 的成本”。这其中有很多有意思的细节。

为了确保酒的品质，江记酒庄大幅延长小曲白酒的发酵周期，增加酒体微量成分，提升产品口感，为了保证质量牺牲了产量，江记酒庄将出酒率控制在40%左右；而在传统的工艺中，出酒率一般是53% ~55%左右。综合测算下来，江小白的生产成本是传统小曲清香型白酒的2倍。

还有就是储存时间的延长。传统的小曲酒工艺储存时间大多在半年或几个月，一般小曲酒需两个月才能脱新，很多酒厂在新酒味消失后就立即投入使用，最后的产品口感并不好，消费者喝完也容易上头。而江小白产品的储存时间要长得多。江小白储存时间延长到1年以上，时间成本、资金占用当然也更高。

传统的白酒，消费群体要求口感浓郁、味道绵长；而江小白面向年轻的消费群体，年轻消费者对味道长短没有要求，相反对口感干净的要求比较高，江小白从工艺上做了一系列的创新。所以，江小白主推的45度和40度的两款大单品，字面上度数高，但是喝起来口感清淡、柔和、不易醉、醒酒快，十分适合年轻人饮用。

2. 一针见血的价值主张 & 精辟的广告语

“我是江小白，生活很简单。”这是江小白的广告语，也是江小白价值主张的高度凝练，贯穿于江小白的所有产品包装、物料和传播素材中。这也是前面提到的江小白要做的与年轻人的情感链接。

“80后”、“90后”虽然有着“叛逆、不守规则、自我”的潜质，但是大部分奋斗的“80后”、“90后”仍希望通过自己的努力，获得工作的成就和自我的实现，他们心中有着潜在的正能量。他们逐渐走向婚姻、生育，逐渐开始承担工作和家庭的压力，渴望着被倾听、被认同、被归属，渴望着通过一种媒介发泄或表达自己的情绪。

“我是江小白，生活很简单”的价值主张，就是要向年轻人传达一种简单纯粹的生活态度，暂时放下工作压力、放下复杂的人际关系、放下网络，直面青春的情绪，不回避、不惧怕。“与其让情绪煎熬压抑，不如任其释放。”回归轻松简单，与三五好友，吃个宵夜、火锅，端起酒杯，互诉衷肠，谈理想、谈回忆，打破白酒“唯高端应酬消费至上”的刻板印象。再轻松一点，围绕轻松的社交关系做品牌，让传统产品拥抱当代人文，表达青春的态度，回归白酒这一情绪饮料的本质属性。

3. 易传播的名字 & 易识别的视觉符号

不同于“某某窖、某某曲”等传统白酒的名字。“江小白”，另类又恰到好处，像“80 后”、“90 后”书本里常被叫到的小明、小红，像一个阳光男孩，像一个邻家哥哥，简单好记，亲切无拘束，拉近了与目标群体的距离，同时也把江津的产地、小瓶白酒的品类予以暗示了。

除了江小白这个名字，最让消费者能记住的就是配套的卡通形象：一个长着大众脸，鼻梁上架着无镜片黑框眼镜，系着英伦风格的黑白格围巾，身穿休闲西装的帅气小男生。团队在社会化营销尝试中不断赋予这个小男生鲜明的个性：时尚、简单、我行我素，善于卖萌、自嘲，却有着一颗文艺的心。据说，陶石泉业余喜欢卡通漫画，江小白的最初形象就是他亲手塑造的。如图 9－5 所示。

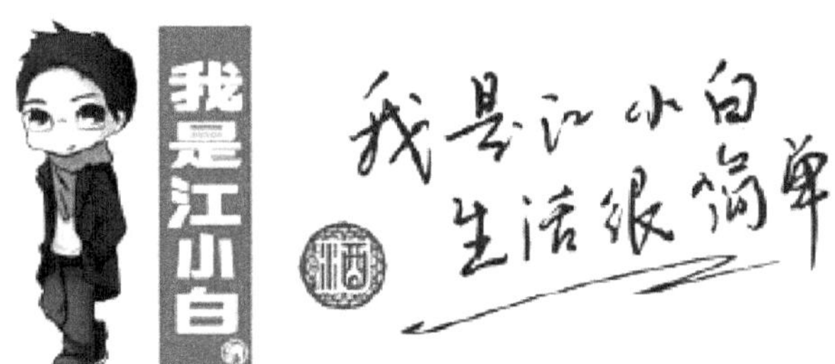

图 9－5　江小白卡通形象

卡通形象的创始逻辑，江小白称为品牌人格化。因为面对“80 后”、“90 后”的群体，他们不喜欢冷冰冰的被教育，不喜欢毫无个性的品牌，他们渴望与品牌进行互动，渴望找到与自我认知产生共性的品牌。基于此，将品牌赋予一定的态度和性格，能拉近与消费者的距离，让品牌更具象、更亲切，同时基于该品牌的人格能衍生出很多故事，使品牌具有更多传播的话题性。

陶石泉说：“江小白就是一个人，我们让品牌回归简单，让品牌真诚跟消费者沟通。我们喜形于色，我们有任何态度都把它表达出来，有时候我们也会偶尔消极，偶尔看上去也会有一点正能量不足的东西，但是很真实。”

4. 差异化的包装 & 较强的自传播能力

与彰显地位和面子的高端白酒的豪华包装不同，江小白的包装很简单，没有所谓的木头盒子、铁盒子等奢华材质，只有两样东西：一个磨砂小玻璃瓶和一个写着语录的纸套。如此简易的包装，显得与白酒品牌“格格不入，离经叛道”，但恰恰是江小白团队的有意为之。这种年轻化的包装风格，彰显了江小白简单、纯粹、去阶层化的品牌态度，与定位喜欢时尚休闲的“80 后”消费者十分吻合。同时也降低了产品成本，使消费者对价值的感知回归到产品本身的物理属性和精神属性上。

不仅如此，小纸套上的各种语录，更是被江小白营销团队玩到了极致，诸如“关于明天的事，后天就知道了”“别因为别人说了你想听的话，就相信他们”等有意思、有共鸣、又有人文情怀的语句，纷纷被广大“80 后”、“90 后”微信和微博转载，形成了二次传播，继“凡客体”“陈欧体”之后，造火了一次“江小白体”。

一时间一个穿着黑色风衣、戴着黑框眼镜，时不时说一两句文艺、有趣的语录的“江小白”风靡年轻人群体，很多人边喝着江小白，边把江小白的语录发上微信朋友圈。如图 9 – 6 所示。

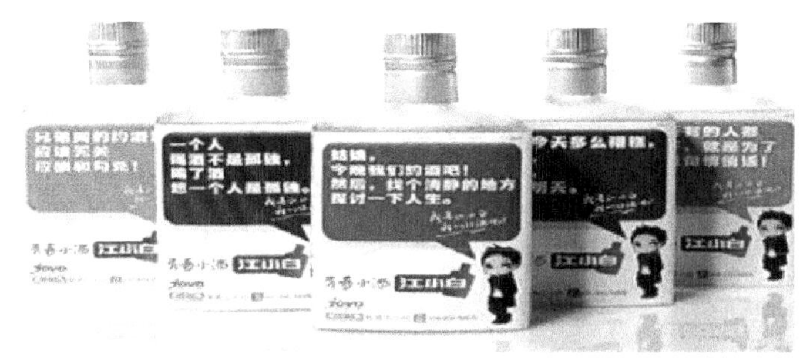

图 9 – 6　江小白

四、江小白大单品的引爆

有了良好的静销力，就为后续的核心单品引爆奠定了扎实的基础，那么，如何将江小白动态的运作引爆市场、持续动销，就成了接下来的重要命题。对于缺乏资源、知名度的江小白，所采取的策略就是“聚焦”：聚焦目标人群的需求和生活方式，极具针对性的推广和传播；聚焦自身资源能力，围绕核心单品，逐步差异化补充；聚焦核心市场，建立根据地，先存活下来，再滚动复制。承接互联网红利，力出一孔，聚焦引爆。

1. 聚焦单品突破，差异化补充

互联网时代，商品经济繁荣，买卖信息对称，品牌之间几乎无转换成本，鼠标轻轻一划可能就选择另一个品牌。厂家资源有限，产品线越长，造成资源越分散，不仅消费者心智不能形成占位，产品生命力不强，而且难以形成规模，降低运营效率。

与其他白酒企业动辄一两百，甚至上千个 SKU 的做法大相径庭的是，江小白 5 年来，一共出了 5 个系列的产品，但核心单品只有 2 款：即 40 度和 45 度两款小酒。以轻奢品质定位，大众价格入市，20 元左右一瓶的零售定价满足都市消费者的主流消费。在坚持核心单品品质不变的前提下，同时基于核心单品进行营销手段的创新，比如持续推出的《北上广不相信眼泪》《小别离》等热播剧同款酒，不断保持单品的热度。

尽管核心单品不能给企业带来所谓的暴利（江小白目前大约 30% 左右的毛利，白酒行业平均毛利在 50% 左右），但通过核心单品的突破上量，有效地降低了江小白的采购成本、生产成本和管理成本，而且极大地提高了整个系统的运营效率。更为重要的是，核心单品的引爆，通过不断表达瓶、微博互动等社会化传播，形成尖刀效应，在消费者心中建立了“年轻人的小酒”“年轻人喝酒就喝江小白”这样的心智占位，极大地提高了江小白的品牌知名度。试想，如果刚开始江小白采取多子多福的策略，可能每个产品都是“59 分”，都不及格，外无心智占位，内无规模效应，可能早已悄无声息地死在了起跑线上。

在单品形成突破后，随后江小白逐渐丰富产品线，对核心单品补充 300ml、500ml 包装规格，同时也对一些细分市场进行补充。比如针对企业市场推出的 25 度，4 斤装的“拾人饮”。25 度——低度、分量足、口感清淡、不易醉，但能活跃气氛，打开话匣，现已成为很多互联网企业每年必订单品。比如搭配精致且简易包装的调配基酒套装：1 瓶 500ml40 度白酒，1 个二两装精致小酒杯，4 个小杯垫，适用于三五好友 KTV、酒吧、饭店聚会，一起调酒，兑橙汁，兑红茶等，女生也可以参与，一边喝酒一边玩耍，符合年轻人爱娱乐的个性；比如与当代艺术家合作的万物生长版，将他们的作品做成酒标，十分具有文艺气息，适用于礼品、宴请市场，虽然市场小众，价格略高，但对于提升品牌非常重要。如图 9－8 所示。

图 9－8　江小白丰富产品线

先单品突破，后差异化补充，江小白的产品节奏走得非常扎实。产品效率是传统商业和互联网环境下都通行的商业法则，性价比就是效率，单品规模就是效率，江小白到现在还一直控制着单品的数量。“单品、海量、微利”这就是江小白的商业逻辑。

2. 精准传播，线上线下互动

聚焦年轻人的生活方式和媒体习惯进行精准传播，是江小白产品引爆的核心驱动因素之一。不求规模，但求精准，每招一出，刀刀见血。江小白到现在也基本没用传统的传播方式——电视广告、广播、户外等。传统媒体一是贵，二是单向传播，采用社交媒体基本是江小白唯一的传播方式，利用社交媒体进行与粉丝的沟通、互动和参与，更符合年轻人的生活方式。传统酒企的广告费一般占到销售费用的 20%～30%，江小白则 10%，随着规模的扩大，可能降到 5% 左右。

(1)“表达瓶”的社会化营销。

陶石泉一直认为，好产品是营销的发起点，没有二次传播的广告影响不大，将产品打造成一个超级自媒体，让产品自己说话，让使用者主动传播，让品牌与消费者进行情感链接，这样既能产生病毒营销的效果，又能节约成本，非常适合尚处在生存期的江小白。基于此逻辑，江小白的“表达瓶”问世，随后经过升级，可由用户自发制作内容的第二代表达瓶，更是成为当年经典的营销案例。

第一代表达瓶，是江小白将适用于年轻人的，或文艺的，或萌萌的，或奋斗的各种语录，类似于可口可乐的昵称瓶、歌词瓶，印在包装的卡套上。这些语录可能是酒后真言，可能是无心快语。比如“我们那些共同的回忆，是最好的下酒菜”等，经过江小白卡通形象说出，仿佛江小白像好朋友、老同学一样，跟用户进行倾诉、沟通，说进了他们的心里，增进了用户与品牌的情感链接。如图9－9所示。

图9－9 表达瓶

但是第一代语录瓶，所有内容基本都是江小白自己创造的，消费者只是接受方。第二代语录瓶就把千千万万个消费者想的很多有意思的表达情感、在喝酒消费场景中想讲的话做一些筛选，把它产品化，它就变成每一个消费者自己的表达。“80后”、“90后”一个非常大的特点就是表达欲望特别强，他们在吃饭前照一照，到达某个景点时拍一拍，深夜发表一些文艺的感慨等，因此他们把酒后想说的话通过扫描二维码的方式发给江小白，如果被选中，还能在朋友圈炫耀一下，我成为江小白的代言人。

目前江小白拥有特别大的文案库，都是来自于消费者的创意。消费者既是消费者，也是传播者、生产者。某种意义上是C2B，消费端推导过来如何做产品，如何产生消费者的互动，如何去做内容，如何去定义和聚焦消费的场景，满足了私人定制，也满足了让产品成为一个超级的媒体。

（2）微博营销。

“80后”、“90后”是伴随着互联网成长的一代，他们关注网络要比电视、广播多得多，经常泡在微博、微信、论坛。有数据统计，平均微信、微博打开的时间为2个小时。同时，微博营销只要内容好，几乎无成本。江小白是白酒行业第一个把微博作为主传播阵地的酒企，也正赶上了微博的红利时期，因此，江小白利用微博进行主要传播的媒介，既是无奈之举，也是有意为之。目前江小白的官微粉丝已达12万。

江小白的微博营销显示出几个鲜明的特点：

首先，长于文案植入，将有意思的话题与江小白的产品联系在一起。譬如，利用当时在微博上流传甚广的《来自星星的你》里“都叫兽”与张律师PK植物大战僵尸的PS图，植入江小白语录：两双筷子两瓶酒，两两相对好朋友。

其次，对应自己的品牌形象，将微博的运营完全拟人化。在所有的热点事件时发声，表明自己的态度。从最早的钓鱼岛争端抵制日货，到昆明恐怖主义袭击提醒大家远离恐怖分子。几乎在每一个热点事件发生时，都能看到江小白的表态。如果最近没有热点借势，就会发布各种经典的语录，刷存在感。

最后，利用微博互动作为线上工具，组织线下活动，并与线上形成互动，以增强粉丝黏性。比如“寻找江小白”，要求粉丝将在生活中遇到的江小白拍下来，回传至互联网。被粉丝找到的江小白，有餐单上的、有餐馆里的、有单瓶酒的，也有地铁广告上的。即使地铁广告，也会引导用户进行微博参与。如图9－10所示。

（3）线上线下互动，O2O营销。

除去社会化媒体传播外，江小白还针对年轻人，做了很多有效的线上线下互动的营销尝试。

图 9-10 “寻找江小白”

近两年，江小白增加了热播影视剧的植入，在匹配了用户群体后，江小白分别投了《好先生》《火锅英雄》《致青春》《小别离》《从你的全世界路过》等影视剧。紧接着马上推出热播剧语录同款产品，使消费者在现实中也能代入进电视剧的情景中，说着同样的话，非常有意思。这样江小白又近一步融入年轻人的生活并告诉消费者：喝江小白已经变成一种风潮，你还不来尝试下吗？如图 9-11 所示。

图 9-11 热播剧语录同款产品

2012 年借微博红火之势，江小白策划了一个年度主题的“约酒”活动，把都市青年群体从虚拟社交拉到现实，发动面对面的交友活动，不仅间接拉动了销售，还通过朋友圈形成品牌二次传播。约酒这一生造的词汇，像天猫双 11 购物节一样，在网络已超过 1.1 亿次点击，在主销的重庆、四川、湖南，基本上已经成为流行用语。约酒大会，就是江小白的年度粉丝大会，粉丝在微博等途径报名，经常几万人报名，但只选中 1000

人，男女比例一比一，聚会喝酒吃肉、看表演、玩游戏、交朋友、获得纪念品，大家玩得高兴，也拉近了与品牌的距离。现在约酒大会已经成为江小白粉丝每年都要举行的盛会，如图 9 – 12 所示。

图 9 – 12　约酒大会

不仅约酒大会，江小白还会举办类似很多的粉丝活动，比如 2016 年送出 10 万瓶酒赞助大学生毕业季；在成都春熙路街拍的几百名消费者关于简单生活宣言的视频；挑战吉尼斯创造史上最大规模的畅饮派对“江小白醉后真言互动派对”活动；推出青春的酒，赞助年轻的词曲创作人进行创作等线上线下的创意营销活动不断上演。

陶石泉表示，其实这些活动是把这些年轻的消费群体，铁杆粉丝聚集到一起。更多的是做一个社群，或者是做一个粉丝工程。这样线上线下的营销活动，大约占了我们整个营销费用的一半。做一次大型的一般几十万元，小的可能几千元，一年在这项上的投入几百万元。

3. 餐饮渠道尝鲜，牵引其他渠道铺货

曾经在传统酒企工作近十年的陶石泉，非常熟悉酒企的渠道模式，对于刚刚诞生的江小白，一无知名度二无过多资源，如果上来就全渠道运作，无疑不是更好的选择。由于酒水消费的特性，决定在餐饮渠道先进行尝试性消费，待形成一定的势能后，再牵引其他渠道进货。

经过调研，陶石泉选定首选推销的目标是重庆的 B、C 类餐厅。那时公司刚成立不久，工作条件很艰苦，许多业务员靠双腿走遍了重庆的大街小巷。经过一个月的艰苦巷战，2012 年 5 月底，江小白在重庆铺货超过 1000 家，返单率达 30%。传统白酒在餐厅的陈列一般都是在吧台或者酒柜，很多餐厅老板告诉陶石泉，他们没有位置留给江小白。无奈之下陶石泉瞄向餐桌，通过和餐厅协商，开始以餐桌和酒 1∶2 的比例摆放江小白的产品，如果酒被消费了，则由餐厅补货。这样一来，大部分注意到了餐桌上的江小白的消费者，都会出于好奇而选择尝试，公司初步解决了新品牌导入的问题。

同时，为了配合餐饮渠道销售，江小白还做了很多符合自身品牌调性的专属物料，深受店老板和消费者的喜爱。如印有“江小白语录和卡通形象”的菜单，使用防水防油的材料，至少可以用 1 ~ 3 年。如写着：“本店小本利薄，江小白好喝不贵，跪求客官 RP（人品）爆发，忘记了自带酒水。”这样的提醒幽默生动，有效避免了以往“本店谢绝自带酒水”那种生硬古板的套路。一年多时间，江小白就在重庆主城区进驻了 6000 余家终端火锅店，铺货率达到 80%。如图 9 – 13 所示。

图 9 – 13　江小白专属物料

餐饮渠道突破后，江小白开始采用深度分销向其他酒水渠道进行铺货。与其他酒企不同的是，江小白更加注重渠道的效率，把渠道扁平化，把多层级渠道变成单层级渠道。一般只有一级渠道，稍微偏远的地方有二级渠道和分销商，江小白帮助当地经销商做市场渠道的建立和维护。通过合同与保证金，跟经销商有约定，统一售价。基本上每个地区都一样，约定加价率不能超过 30%，约定不能再给第二个层级的分销商。我不主张，不建议去分级，对分销商的要求就是直营，直接卖给餐馆、超商、消费者，立足终端去做服务。

总体概况江小白的渠道模式，就是资金平台跟物流平台是以经销商为主，而营销是参与共建，相当于跟我们的经销商共同建立一个公司，其中操作市场营销，基本是以我们为主，经销商是我们的资金、配送、结算与物流平台。

与此同时，江小白还在京东、天猫、酒仙网等电商开设了旗舰店，作为销售的补充和尝试性消费，销量占比 5% 左右，主力渠道仍是线下体验消费。

4. 聚焦利基市场，滚动复制其他市场

为了立足生存，建立根据地，盘活现金流，江小白率先启动重庆市场，本地企业，也对市场最为熟悉，打造样本，提炼模式，锻炼队伍。经过初创期的艰苦奋斗，逐步向周边的成都和长沙市场进行滚动复制。陶石泉笑言：“他们的计划就是先攻三个 C 打头的城市，重庆、成都、长沙，打完以后就是北上广。”现在，江小白用将近 5 年多的时间，基本上品牌在西部地区，在南方，大概十一个省份，已经完成了一个产品的覆盖。随着知名度和口碑积累得越来越多，许多三四线城市也已经有了江小白的影子。

五、启发和建议

目前，江小白逐渐在成为全国性品牌，越来越多的年轻人知道和体验江小白，越来越多的企业将江小白作为标杆案例去研究。由于白酒年轻化的趋势刚刚兴起，江小白的营销模式比较新颖，所以笔者不敢妄加判断或私下评论江小白的未来走势，只提出几点启发和建议，以做学术探讨。

1. 启发

(1) 对于目前很多行业，比如房地产、快消品、婴童、教育等，“80后”、“90后”已经成为消费的主力，消费换代或消费升级不再是趋势，而是已经来临。如何顺应他们的生活方式和消费习惯，已经成为很多行业的重要命题。

笔者认为江小白最大的成功，就是对于白酒年轻化这一发展趋势的深刻洞察，在白酒这个传统的红海市场中发现这个机会，快速、坚决地切入这一细分市场，江小白是典型的“先有市场，后有工厂”。并深刻理解了年轻人的生活方式和消费特性，通过创新的营销方式与白酒、与江小白品牌巧妙链接，与消费者形成情感共鸣。比如“表达瓶”“微博营销”“粉丝 PARTY”等，都是十分聚焦年轻人的营销手段。

(2)“80后”、“90后”不喜欢被说教，喜欢平等的互动和参与，除了关注使用价值，更关注品牌的情感享受。实际上江小白与小米的营销很像，营销手段创新只是术，兜售参与感才是本质。个人的才思和创意总会有限或遇到瓶颈，只有消费者共同创造内容和创意，才能形成口碑的风靡。比如品牌文案，江小白都依靠在微博微信上征集粉丝的智慧完成；比如约酒大会的创意和节目，都由粉丝主动参与；比如所有的江小白调配饮料的鸡尾酒喝法，都是热心粉丝创造出来的。

2. 建议

(1)“80后”、“90后”虽然代表着白酒未来的发展潜力，但是目前仍不是白酒的消费主力，年轻小清新的市场现仍属于一个小而美的市场。目前江小白的营销模式逐渐被外人所学习和模仿，在细分市场本不大的情况下，一旦强有力的竞争对手跟进，竞争将更会激烈，比如泸州老窖已经推出年轻品牌泸小二。因此，建议江小白承接近几年良好的发展态势，尤其借助资本的力量，加快成长的速度，去投更多的资源提升知名度，去抢夺更多的优质经销商，去积累更多的忠实粉丝，尽快建立起竞争壁垒。

(2) 纵观其他成功的大单品，绝大多数都是定义了一个新的品类。如红牛开创了功能性饮料，六个核桃开创了健脑饮料，并通过多年的品牌积累，抢占了消费者在这一品类的心智占位。但是江小白自问世以来，使用过“青春小酒”“重庆高粱酒”“单纯高粱酒”“清淡高粱酒”等品类名称，变换较多，由于江小白主要是针对年轻人推出的白酒，因此，建议江小白还是从年龄或是目标人群角度出发，尽快选定、定义一个新的白酒品类，并坚决在各种品牌推广方面统一、持续地传播，在消费者心智中建立更为坚固的竞争壁垒。

3. 大单品打造的误区

（1）可以追随，切勿照搬全抄。随着江小白的崛起，白酒年轻化这个市场逐渐被江小白教育起来，由于细分市场正处于快速增长期阶段，因此市场仍有很大的发展空间。其他酒企可以趁着这波东风进入市场，但切勿完全抄袭江小白的包装、表达瓶等，年轻人喜新厌旧，同样的营销手段不会再有新鲜感。切勿认为自己有渠道、有资金、有品牌，模仿出一个产品销量就能很好，需重新洞察年轻人对白酒的消费升级需求。

（2）切忌只关注营销创新，忽视魅力化产品的打造。很多文章对江小白的报道，写了很多其营销手段的创新，比如表达瓶、约酒会等，但是对江小白产品匠心的打造提的不多。作为年轻人的品牌，是要和粉丝互动起来，“玩”起来，但是这一切的活动都是建立在产品魅力化的基础上，产品不能有良好的体验，不能极致的打造，不能符合年轻人的口感，所有的品牌创新都将付诸东流。因此，切勿仅关注江小白品牌营销的创新，而忽视其在产品魅力化所做的努力。

第十章

长城哈弗SUV逆袭之路

梁明杰

当下中国就宏观而言，中国经济已陷入严重的产能过剩局面；就微观而言，有很多行业，特别是一些成熟行业，同质化严重，供大于求越严重，市场竞争就越激烈；市场竞争越激烈和产品同质化越严重，要想快速突破市场，就越困难。

企业经营，产品为王，大单品，王中之王。回顾众多世界 500 强企业，每一个成功的品牌的背后都隐藏着一条颠扑不破的规律，那就都有一个大单品和一套大单品突破的营销战法。

所以，大单品，也只有大单品才是企业突破市场的最佳战略。

本文以长城哈弗 SUV 为主要研究对象，深刻剖析中国自主品牌 SUV 大单品的逆袭之路。

中国汽车消费者的心思并没有女人心那么难懂，一个字概括“大”，SUV 产品很好地贴合了他们的需求。因此，众多车企风起云涌地搞起新战略，加速进军 SUV 市场。SUV 的持续火爆不仅让提前布局的车企赚得盆满钵满，也让艰难期的车企找到了崛起的希望。

长城汽车可以算是中国品牌 SUV 领域的老资格，很早就押宝 SUV 市场的它如一匹黑马脱颖而出。高风险带来高收益，魏建军也为了实现成为继路虎、Jeep 后的第三大 SUV 品牌，决定暂停了轿车业务，聚焦 SUV 品类。2013 年 3 月，哈弗品牌独立，长城汽车开始进入双品牌运营时代。

时至当下，长城汽车受益聚焦战略的优势一直保持着领先地位，重要车型哈弗 H6 更是长居 SUV 车型热销的榜首。2016 年，长城汽车全年销量累计 107.45 万辆、SUV93.8 万辆，其中哈弗 H6 累计销售 58.1 万辆，占公司总销量的 54.1%，占公司 SUV 销量的 61.9%，截至 2017 年 5 月，已经连续 49 个月位列国内 SUV 在售车型的单月销量冠军，是长城汽车名副其实的中流砥柱。

一、长城哈弗 SUV 业务状况评述

1886 年汽车诞生于德国后，随着工业革命的完成，西方汽车也得到迅猛发展，并逐步成为国家经济发展的重要支柱。中国第一辆汽车诞生于 1956 年，而国产第一辆 SUV 就是长城汽车的塞弗 SUV，伴随着世界经济一体化的进程，自主品牌的 SUV 参与世界汽车市场的竞争不可逆转，参与国际和国内两个市场将是自主品牌 SUV 发展的必然选择。

SUV 的全称是 Sport Utility Vehicle，中文意思是运动型多用途汽车，主要指那些设计前卫、造型新颖的四驱车越野车，一般底盘较高，有很好的通过性。目前发展出现的两驱城市 SUV 也基本纳入 SUV 的范畴，其车型在汽车市场中占有重要的地位。

在各类 SUV 品牌中，自主品牌的 SUV 几乎占据了中低端的大部分市场份额，并且向高端延伸。长城哈弗 SUV 作为中国汽车行业的自主 SUV 品牌，在国内 SUV 的 2016 年整体销量的 10.4%（2016 年国内 SUV 整体销量 902.3 万辆，长城哈弗 SUV 整体销量 93.8 万辆），稳居各品牌 SUV 之首，领先第二名广汽传祺 SUV 接近 6.6 个百分点（广汽传祺 SUV 的 2016 年总销量为 34.3438 万辆）。其中，长城哈弗 H6 以 58.1 万辆的 2016 年销量遥遥领先，第二名广汽传祺 GS4 的 32.7 万辆的销量。由于长城哈弗对自身品牌 SUV 的准确的市场定位，哈弗 SUV 系列车型异军突起，占据国内巨大的 SUV 市场份额，从而使公司业绩呈现连年增长的良好势头。因此，其发展在国内自主品牌 SUV 市场具有非常强的代表性，聚焦 SUV 品类，打造大单品，为未来中国汽车企业发展具有深远而重大的现实意义。图 10-1 是 2016 年 SUV 市场各派系市场份额占比情况。

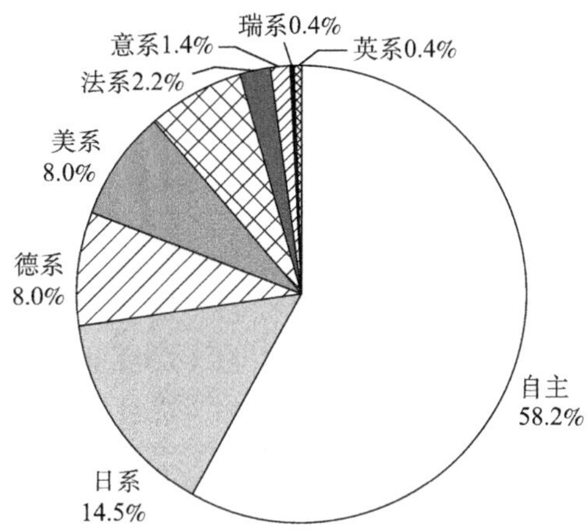

图 10－1　SUV 市场各派系市场份额占比

数据来源：乘联合 整理：盖世汽车

表 10－1 是 2016 年国内 SUV 市场销量前 20 位的车型排行榜（单位：万辆盖世汽车整理）

表 10－1　2016 年国内 SUV 市场销量前 20 位的车型排行榜

排名	车型	汽车	品牌	派系	2016 年销量	2015 年销量	同比变化
1	哈弗 H6	长城汽车	哈弗	自主	58.0683	37.3229	55.6%
2	传祺 GS4	广汽	传祺	自主	32.6906	13.1016	149.5%
3	宝骏 560	通用五菱	宝骏	自主	32.1555	14.5007	121.8%
4	昂科威	上海通用	别克	美系	27.5383	16.2941	69.0%
5	途观	上海大众	大众	德系	24.0510	25.5751	－6.0%
6	长安 CS75	长安汽车	长安	自主	20.9353	18.6623	12.2%
7	瑞丰 S3	江淮汽车	江淮	自主	19.7947	19.6779	0.6%
8	哈弗 H2	长城汽车	哈弗	自主	19.6926	16.8517	16.9%
9	本田 CRV	东风本田	本田	日系	18.0319	15.6608	15.1%
10	奇骏	东风日产	日产	日系	18.0202	16.6385	8.3%
11	全新途胜	北京现代	现代	韩系	17.6787	2.6045	578.4%
12	长安 CS35	长安汽车	长安	自主	17.2712	16.9332	2.0%
13	缤智	广州本田	本田	日系	16.4076	12.6338	29.4%

续表

排名	车型	汽车	品牌	派系	2016 年销量	2015 年销量	同比变化
14	本田 XRV	东风本田	本田	日系	16.1711	11.8749	36.2%
15	逍客	东风日产	日产	日系	13.9684	6.0072	132.5%
16	奥迪 Q5	一汽奥迪	奥迪	德系	12.9453	11.4	13.6%
17	锐界	长安福特	福特	美系	12.369	6.5152	89.8%
18	瑞虎 3	奇瑞	奇瑞	自主	11.8414	12.0357	-1.6%
19	RAV4	一汽丰田	丰田	日系	11.6389	11.6731	-0.3%
20	翼虎	长安福特	福特	美系	11.5083	13.5194	-14.9%

1. 长城汽车介绍

长城汽车（全称为长城汽车股份有限公司）前身是长城工业公司，是一家集体所有制企业，成立于 1984 年，主要从事汽车改装业务。1998 年更名为长城汽车公司。2001 年正式改制为股份公司，首家在 H 股上市的民营企业，国内最大的皮卡、SUV 生产厂家，下属控股公司 30 多家，员工 40000 多人。目前产品涵盖哈弗 SUV、腾翼轿车、风骏皮卡三大品类，现有拥有 220 万辆整车设计年产能，具备发动机、前后桥等核心零部件的自主配套能力。

长城汽车 2016 年蝉联“2016 汽车品牌百强榜”，位居总榜单第 30 位、中国品牌排行榜第一；被评为“最具价值汽车类上市公司”“中国汽车上市公司十佳之首”；中国机电进出口商会的“推荐出口品牌”，也就是商务部、国家发展改革委员会授予的“国家汽车整车出口基地企业”。

长城汽车以“每天进步一点点”的经营理念和实践，力争在竞争中脱颖而出，做中国汽车行业的代表品牌。其一直在国内、国际两个市场保持领先优势，目前产品出口到 100 多个国家和地区，连续多年保持中国汽车出口数量、出口额第一。长城产品理念是“定位于全球市场，融汇最新技术，打造高质价比创新技术的精美产品”。目前是自主品牌 SUV、皮卡全国销量第一。

2. 长城哈弗 SUV 发展历程及现状

长城汽车 2001 年在生产皮卡的基础上，以日本生产的撒佛作为参考车型开始研发 SUV。2002 年 4 月份第一辆国产 SUV——长城塞弗下线，并于 5 月 28 日在北京举行上市发布会，上市年的销量达到 38000 辆，一举占据国产 SUV 市场，成为公司业绩的新的增长点。之后推出与其功能、定位不同的赛影 RUV、赛竣 SUV，都取得了不错的业绩。由于 2005 年之后油价大幅上涨，性能更好、动力更强，而且相对省油的经济型 SUV——长城哈弗诞生，耗油量较大的塞弗系列逐渐退出历史舞台，截至 2009 年 1 月全部停产塞弗系列车型。自 2003 年开始到 2016 年长城 SUV 系列车型连续多年占据销量冠军位子，在我国 SUV 市场占据重要的地位，重要历程如下：

1984～2001 年，长城汽车的皮卡时代。1984 年，长城汽车的前身——保定市长城工业公司成立。此时的长城工业公司是一个集体所有制企业，和那个时代的所有国企和集体所有企业一样，面临着改革开放的大潮流，要么亏损垮掉，要么改革，置之死地而后生。

1984～1990 年，长城工业公司就是在这种状态下度过的，靠着修车和改装车业务撑着。1991 年，魏建军开始担任长城工业公司的董事长兼党委书记。此后，长城汽车迎来了魏建军时代。

1991～1994 年，在魏建军的领导下，开始生产轻型客货汽车，连续 4 年产销量翻番，企业迅猛发展。利用这个细分市场的产品进入汽车领域是非常明智的一个决定，为后面进入皮卡领域奠定了基础。

1996 年 1 月，“每天进步一点点”成为长城汽车的企业精神，如图 10－2 所示。

图 10－2　长城汽车的企业精神

1996 年 3 月，第一辆长城迪尔（Deer）皮卡下线。这标志着长城汽车经过前面数十年的积累，真正进入皮卡时代。皮卡是那个时代别人没有看到或者看不上眼，但长城汽车看对眼的一片蓝海。1996～2001 年，长城汽车的皮卡销量曾连续 3 年位居全国第一。这 5 年间，长城其实就做了两件事：挣钱、改制。利用皮卡获得的丰厚利润，改革公司的管理体制和生产体制。这期间的每一个动作在今天看来依然是那么有眼光。

2001 年 6 月，长城汽车有限责任公司改制成为长城汽车股份有限公司，这是长城汽车为上市圈钱、打造新的管理模式又迈进了一步。

2002 年，长城塞弗问世，在国内第一打出 8 万元 SUV，一举颠覆了国内 SUV 没有 10 万元以下车型的历史，成为"经济型 SUV"的鼻祖，2003 年一举多得"全国 SUV 销量冠军"，如图 10－3 所示。

图 10－3　长城塞弗

2005 年，正当自主品牌 SUV 纷纷停留在"拷贝塞弗"的纷争时，长城人融合国际 SUV 最新设计特点，快速推出自己的第二代 SUV 全新产品，非承载式车身的哈弗 SUV，自此自主品牌 SUV 进入"哈弗时代"。

2006 年，长城汽车与德国博世联合开发的电控高压共轨"智能节油王"INTEC 柴油发动机匹配哈弗，成为中国第一家使用柴油共轨技术的厂家，彻底颠覆了 SUV"油老虎"的概念，使柴油 SUV 得到普及。

2010 年，创造了升功率升扭矩、排放、噪音、节能四项领先技术的柴油动力"绿静 2.0T"正式配在哈弗 H5 上，伺候年年更新换代，这是自主品牌柴油动力的一大突破，如图 10－4 所示。

图 10－4　哈弗 H5

2011 年 8 月，长城汽车的第三代 SUV 标志性产品，使用全新平台开发的承载式车身智能 SUV 哈弗 H6 诞生。哈弗 H6 是哈弗 SUV 新的里程碑，哈弗 H6 以其特有的智能安全、智能驾控、智能装备，迈出了自主品牌向中高端延伸的实质性的一步，如图 10－5 所示。

图 10－5　哈弗 H6

2013 年 3 月 29 日，“跨越百万全新启程”——哈弗品牌战略发布暨第一百万辆交车仪式在京盛大举行。发布会现场，揭开哈弗全新 Logo 的神秘面纱，哈弗品牌未来发展战略也随之公布。按照官方统一的说法：“红蓝标战略下，哈弗产品将形成以红色 Logo 与蓝色 Logo 为代表的双产品线。红标的哈弗体现豪华、经典，覆盖主流家用市场，蓝标哈弗体现炫酷、时尚，针对年轻群体。如图 10－6 所示。

2014 年，哈弗 SUV 共发布了 2 款新车 H2、H1。4 月 20 日北京车展，哈弗 H2 首发亮相，年底上市，定价为 7～11 万元，长宽高分别为 4335×1814×1695 mm；哈弗 H7 量产版 11 月首发亮相，年底上市，售价 16 万元起，搭载 2.0T 涡轮增压发动机，一致匹配 6 速手自一体变数箱，车身尺寸为 4677/1911/1702mm，轴距 2850mm；年底哈弗 H1 首发，哈弗 H1 定位于小型 SUV，

图 10－6　第一百万辆交车仪式

长宽高分别为 3995×1728×1617 mm，售价 5～8 万元，哈弗 H1 的外观采用了全新的设计语言，车身线条饱满流畅，配合颇具霸气的前脸设计，让哈弗 H1 看起来时尚且充满动感。

2015 年，哈弗 H8 上市，定位中大型 SUV，车身长宽高为 4820×1975×1794 mm，轴距 2915mm，售价 18～25 万元；哈弗 H9 上市，定位中大型 SUV，车身长宽高为 4856×1926×1900 mm，轴距 2800mm，售价 20～30 万元。

2016 年，哈弗 H7 上市，定位为中型 SUV，车身长宽高为 4700×1925×1718 mm，轴距 2850mm，售价 15 万元左右。

2017 年，4 月的上海车展，备受瞩目的哈弗品牌重量级新品——全新一代哈弗 H6 正式上市，这款被追捧为“热销神车”的海富家族成员此次以四新之车的焕新面貌亮相，共推出红蓝标各 6 款配置车型，售价区间为 11.88～14.68 万元；品牌首款新能源概念车 HB－03 亮相车展，如图 10－7 所示。

图 10－7　新能源概念车 HB－03 亮相车展

在本次上海车展，长城汽车还发布了其旗下以全球豪华品牌至高标准打造的中国首个豪华 SUV 品牌 WEY，6 月 10 日，品牌 WEY 全国首家 4S 店在北京正式开业，上市车型为 VV7 系列，售价在 16.78～18.88 万元。下半年 WEY 品牌旗下的全新紧凑级 SUV 车型 VV5 及插电混动 SUV 车型 PiVV7 正式推出，如图 10－8 所示。

图 10－8　PiVV7 正式推出

3. 长城聚焦哈弗 SUV 大单品战略的现实意义

长城汽车从 2011 年开始，采取聚焦战略，聚焦 SUV 品类。自哈弗品牌独立以来，家族不断壮大，产品体系已出具雏形，形成了大、中、小，高、中、低档，城市型、越野型、汽油、柴油等不同规格、不同款式的产品矩阵。有小型 SUV—哈弗 H1、紧凑型 SUV—哈弗 H2、全尺寸 SUV—哈弗 H9、都市型 SUV—哈弗 H6、越野型 SUV—哈弗 H5、价格跨越 6～27 万元区间，覆盖了 SUV 各个细分市场。

在聚焦 SUV 品类战略指引下，哈弗 SUV 销量实现了大幅增长，目前哈弗 SUV 累计销量超过了 300 万辆，成为中国第一个销量突破 300 万辆的 SUV 品牌。2016 年销售 93.8 万辆，全球 SUV 销量排名第六位。其中，主力车型哈弗 H6 上市四年以来，累计销量突破 100 万辆。如表 10－2 所示。

表 10－2　2012～2016 年长城哈弗 SUV 及哈弗 H6 销量情况

年份	2012 年	2013 年	2014 年	2015 年	2016 年
总销量（万辆）	28.1	41.7	51.9	66.2	93.8
哈弗 H6 销量（万辆）	14.8	21.8	31.5	37.3	58.1

哈弗推行SUV大单品战略——哈弗H6。目前哈弗H6在红蓝标产品线下，布局了升级版、运动版、Coupe三种车型，指导售价在9.98～17.18万元范围内，涵盖1.5T、2.0T、2.4L汽油，2.0T柴油，手动、自动挡总计32款车型。大单品哈弗H6车型2016年销量为58.1万辆，同比增长55.58%，截至2016年年底，连续46个月成为国内SUV单月销量冠军。2016年长城汽车年度营业收入986.16亿元，同比增长29.7%，净利润105.5亿元，同比增长30.88%，取得这样的成绩，大单品哈弗H6功不可没。

大单品战略时当下营销的第一战略，长城哈弗H6的成功可见一斑。自从2011年8月哈弗H6上市以来，经过了19个月集中资源和集中优势力量打造，到2013年3月，哈弗占据国内SUV单月销量冠军以来，一直保持至今。打破了国内SUV市场的合资品牌占据主要市场地位的格局，堪称国内SUV细分市场的逆袭的典范。

长城哈弗H6的大单品是尖刀产品，是做到极致的产品，是球星产品，是高利润产品，同时也是哈弗SUV点式突破和逆袭的产品。哈弗H6大单品战略的意义不仅仅是市场僵局的突破品，更是企业的主要利润来源。同时，能够帮助长城汽车创造新的细分市场机会，帮助企业改变原有行业的竞争规则，让天平有利的一面偏向自己；还帮助长城汽车抓住行业转型过程中经常出现的、通过创新来颠覆的市场格局的契机；哈弗H6大单品战略帮助长城汽车创造一种新的、有冲击力、饱和性攻击的不对称竞争手段。

二、中国汽车SUV市场竞争格局分析

竞争格局分析是对企业在发展过程中所具有的宏观经济环境的影响因素进行的综合分析，对企业发展的研究具有重要意义。竞争格局的发展变化是对于企业发展至关重要，从方方面面、各个层次推动或制约着整个企业未来发展方向和发展趋势，综合分析哈弗SUV的发展环境对于准确定位、把握市场意义重大。

1. 宏观环境分析

企业业务的宏观环境分析是指企业外部对业务的战略发生作用的主要

社会力量或政策，宏观环境变量往往对企业业务的发展起着广泛而深刻的影响。长城哈弗 SUV 必然会受到国家宏观环境，特别是国家宏观经济环境、产业政策、技术政策等深刻影响。宏观环境分析包括五大类，即政策（法律）环境、经济环境、社会环境、技术环境、资源环境，如图 10－9 所示。

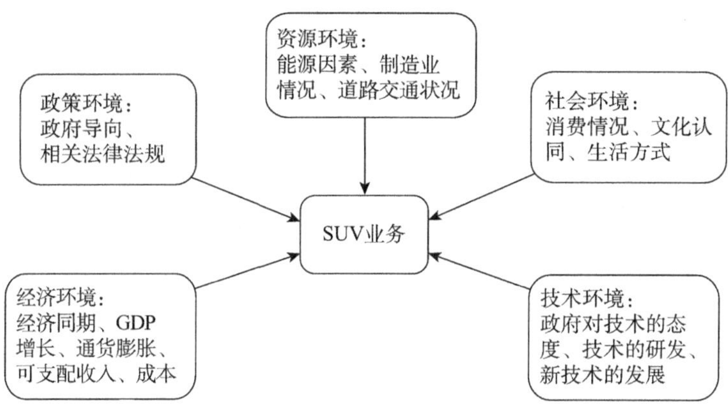

图 10－9　影响因素分析图

很多研究表明，企业经营业绩与宏观环境有很强的关联性，我国近几年汽车行业的发展也证明了这一点。目前全球汽车产业新一轮重组、调整加快了众多厂商紧盯 SUV 市场，同时未来 SUV 的发展受到众多因素的制约。SUV 作为细分市场对各个因素的影响更加敏感。

（1）政策环境分析。

• 国家重视汽车产业的发展

汽车产业的发展对于世界任何一个国家来说意义都非常重大，它是衡量一个国家经济发展水平和人民生活水平的重要标志。历经 WTO 入世近 20 年的快速发展，我国汽车产业已成为国家的支柱型产业，在整个国民经济的发展中举足轻重。2009 年颁布的《汽车产业调整和振兴规划》支持汽车企业自主创新；2010 的购置税优惠、节能汽车补贴、汽车下乡、以旧换新等政策，有效地刺激了国内汽车市场的需求；国家一系列的改革政策，拉动内需，汽车作为高档消费品受益较大，对于整个汽车行业的发展都是有利的。对于作为民族品牌的长城哈弗 SUV 则具有更大的促进作用。

• 扩大内需政策利于个人汽车消费

我国国内消费市场巨大，特别是2008年以来受到国际金融危机的影响，我国出口市场受到严重打击，为有效保障经济的快速增长，拉动内需成为必然。同时央行实施宽松的货币政策，进一步刺激贷款消费。在拉动内需、鼓励个人消费的大背景下，个人汽车消费贷款额逐年增长，与之对应的汽车销量也快速增长。

• 环保政策对汽车产业发展有一定的抑制作用

在整个汽车行业实施积极政策的同时，节能减排的重要性凸显。2011年2月25日颁布的《中华人民共和国车船税法》，将排量作为乘用车计税标准；2011年《轻型汽车无任务排放限值及测量方法》《轻型汽车环境影响指数测量方法》等有关节能减排的文件，对于汽车企业来说是不利的政策影响因素，但是同时对在节能减排有技术储备的自主品牌企业来说更是一个利好的发展机遇。

（2）经济环境分析。

• 我国经济平稳快速增长

我国国民经济增长虽然2008年以来有所放缓，但是经济总量在快速增长，至2010年超过了日本成为第二大经济体。

• 汽车行业成为我国经济发展的支柱产业

随着我国加入WTO以来，我国经济曾航速度明显加快，特别是汽车产业更是迅猛增长。2016年我国汽车乘用车产销量分别为2811.88万辆和2802.82万辆，同比增长14.46%和13.65%；SUV产销量分别为915.29万辆和904.7万辆，同比增长45.72%和44.49%。伴随着汽车行业的进一步发展和市场进一步细分，人们对汽车特别是SUV的需求更加旺盛，对于汽车的品质要求也越来越高。

（3）技术环境分析。

国内汽车业的工业技术水平与国外相比，在发动机制造、变速箱制造、车型设计、安全性能监测、电子设备情况、整车的质量体系等方面都存在着差距。基于国内技术水平落后的现状，为了加强市场竞争力，各个汽车厂家纷纷与国外汽车厂商合资，采用别国技术，使得国内企业与国外的差异明显缩小，但自主创新能力不容乐观。

而长城哈弗 SUV 作为国产自主品牌，在核心技术方面完全是自主研发的，这使得哈弗 SUV 在发展过程中更具有竞争优势。哈弗 SUV 目前有 5000 多人的研发团队、400 多项自主知识产权、卓越的产品研发能力，在核心技术上构筑起高壁垒，从发动机到底盘完全是自主研发使用，符合国家发展的需要，保证了其生产工艺的高精密度，整车质量达到国际领先水平。

（4）社会文化环境分析。

社会文化环境是指企业所处的社会价值观念、消费习惯的转变，人口规模、人口结构的变更等方面。加入 WTO 后，我国消费市场的结构发生了很大变化，由原来的卖方市场转变为当前的买方市场，消费结构呈现多元化和个人化的发展方向。另外，汽车消费的人群也由原来相对的高收入阶层向全民化发展，随着汽车消费的普及，车辆更新换代的加快，人们对汽车更具依赖性，汽车消费将不断增加。

- SUV 的认同

作为衣食住行之一的车辆，对于某些消费者来说并不只是代步工具，一直以来往往是身份和地位的象征。在价格上 SUV 往往比同品种的轿车价格相对高，往往被认为是“有实力”的消费者才能买得起，对于国内的人来说有较强的认同感。

消费者呈现的新的变化：更加追求车辆较大和舒适的空间；生活范围不断扩大需要既满足城市交通用车，又满足郊游或休闲用车的车辆，这样的生活趋势给人们的消费特征和消费趋势带来根本性的变化。而 SUV 兼顾了轿车的舒适性和越野通过性，满足城市或休闲、郊游的需求，同时有比较大的空间，可以满足消费者的多种需求。这些变化更利于 SUV 市场开拓。

但是国内 SUV 起步较晚，而且好多国内厂商为抢占 SUV 市场纷纷推出自己的车型，除了车型外壳复制国外的一些品牌外，其余几乎找不到真正 SUV 的迹象，造成国产自主品牌 SUV 就是品质低下的代名词。

长城汽车塞弗 SUV 的推出，以期高品质，一举拿下了国产 SUV 的销量冠军，但彼时还停留在低价低档 SUV 的圈圈里。直至 2011 年推出哈弗 H 系列车型，尤其是哈弗 H6 的上市，经过近 20 个月的市场洗礼，终于改变了国人对于国产自主品牌 SUV 的印象。哈弗 H6 是高质价比的国产自主 SUV，由此开启了哈弗 H6 的辉煌之路。

• 消费人群结构的变化

首先，SUV 的消费人群趋于大众化。原来的汽车，特别是 SUV 的消费基本上集中在收入相对较高的人群，对于大众消费者来说，SUV 属于奢侈消费。近年来，消费者购买能力增强，汽车价格下降，SUV 中低段价格的市场开拓，拓展了 SUV 得销售范围。

其次，SUV 的消费人群趋于年轻化。从 SUV 的销售情况看，年轻人购买 SUV 的欲望比较高。SUV 大气、舒适、多用途符合年轻人的消费观念，市场纵深发展明显，这部分人群无疑促进了 SUV 的销售。

最后，SUV 的消费人群层次区分明显。消费者对于购买 SUV 的欲望虽然比较强烈，但是否具有购买能力是面临的现实问题。因此，在 SUV 市场针对的选择群体的准确定位，对于开拓市场至关重要。自主品牌“经济型”的 SUV 以其高质价比，赢得了这部分消费人群，这里面的代表就是长城哈弗 H6。

（5）资源环境分析。

资源环境是指各类相关资源对企业或某一行业、业务的发展所起的促进或抑制作用。自然资源不断减少，能源已经成为制约世界经济发展的重要因素，特别是对于汽车行业对能源的依存度较大，资源因素的影响也更加明显。

• 油价普遍上扬

近几年，国际油价普遍上涨，我国油价也水涨船高，抑制处于高位震荡。燃油是购车后最大的开销，油价的上涨必然使消费者信心指数下滑。油价的上涨还推动汽车制造业本身成本的增加，由于目前我国汽车产能的过剩，汽车厂商又不敢轻易涨价，增加的成本不敢轻易转嫁给消费者，只能企业自己消化，最终导致利润下滑。汽车厂商还要保证质量，只有向内部管理要效率，这一点长城哈弗的全产业链及精益生产很好地控制了成本，为消费者提供高质价比的产品。

• 道路资源

随着国家经济的增长，从 2001 年开始，我国道路建设加快，道路环境也得到明显改善。城市内部、两地之间的道路交通明显改善，普通个人的用车对于越野性能的要求有所下降，SUV 的需求有所下降，人们购车更倾向于购买相对廉价的舒适的轿车。SUV 行业进入了短暂的低谷，随后 SUV 谋求改变，推出了城市 SUV，具备了轿车的舒适性及越野车的高通过性，又重新拾回丢失的市场份额，并且连续几年呈现高增长态势，至今热度不减。

2. 中国汽车 SUV 市场竞争格局分析

SUV 市场竞争格局的分析包括行业的发展状况、行业的结构特性及未来行业发展的趋势等。SUV 市场环境的分析对于正在从事 SUV 领域的企业及将要进入的 SUV 领域的企业有重要意义。同时，也侧面分析出了长城哈弗 SUV 的成功所需要的中国市场 SUV 市场环境。

行业特征分析：

- 起步较晚，发展迅速

世界上 SUV 的发展已经有半个多世纪，而我国 SUV 的发展仅仅经历了短短的不到 20 年的历程。我国 SUV 至今没有指定一个合理的界定标准，与国外 SUV 发展相比可以说是不够规范的。但是我国巨大的市场需求起到了重要的推动作用。2002 年长城塞弗投放市场以来，各品牌 SUV 的市场占有率从 2002 年开始一路飙升，销量从 2002 年的 2. 95 万辆增至 2016 年的 904. 7 万辆，增长了 300 多倍。

- 国内各品牌派系竞争格局

图 10 - 10 显示的是 2016 年国内 SUV 各派系的销量及同比变化情况。自主品牌占整体销量的 58. 1% 的市场份额。从全年销量来看，自主品牌成为今年 SUV 车的主力军。不但拿下了前三名，在绝对数量上也进一步碾压合资品牌。其中，长城汽车以 58. 1 万辆，同比 55. 6% 的成绩当之无愧地成为 SUV 的销量之王；传祺 GS4 以 32. 7 万辆的成绩拿下亚军；宝骏 560 虽然这一年来几经沉浮，但全年销量依然能稳居第三，而 2015 年第二名的途观掉至第五名。

- 中端价位占据较大的市场份额

如果按照低端 SUV 价格为 10 万元以下、中端 SUV 价格 10 ~ 20 万元、中

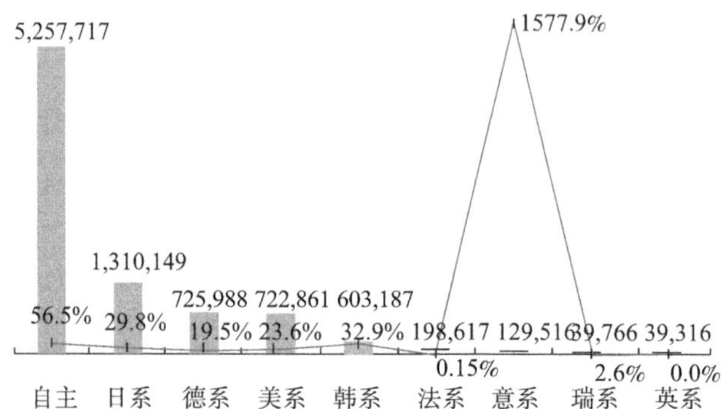

图 10－10　2016 年国内 SUV 各派系的销量及同比变化情况

数据来源：乘联合 整理：盖世汽车

高端 SUV 价格 20～30 万元、高端 SUV 价格 30 万元以上来区分，2016 年我国中端价位 SUV 占据较大的市场份额，大约占 43%。

● 国内 SUV 派系进入群雄逐鹿局面

在 2014 年以前，我国 SUV 消费市场呈现三足鼎立的局面，既自主品牌、日系品牌和韩系品牌，日系和韩系车型基本是合资品牌，随着德系和美系车合资品牌的进入，到了 2016 年，出现了群雄逐鹿的局面。

● 产品市场集中度较高

我国 SUV 生产企业（包括合资厂商）有 60 多家，但是从各个厂家 SUV 车型的市场占有率来看，哈弗、本田系列、广汽传祺、丰田系列、大众系列占据了 70% 左右的市场份额，远远高于其他企业，也从一个侧面反映了当前 SUV 的竞争趋势仍然是几大品牌的竞争。

● 柴油车和新能源发展迎来机遇

随着国家节能减排政策的出台，在能源、环保的双重压力下，发展更为环保的柴油动力和新能源动力的 SUV 成为各个厂商的首选。而长城哈弗早在 2006 年就与德国博世公司联合开发了 2. 8TCT 柴油发动机。如今长城哈弗 SUV 以期先进的基数已经占据着柴油 SUV 销售的半壁江山，市场占有率高达 80%，国家节能减排政策更为柴油 SUV 的发展注入新的动力。2017 年上海车展，哈弗 SUV 发布了首款新能源概念 SUV 车型，为市场提供非常强烈的信号。

三、长城哈弗 SUV 大单品战略实施路径

1. 聚焦 SUV，打造大单品品质战略

长城汽车的核心战略为品质战略，视品质竞争为品牌竞争。2011 年聚焦 SUV 品类，打造大单品战略，并提出以提升产品品质为核心的高豪华、高性能、高科技的“三高”目标。在企业内部建立了严格的质量检查体系，在同行业中第一家通过了 2000 版的 ISO9001 国际质量体系认证、UKAS 英国皇家认证、GCC 海湾认证和 SASO 沙特认证，第一家通过欧盟整车型式认证，在欧盟获得了无限制自由销售权。

2. 研发能力及水平

目前哈弗 SUV 拥有 5000 余人的研发团队，其中技术专家 500 余人，包括国外专家 12 人，海归技术人员 20 余人，具备动力总成的研发设计能力，可同步展开十多个车型的开发。发动机、变速器、整车造型、整车设计、CAE、试验等各个环节都形成了自主的基数、标准及知识产权。

3. 生产/零部件基地

长城汽车目前有 4 个生产/零部件基地，分别在保定、天津、徐水、平顺，整车设计年生产能力 220 万辆。

4. 哈弗 SUV 渠道布局

哈弗 SUV 截至 2016 年已经有超过 800 家一级经销商。

（1）对经销商的要求。

店面、资金与人员要求如表 10 - 3 所示。

表 10 - 3　店面、资金与人员要求

级别	旗舰	A	B	C	D
建筑占地（m^2）	2720	2380	1640	1550	800
展厅面积（m^2）	40 × 20 = 800	35 × 20 = 700	30 × 18 = 540	25 × 18 = 450	20 × 15 = 300
展厅高度（m）	7 ~ 8.5		6.5 ~ 7.5		4
室外新车停车位（个）	30	25	20	15	8

续表

级别	旗舰	A	B	C	D
办公区面积（m^2）	240	210	180	150	100
客户休息区（m^2）	≥ 49.5	≥ 40.5	≥ 22.5	≥ 27	≥ 22
服务建筑面积（m^2）	1920	1680	1260	1130	500
接待区（m^2）	160	140	120	105	38
机修车间面积（m^2）	750	650	580	535	420
工位总数（个）	20	17	13	12	9
人员（人）	40	35	30	25	12
总投资（万元）	400	300	250	200	120
专项资金（万元）	500	450	400	300	250
销售人员（人）	30	20	15	10	10

（2）对经销商软性要求。

公关能力：具有良好的社会关系，能妥善解决用户投诉问题。

管理：具有较强的客户关系管理能力，各项客户管理制度齐备且规范。

商业信用：具有良好的商业信用，无不良记录，无重大用户投诉事件。

人员素质：总经理等高级管理人员具有良好的客户服务意识，认同长城汽车的品牌文化和经营理念。

销售经理：要求具有 2 年以上汽车产品经营、管理的业内经验。

服务经理：要求具有 2 年以上汽车产品经营、管理的业内经验。

销售顾问：具有基本的汽车产品和销售知识，1 年以上销售同类产品的经验。

（3）硬性要求。

资质：经工商局注册，具有独立法人资格，成立品牌专营公司。

行业经验：具有 1 年以上经营相关产品及相关行业的经验，维修业经营许可证优先。

资金：具有符合当地运作长城汽车项目（包括硬件建设 & 流动资金）的资金实力，拥有较强的融资能力。

位置：具有经营长城汽车的场所，场所位于综合汽车交易市场、汽车销售一条街或主要交通道路旁。

5. 营销推广活动

哈弗 SUV 做了大量营销活动，除了参加车展及一些越野赛事外，在线下各个区域也做了许多比较成功的营销活动，如用户恳谈会、一元定金抵千金等活动。央视、卫视广告，微博、微信等移动端、PC 端的大量传播。从天空到地面，形成立体攻势。如图 10 – 11 所示。

图 10 – 11　哈弗 SUV 做了大量营销活动

6. 提高客户满意度是长城哈弗的工作重心

（1）打造“全心关怀”的服务品牌。

以诚待人、精心对车为服务宗旨；想用户所想，急用户所急；为用户创造放心、安心、舒心的用车体验，获得更高的用户满意度，如图 10 – 12 所示。

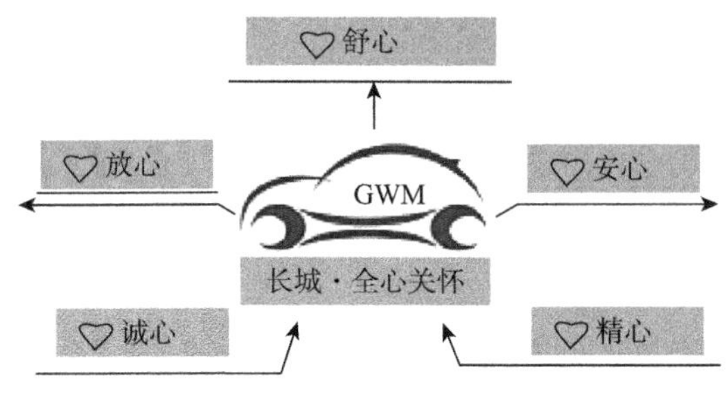

图 10 – 12　打造“全心关怀”的服务品牌

对用户满意度进行研究，用于改善产品及服务质量，如图 10－13 所示。

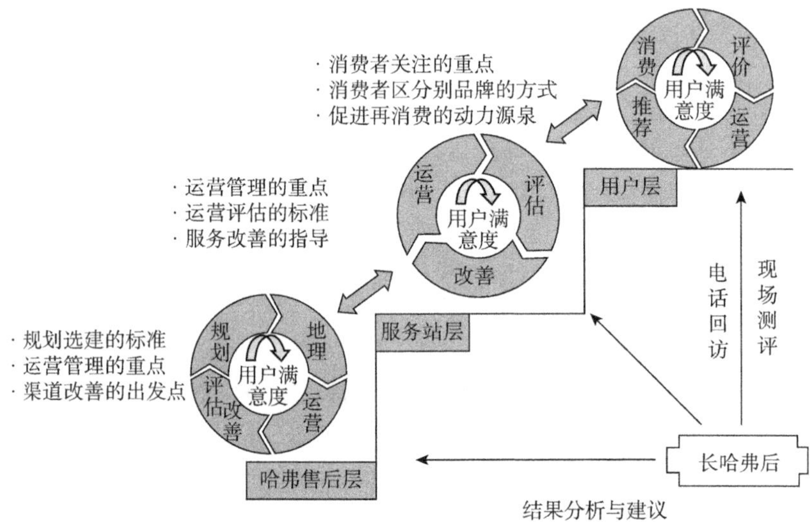

图 10－13　用户满意度研究

对用户开展三级回访制度，即实施经销商、服务站、哈弗本部三级回访制度，如图 10－14 所示。

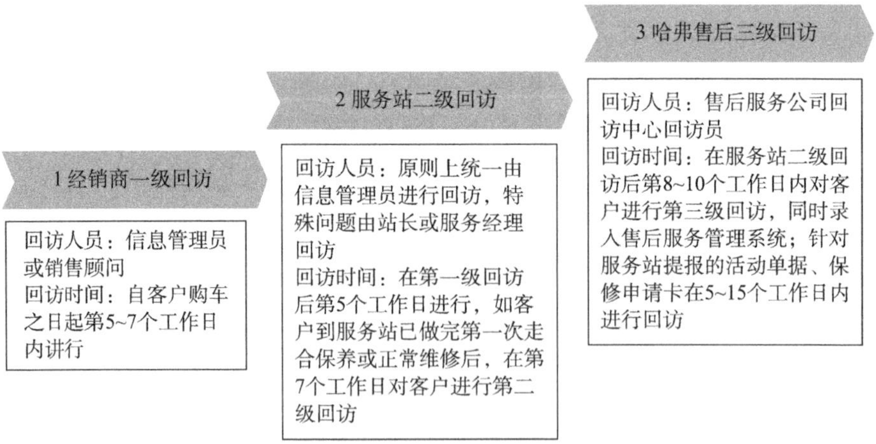

1 经销商一级回访

回访人员：信息管理员或销售顾问
回访时间：自客户购车之日起第5~7个工作日内讲行

2 服务站二级回访

回访人员：原则上统一由信息管理员进行回访，特殊问题由站长或服务经理回访
回访时间：在第一级回访后第5个工作日进行，如客户到服务站已做完第一次走合保养或正常维修后，在第7个工作日对客户进行第二级回访

3 哈弗售后三级回访

回访人员：售后服务公司回访中心回访员
回访时间：在服务站二级回访后第8~10个工作日内对客户进行第三级回访，同时录入售后服务管理系统；针对服务站提报的活动单据、保修申请卡在5~15个工作日内进行回访

图 10－14　三级回访制度

（2）长城哈弗 SUV 丰富的服务项目如表 10－4 所示。

表 10－4　长城哈弗 SUV 丰富的服务项目

专业、健全的服务网络：特约服务站 400 余家，每年定期、不定期地对服务站关键岗位人员进行长城汽车服务内容的专项培训	24 小时全天候二级服务热线：开通客户热线：4006661990，在全国 400 余家特约服务站开通了 24 小时救援服务热线
十大配件中心库：大力推进配件中心库的建设，建立科学的配件物流系统，保证配件供应充足及时，最大限度保障消费者的消费权益	一次性限时服务：针对不同的维修项目，制定相应的用时标准，要求服务站在规定的时间内一次性完成故障排除，让消费者尽享高效、快捷的专业服务
服务标准作业流程：流程包含预约、准备工作、接车制单、车辆维修、质检和内部交车、交车结账、跟踪回访七个环节	快速救援服务：服务站成立快速抢修小组，确保救援服务所需的人员、配件、工具到位，全天候 24 小时随时准备外出服务
俱乐部温馨关怀：长城汽车俱乐部以长城汽车服务为核心，倡导汽车文化	完善的三级回访：经销商、服务站和售后服务公司三级回访

（3）对用户分类，提升用户积极性，产生良好口碑，如表 10－5 所示。

表 10－5　用户分类

分类方式	分类项目	用户类型	定性评价目标	推荐定量评价指标
贡献行为	价值星	关键用户（A 类）	累计消费频率及消费额较大，或消费额较大，忠诚度较高	约占 20% 左右，累计创造利润之和约占 80%
贡献行为	价值星	主要用户（B 类）	累计消费频率及消费额均一般，忠诚度一般约占 80% 左右，累计创造利润之和约占 20%	
贡献行为	价值星	普通用户（C 类）	数量约占 80% 左右，累计创造利润之和约占 20%	

A 类与 B 类用户的特别服务，提高客户积极性及满意度

优先成为 VIP 用户	电台点歌、DM
定期礼品赠送及生日祝福	参加现场满意度测评评比活动
优先享用替代车	免费代办车辆保险、年审及理赔
优先参加定期抽奖及俱乐部活动	终身免费洗车
专人接待投诉并立即解决	设立休息专区（娱乐设施丰富）

（4）实施用户抱怨（投诉）闭环处理如表 10－6 所示。

表 10－6　实施用户抱怨（投诉）闭环处理

一	信息反馈不规范、不及时引发用户抱怨或投诉的：一经查实扣除 500～1000 元服务保证金，计入当期星评考核
二	服务态度恶劣或责任心差引发用户抱怨或投诉的：一经查实扣除 1000～3000 元服务保证金，计入当期星评考核
三	因违反服务及时效性引发用户抱怨或投诉的：一经查实扣除 1000～3000 元保证金，计入当期星评考核
四	业务运作不规范引发用户抱怨或投诉的：一经查实扣除 1000～3000 元保证金，计入当期星评考核
五	维修技能差导致重复维修引发用户抱怨或投诉的：一经查实，强烈要求参加技术培训，对于以任何理由拒绝按期参加培训的，扣除 2000 元服务保证金并暂停保修业务资格
六	随意发表不负责任的言论引发用户抱怨或投诉的：一经查实，扣除不低于 5000 元服务保证金，计入当期星评考核且星评不得达到或高于三星，如造成严重后果，直接解除合作关系并追偿相关损失
七	因配件订购不及时或款项汇兑不及时而延迟配件到货，引发用户抱怨或投诉的：一经查实，扣除 1000～3000 元保证金，计入当期星评考核
八	对于同一服务站连续发生上述问题的，将依据“处罚加倍”原则进行严肃处理，并针对事件的危害程度增加追偿其他相关损失，直至解除合作关系

综上所述，长城汽车聚焦 SUV，打造大单品战略的成功最关键的是思维改变，产品思维层面的改变。产品思维层面的改变：互联网时代经营的核心是用户的口碑，而口碑产生的充分条件就是把大单品做到极致，让大单品的价值超过用户预期，好到大家愿意口口相传。只有完成了口口相传，才能最终实现单品的“海量”爆发。从长城汽车聚焦 SUV 的战略，研发能力和生产能力、营销网点等的服务方式等使得哈弗 H6 被成功打造成大单品。

四、长城哈弗 SUV 主要五种竞争力量分析

根据迈克·波特的行业竞争力分析模型，这些行业竞争力包括潜在进

入者威胁、现有竞争者竞争的激烈程度、替代品的威胁、消费者的议价能力和供应商的讨价还价能力五种。这五种力量从整体上决定了长城哈弗 SUV 的盈利性，直接影响企业产品价格和发展前景。

1. SUV 行业内企业间的竞争

一是 SUV 车型所占市场份额不断增大，由于 SUV 车型的价格不断降低和消费水平的提高，其消费群体逐步为大众消费者所能接受。无论是一线城市还是二三线甚至四线城市，SUV 的保有量已经呈现逐年上升的趋势。

二是同质化严重，价格战激烈。除了高端品牌外，处于中低端品牌的 SUV 市场琳琅满目，同质化非常严重，消费者对品牌并不是很敏感，但是对于价格确实很敏感，所以很多 SUV 品牌不得不采取各种促销手段来占领市场。

三是销售后市场服务相对落后。SUV 的售后服务往往要收取较高的费用，维护保养的费用相对比较高，一定程度上制约了 SUV 的市场发展。

从增长形势上看，从 2011 年 SUV 占乘用车的 9. 81%（2011 年我国乘用车和 SUV 销量分别为 1447. 24 万辆和 142. 03 万辆）增长到 2016 年的 37. 1%（2016 年乘用车和 SUV 销售分别为 2347. 69 万辆和 904. 7 万辆）。增长非常迅猛，随着人们消费结构的改变，以及消费者对 SUV 的深入认知，领涨汽车增长的 SUV 必将是最大的受益者。

2. SUV 潜在进入者的竞争

SUV 车型的较大利润促使几乎所有的汽车制造厂商或通过合资或是自主研发等渠道推出自己的 SUV 品牌，再加上国外企业直接进口的品牌，SUV 市场的竞争势必越来越激烈。

3. 替代品竞争

当替代品的价格下降或者消费者改用替代品使得成本下降时，替代品带来的竞争压力将会增大。就 SUV 车型来说，替代品主要是普通的潜在家用乘用车，由于很多消费者仅仅把汽车当作代步工具，购买汽车的目的是为了出行方便，加之乘用车的价格下降，使得普通家用节油车型受到众多消费者的青睐。

另外，其他SUV品牌同样也对哈弗SUV造成威胁。目前广汽传祺自主品牌SUV紧随哈弗之后，在2016年前20位销量榜中，仅仅上市不到两年广汽传祺GS4的销量跃居第二。而广汽传祺年底发布新车型GS8和2017年发布的GS7分别对标哈弗SUV几款热销车型，是最强有力的竞争对手。

4. 供应商议价能力

随着行业的逐步形成，供方也随之而生。由于目前供应商数量较多，可替代品普遍，受供求关系的影响及汽车产能过剩，汽车零部件供应商的讨价还价能力相对较弱。当然，长城汽车有30多个下属子公司，形成了汽车全产业链，这方面相较其他企业占有绝对优势。

5. 购买者的议价能力

由于目前同档次的SUV车型差异化越来越不明显，所以价格弹性相对较高。互联网时代，信息越来越透明，消费者用“鼠标”替代了“脚”来比较价格、质量、服务、品牌影响力等，而且消费者尤其是年轻一代的消费者越来越“感性的认知，理性的购买”。哈弗H系列SUV涵盖了大、中、小和高、中、低档，汽油和柴油版、涡轮蒸压及自然吸气、手动和自动挡，价格区间9～27万元，有上百种车型可供选择。哈弗H6，在售车型达32款之多，完全覆盖了8～15万价格区间的中型SUV消费者的需求。

五、启发与借鉴

长城哈弗SUV大单品战略的成功给我们很多的启示和借鉴。

第一，洞察趋势：站在未来谋现在。大单品的打造必须站在时间线上洞察趋势，顺势而为。这里的趋势包括产业趋势和消费趋势。从2002年长城汽车的第一辆SUV塞弗的上市，就开启了长城汽车SUV的新篇章。塞弗、赛影虽然成为国内自主品牌的销量冠军，但是当时的长城汽车的SUV在国人印象中是低价低质的代名词。国内SUV还是中端、中高端为主，品牌以合资的日系和韩系为主，直到哈弗H系列上市，尤其是2011年哈弗H6的上市，其产品定位、定价、品质等都符合产业趋势和消费趋势，因此大获成功。媒体采访长城汽车董事长魏建军先生，他表示说聚焦战略长城汽车深思熟虑后的战略，只有聚焦，把产品线做窄，才能深耕细分市场，把哈弗打造成一个国际专业 SUV 的品牌。这个“深思熟虑”就是洞察趋势。

第二，价值锻造：好产品自带流量。大单品之所以能做“大”，因为它能成为大众顾客需求的最大公约数。哈弗 H6 定位为中型 SUV，外观时尚，汽油、柴油版都有，智能互联，定价 8 ~ 15 万元，是性价比最高的产品，因此它符合成为大众顾客需求的最大公约数的特征，也因此至今连续 49 个月蝉联国内 SUV 单月销量冠军，名副其实的“神车”。

第三，哈弗 H6 深度挖潜市场，做到了纵向价格区间和横向细分消费上寻求增长点，深度挖潜市场。哈弗 H6 主流价格带为 10 ~ 12 万元，在主流价格带上下都有延伸，下探到 8 万元起，上达 15 万元，进行了不同定价档次的产品延伸。哈弗 H6 横向细分消费维度方面，哈弗 H6 是红蓝标双线产品运作（红蓝标的定位前文有提到），涵盖 1.5T、2.0T、2.4L 汽油，2.0T 柴油，手动、自动挡总计 32 款车型，更精准地满足用户需求。

第四，哈弗 SUV 能够有效地阻击对手，进行高效的防御。哈弗通过 SUV 产品系列化，打造围绕大单品哈弗 H6 的产品群，有效地阻击了对手。自哈弗品牌独立以来，家族不断壮大，产品体系已初具雏形，形成了大、中、小，高、中、低档，城市型、越野型，汽油、柴油等不同规格不同款式的产品矩阵。有小型 SUV——哈弗 H1、紧凑型 SUV——哈弗 H2、全尺寸 SUV——哈弗 H9、都市型 SUV——哈弗 H6、越野型 SUV——哈弗 H5，价格区间 6 ~ 27 万元，覆盖了 SUV 各个细分市场。

第五，与时俱进，保持新鲜。哈弗 H6 自 2011 年上市以来，每年都进行升级换代，而且紧贴科技的进步，满足新兴消费群体的偏好，这也是哈弗 H6 连续保持销量冠军一个重要因素。

长城积极拥抱互联网，建立哈弗 + 用户全景互联网生态体系，创新整车互联网营销模式，积极推进精品、配件、保险、二手车等汽车后市场互联网营销模式转型。

未来，长城将为客户打造汽车全生命周期 O2O 一站式综合服务交易平台，深度开发移动互联平台，提供“智 · 享 · 车生活”的全景移动互联生态。同时，积极推进互联网跨界合作，创建新型商业模式，共享用户资源，实现利益最大化，厂商、经销商、合作伙伴共赢的模式。

最后用媒体采访魏建军董事长的话来结束本文“我们将继续推行大单品战略”，让我们期待哈弗 H6 继续续写“神车”传奇吧。

第十一章

霸王陨落，难回巅峰

吕钢军

回忆永远站在背后，无法抛弃，只能拥抱。

曾经帮助霸王抓住市场和品类的时机，奠定行业地位的霸王防脱洗发水，是当时日化行业洗护品类中如日中天的大“单品”。奈何大“单品”从明星到流星，霸王缘何昙花一现？

一、霸王防脱洗发

霸王防脱洗发水由霸王（广州）有限公司生产。源于中药世家的霸王，洗发水主要是针对脂溢性脱发、男性型脱发、病变性脱发、物理性脱发研制。“中药世家”是为保护中药文化遗产而设立的名号，该名号为霸王（广州）有限公司获得，但其获得的依据备受质疑，并被指为另类公关。

提到霸王，就不得不提及2010年的“二恶烷”事件，尽管已经辟谣，但如今不少消费者依然认为霸王洗发水“有毒”，因此不会选择购买，至今在终端卖场的其他产品洗发水导购仍然把霸王作为负面对象来衬托自己的产品。

2010年7月14日，香港《壹周刊》刊发报道，其中指出霸王洗发水含有可致癌因素二恶烷。报道一出，霸王集团股价应声大跌，市值蒸发24亿元。2010年4月16日，为霸王股价的高峰期，当时股价6.48港元，可是报道刊出后，股价持续下跌，2017年低点0.19港元，至今没有大的起色。尽管2016年霸王诉《壹周刊》诽谤案胜诉，但这场“致癌风波”仍成为霸王集团连续几年挥之不去的业绩梦魇。

二、防脱洗发水行业简析

1. 洗护市场需求日渐细分

中国巨大的人口基数和日益增长的消费需求拉动日化用品需求，居民收入和消费性支出的快速增长是日化用品需求增长的保障条件。随着中国人均可支配收入的不断提升，消费者可承受的洗护用品的价格弹性也将不断增加，消费升级和需求多样化细分促使洗化产品细分更加个性化、场景化，洗发水消费需求也将进一步被细分、差异化和个性化。

洗护产品市场的发展是一个长期的竞争过程。当今消费者对于品牌的忠诚度有限，特别是年轻消费者，十分乐于尝试新产品。

2. 洗发水市场竞争日益激烈

随着市场竞争日益激烈，企业发展受外部影响越来越大，特别是作为推动我国洗发水市场增长的主要因素，包括国民经济快速稳定的发展、城市化建设步伐的加快、居民人均收入的不断增加，以及越来越受关注的个人仪容与追求回归自然的健康与绿色理念等，这些都将促使我国洗发水的市场竞争日趋激烈。

国内洗发水面对海外品牌在市场强劲的竞争实力，总体产销量绝对值在上升，但份额在下滑，发展困难大。第一阵营的宝洁、联合利华等品牌的份额集中度超过60%。2011~2013年，洗发水本土品牌的份额分别为29.5%、27.7%、26.1%，呈现逐年下滑态势，受累于整体经济环境和行业增速的放缓的影响，传统销售渠道商超和百货的增速也明显放缓。

根据欧睿、中怡康、尼尔森等第三方研究公司的预测和统计，中国日化行业整体发展呈现新常态，整体市场增速放缓且放缓态势预计将持续，洗浴产品的复合增长率从2010~2015年的6.0%降为2016~2020年的2.2%，增速降低也意味着存量竞争的加剧。

3. “防脱”功能洗发水的市场发展

随着具备购买实力的二三十岁人群不断出现压力性头皮烦恼和脱发等问题，这一群体对高端和功能性产品的消费需求与日俱增。不少国际知名品牌开始在脱发管理领域加重筹码，这对于消费者教育，以及把防脱品类做得更大是有积极意义的。

目前中国已经成为世界上洗发水销量最高的国家，洗发水市场规模预计超过300亿元。防脱品类虽然曾经在洗护发市场里份额不大，但呈现出复合增长的态势。因此，中国庞大的防脱发市场也吸引了不少国际日化巨头的关注。

国外的防脱发概念，日本推崇天然和无硅油的概念，无硅油长期占据洗发水销量排行榜第一名的位置；韩国推崇无硅油毛囊专业护理，注重天然成分和植物药材的头皮护理作用；法国多使用天然植物成分，拒绝硅油等化工类成分添加；瑞士无硅油头皮护理的天然绿色概念；美国在头皮护理产品中去除硅油成分，添加了天然舒缓成分。

在国内，天然、健康的生活方式正在成为消费趋势，消费者越来越注重产品的天然健康。而具有千年历史的中草药文化为国人所熟知，是中国中药日化产业旺盛生命力的根源。

中药防脱认识根深蒂固，国外的防脱概念并没有得到广泛的认同，市面上防脱发产品的配方卖点，主要集中在植物、中草药、无硅油系列，与控油、柔顺、滋养等功能搭配，其中的生姜也已经成了一个较大的品类概念。在当下，植物、中草药养护概念与国外的养护概念已经是融合创新，结合更适合国人特征与使用情境的产品概念，通过线上线下的消费者教育，在销售终端和消费终端等消费场景影响并定义着品类热点的表现。

在霸王洗发水品牌声誉最高时，防脱领域还是一片蓝海，之后，诸多海内外品牌厂商都想要在防脱洗发水及相关产品这一洗护细分领域获取市场份额。如今，蓝海已经成为众品牌混战的红海，而“防脱”这一曾经被霸王切分出来的品类，在众厂商的影响下和产品迭代下，“防脱”更多的回归到了产品功能。

如韩国LG推出脱发护理专业品牌Dr. Groot。韩国爱茉莉品牌“吕”，

“紫吕”第一功能定位防脱；德国欧倍青登陆中国，主打产品：欧倍青C1咖啡因防脱洗发水、去屑防脱双效洗发水、咖啡因防脱发发根滋养营养液。日本企业资生堂旗下不老林（Adenogen）也宣称“针对男士头部的头皮护理新习惯”，从“预防脱发”到“促进生长”，推出了针对不同性别、不同发质的产品。云南白药在牙膏成功后，继续跨界推出养元青，主打控油防脱。

三、霸王洗发水的历程

1. 突破细分市场，成为“防脱”代表

2005年之前，霸王在行业内还是籍籍无名，份额不足1%，在2005年霸王杀入“防脱”细分领域后，其系列化的产品强大的推广，让其赢得了眼球和市场。在2007年，霸王防脱洗发水市场占有率一度仅次于宝洁的潘婷、飘柔、海飞丝。

在信息不对称的年代，切入“防脱”细分市场，高空加地面，强势的品牌传播，帮助霸王达致了辉煌的顶点，在当时的各品牌阵营中，宝洁等合资洗化巨头用品牌、产品打造壁垒，在终端、营销打法上屡屡领先，国内品牌能跟得上的，霸王当属其一。其营销模式可以说是国内日化行业的一个标杆。

（1）市场机会领先，定位准确：霸王顶峰时期属于细分行业内领先的企业，在市场机会的导向下，把握住了当时的消费者需求；霸王当年走红，更得益于它在洗发水领域的清晰定位——防脱发。这在当年以“去屑”和“修复受损头发”为卖点的洗发水市场细分出了一个品类，直击消费者痛点。

（2）产品策略得宜：霸王打天然概念，功能性特点突出——防脱、乌发固发、受损修复、去屑等，消费者最为关心的是效果；在包装上，形成了系列化产品和系列化包装，由于其功能确实得到了部分消费者的认可，因此上市后受到广大消费者追捧，快速走红。

（3）价格策略匹配：霸王的产品在同类洗发水中走的是中高路线，目

的是为了突出其高品质，同时支持其高额的市场费用。

（4）终端打法领先：鼎盛时期的霸王，全国各大商超有近万名促销导购，霸王在终端的投入是持续性的，正是广告配合终端的模式，才让霸王一步步地渗透市场。比如霸王的店中店，顾问式销售。

（5）“黄金 IP + 顶级平台”传播：在传播上，成龙代言和在央视大力度的媒体宣传快速提升了产品的知名度，霸王品牌很快传遍了大江南北。

（6）区域市场突破：霸王最初的市场是从一线城市开始突围的，特别是在华南区域大型连锁卖场十分发达，这也成为霸王在一线城市成功突围的重要原因。

2. 遭遇“二恶烷”，一蹶不振

由于霸王在消费者心目中的公信力不足，品质也没有得到市场的充分信任，自“二恶烷”之后，无论是在消费者市场，还是资本市场都溃不成军，试水直销、微商也没有大的起色，一直到今天，霸王集团的主营业务都没有走出阴霾。

2012～2015 年，霸王集团的总体营业额与护发产品的营业额同步下降，如图 11－1 所示。

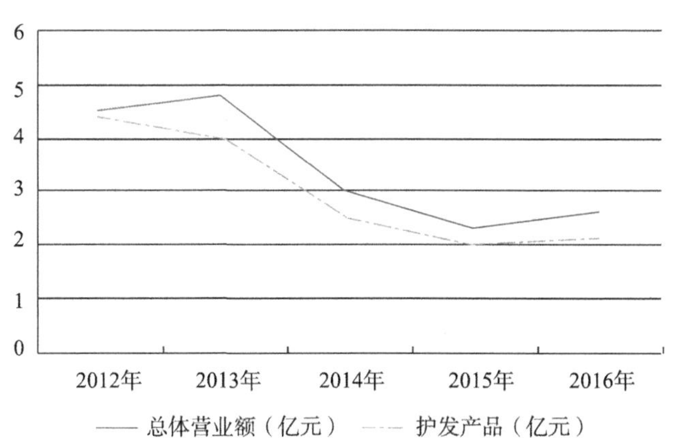

图 11－1　2012～2016 年

2010～2015 年，霸王集团净利润连续亏损，如图 11－2 所示。

在霸王下坡的几年里，洗化行业内的集中度高，巨头强势，马太效应明显。在产品层面，品项越来越多，产品线越拉越长；渠道层面，渠道与

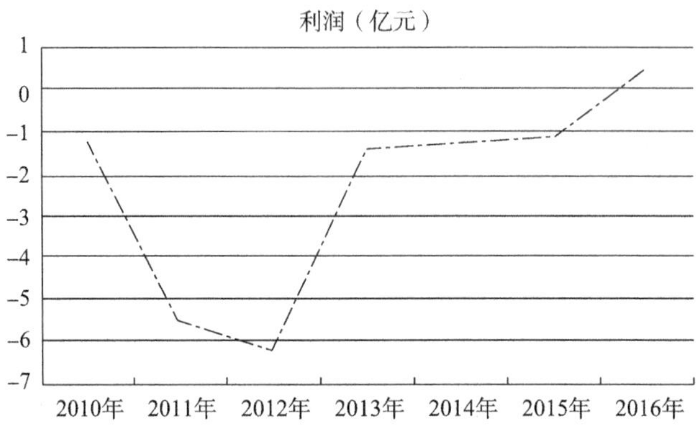

图 11-2 霸王集团净利润

终端的议价能力越来越高；传统的营销手段开始低效、失灵。时间和事实检验了国内品牌的野蛮成长之路在中后期的失效。现在能在国内市场与宝洁、联合利华在市场上有一争的，可能也仅剩脚踏实地、一步步走来的“拉芳”了。

据 AC 尼尔森调查，霸王的市场份额在 2006 年为 3.5%，2007 年为 5.7%，2008 年年底则达到了 7.8%。2009 年，霸王在内地的市场占有率约为 7.6%，而在中草药洗护发市场占有率则超过 46%。在防脱这一细分领域，由于外资品牌的强势进入，加之前几年的颓势，霸王防脱系列产品的市场占有率如今已经不足 1/3。

相比于几年前占据绝对领导优势的局面，霸王想要重生，道路坎坷。

3. 连亏六年，市场复苏难见起色

业绩连亏六年，2016 年霸王迎来复苏。3 月 29 日，霸王集团公布了 2016 年财报，净利润约 4370 万元，如表 11-1 所示。

表 11-1 霸王集团 2016 年营业收入

霸王集团 2016 年营业收入			
产品	护发产品	护肤产品	家庭个人护理
营业收入（亿元）	2.16	0.13	0.35
利润（万元）	3057.1	243	848.9

霸王集团核心品牌霸王 2016 年营业收入 2.08 亿元，约占整体营业收入的 78.5%，同比上升 13.1%。目前，霸王品牌分销商网络包括 633 个分销商及 33 个重点零售商，覆盖中国 27 个省份与 4 个直辖市。此外，该产品亦在中国香港、新加坡、泰国和马来西亚等地区和国家销售。这与霸王积极改良产品及调整经营结构，以及洗护行业防脱品类的回暖有关。

公告显示，霸王集团营业额上升的主要原因有三个：

- 年度内霸王集团推出了改良产品以及新产品。
- 霸王集团与《壹周刊》法律诉讼案胜诉有利有益于其产品销量提升。
- 霸王集团 2016 年削减了销售成本，其销售成本相对于 2015 年下降了 4.3%。

巩固防脱市场地位成为新增长点，除了研发新产品和新品牌，霸王集团的核心产品，霸王洗护也在寻求新突破，原因在于霸王洗护的核心卖点“防脱”市场在“回暖”上升。

据说，2017 年霸王洗护除了要将这六年来流失的 KA、流通、深分等渠道重建以外，还将积极拓展日化产终端销售中的化妆品店、日化店、精品店系统等所构成的 CS 渠道，这一渠道可能成为霸王洗护在 2017 年的新增长点之一。

需要提及的现实情况是，在近期的 KA、社区商超走访中可以发现，霸王的露出率还是太低。比如在大润发，霸王产品仅几个品项，排面数量被挤压在很小的货架空间，与宝洁系、联合利华系，以及当前的热门洗化产品动辄一个子品牌就占据一个货架的强势表现大相径庭，基本要靠顾客指名购买，在体验中还发现，指名霸王时一般会遭到其他防脱洗发产品的导购拦截；在很多连锁社区超市，霸王仍然难觅其踪。

某大润发的霸王产品如图 11－3 所示。

4. 进军婴童，“小霸王”情怀延续

婴儿潮带来新商机，霸王在 2016 年 9 月 8 日宣布正式以“小霸王”品牌进军婴童市场。

“小霸王的成分取材天然植物，不含色素、甲醛等有害物质，也舍弃了硫酸盐、白矿油等廉价原料，用最大的诚意来诠释‘添加更少、呵护更

图 11 -3　某大润发的霸王产品

多’这一品牌理念。”

此外，霸王集团还为小霸王设计了专属 IP - 小龙宝。“未来还将与知名动漫公司合作，针对小龙宝推出一套全新的原创动画片，将产品、销售、体验、情感相连接，增强消费者的品牌忠诚度和体验感。”

小霸王在产品的传播上强调了植物天然草本，淡化了中药说法。

值得注意的是，小霸王在婴童洗护领域的品牌延伸，还是延续了霸王的品牌名称，这在情怀上无可厚非，但在现实领域，打通公众认知方面，可能还有很长的路要走。

四、经验借鉴

一个产品/品类从创新开始导入成长到爆发，就是品牌的创建过程，需要系统性的思维和创建手段。广告不是品牌，产品才是品牌的载体，不仅仅需要品牌定位、品类创新的理论，更需要产品创新、整合营销、系统运营等综合性方法。

以下是霸王案例的经验借鉴：

1. 大单品的战略性经营失策

回顾霸王红火的几年，可以看到霸王在战术层面的忙碌，部分地掩盖了其战略上的盲目。

霸王洗发水同时推出的产品系列过多，伴随着广告覆盖，霸王向市场上推出了防脱洗发液、乌发快中药精华洗发液、染烫护理中药精华洗发液、中药精华洗发露等多种洗发水，甚至还有霸王牙膏。本来是想通过推出多种产品增加销量，结果却是模糊了产品的诉求，其共同的诉求基因“中药世家”并没有给消费者留下多少印象，消费者真正记住的是霸王洗发水的防脱功能。

霸王在防脱品类快速成长中，没有持续进行防脱大单品的创新，“做大单品，细分为王，系统制胜”从品质到包装，至少在数年内没有超出顾客期望的新产品出现。其产品线更多地水平或向下延伸，霸王确立了地位后急于扩大吨位，没有更好地寻求品味上的突破，提升品牌高度。

在产品的创新上，需要前瞻性的研究消费需求的结构转移，有用产品创新推动行业发展的意识，以及深入消费者情境的研究。如今的市场环境，包括竞争对手的挑战和主流消费者的更迭等，都使市场份额发生了变化。比如霸王原本价格带位于中高端的功能洗发水，现在已经不再高端；比如现在看来，霸王集团主打的防脱理念可能更多是在做“70 后”的生意，但现在“80 后”、“90 后”逐渐成为主流消费者，它未来所面临的挑战可能会更大。

从特色化到专业化，从专业化到规模化，当有所为有所不为，不是无所不为。通过系统地切分人群、需求、价格、场景、特色等塑造战略产品，在以战略产品为经营核心下的整合运营提升，方能建立起系统的核心能力。

2. 过于倚重产品效果宣传

霸王在成功时过分依赖对功能概念的营销，着重强调功能性。但事实上，对洗护类产品来说，产品的功能是替代不了药物的，最多的现象是能看到改善与辅助作用。而消费者在传播的引导下，自动把洗发水这一生活用品与医生开的专业的药品在心智中拉近或等同，这也直接导致消费者对产品的期望值偏高。

通过产品成分的分析可知，霸王防脱洗发水的中药成分均对脱发的防治具有直接或间接的效果，但“一瓶到底”的效果是否立竿见影却未必人人亦然。脱发是正常的生理现象，其诱因多样，当顾客购买并使用防脱洗发水后，其防脱效果难有准确评估，这与“去屑”“滋养”“柔顺”等功效洗发水的效用评价有着本质不同。

在“二恶烷”事件之后的“元气恢复期”的缓慢，更是折射出了霸王产品在使用者体验上的问题。

霸王产品本身没有问题，但是在功能性产品选用上，消费者相当理性，主要原因还是在于产品功能，消费者对所宣传的产品使用效果体验感不强。对于功能性快速消费品，必须是产品有功能价值的实现，也就是部分的刚需的满足，消费者才不会轻易更换产品。

而霸王的宣传，产品强调中草药配方，品牌强调中药世家，减少脱发是可以体验的，但是能生发这一点相对缺少可以体验的量化支持。功能性产品对于功能的渲染，完全可以适当地定性暗示一下，让消费者自己去体味，比如“劲酒虽好，不要贪杯”。霸王最近的洗护新品称为“防脱活发”也是意识到了这一点。如图 11 –4 所示。

图 11 –4　霸王的宣传

3. 危机管理的失措

成功的好品牌除了为产品持之以恒地提供超越期望的价值，同时还要密切关注危机管理。“祸福相依”，危机本身就有一体两面，如果霸王借此机会改进产品技术，提高产品和服务质量、改善管理、塑造核心竞争力，真正成为行业的霸王，进而对行业标准的改进做出贡献，就可能不是现在的落寞霸王。

2010～2015年，正是中国洗发产品市场规模加速扩大的关键时期。霸王集团却不得不将注意力集中在与《壹周刊》的斡旋上。尽管案情昭雪，但是对于霸王集团来说，丧失的是早期建立起的市场先机。官方上，霸王护发产品摆脱了“二恶烷”的帽子，但江湖流言仍然难以快速消弭，哪怕霸王不现于江湖久矣。

“二恶烷”事件，充分显示了危机管理的重要性。危机管理是企业化解危机的关键，速度第一，承担责任，真诚沟通，统一口径，第一时间主动公布事实真相，及时化解公众的误解。对于已经发生的不实报道，要敢于面对，勇于澄清；借助传媒力量引导舆论，掌握主动权；及时与公众沟通，增强公众的信心，扭转危机局面，把危机造成的损失降到最低。

值得一提的是，在成龙“duang”了一下之后，霸王的公关团队不仅对“duang”持宽容态度，甚至趁“duang”正被热炒，迎合热点赶制了一则“自黑”视频趁机营销，是聪明的转变之举。

4. 品牌延伸的失当

霸王的沦落，并不能简单地看成是时运不济，这和当时霸王机会主义的大举进军凉茶业务也有很大关系。

2009年，霸王上市后开始不满足于洗发水主业；2010年4月，霸王集团推出凉茶业务；至2010年年底，霸王凉茶网络已覆盖全国；2011年，霸王凉茶销售收入1.67亿元；2012年，凉茶销售收入1760万元；2013年，凉茶收入79万元，亏损200万元。霸王集团采取止损措施，宣布砍掉凉茶业务。

进军凉茶的失败，有说法是管理决策体系混乱、不系统，管理不专业。但是，霸王作为上市公司的决策和管理还不至于是都靠“拍脑袋”。也有说法是，2012年，王老吉和加多宝打商标权官司，老大和老二打架，打没了老三、老四、老N。实际上在当时决定跨界时，已经埋下了伏笔。

当时，王老吉正在全国市场火爆销售，市场形势看起来“一片大好”。

“现在来看，我们认为 2010 年过后，精力确实有所分散，没有专注于主业。结果主业突然遇到危机，凉茶也没有做起来。”“主要原因还是从洗发水跨界做饮料跨度太大了，会令消费者排斥，市场不接受。”

在霸王鼎盛时的公众印象中，提到霸王的第一印象就是一个做防脱洗发水的代表品牌，而中药世家的印象并不明显，公众认知霸王更多在于大单品层面——防脱洗发水。

提到凉茶，公众的第一感觉是饮料，而不是中药，凉茶是喝的，洗发水是不能喝的，所以这个跨界的公众心智契合度确实很低。凉茶提出的中药世家，但消费者的认知却是日化向食品的延伸。这样的效果，不以顾客认知为前提的盲目品牌延伸，甚至可能比不上一个全新的品牌进入。

“不忘初心，方得始终”，其实在霸王之前已经有先例，这点可以类比茅台当年，在酒类中跨界红酒、啤酒，最后黯淡收场。茅台在白酒类的影响力和专业度都是顶级的，主要原因就是玩法不同，公众也不买账，这种延伸没有有效地进入消费者心智，形成信任。好在这种跨界还在酒类业内，没有对国酒形成更多的重大负面影响。

五、小结

不同的时代，有各自的机会，营销更是如此。新需求催生新市场，新生代消费者带来新的市场机会，机会与挑战一直并存。在信息越来越对称，互联网与大数据时代的当下，僵化的产品与服务很难满足消费升级与产业转型下的客户需求变化，靠某一政策机会、市场机会和边缘化的销售打法，很难维系企业未来长远发展。但游戏规则的变化，并不是说没有规则可言。

面对当下纷繁变化的形势，建议经营者静下心，回归寻找最初的价值——产品价值，培育强势产品，打造成功的大单品。要将培育大单品提升到更高的位置，并组合多方元素（品牌、品类、产品、渠道、推广、资源和队伍），大单品 + 精细管理 + 专业化运营，实现大单品的终极目的——企业价值。

产品层面：领先型产品聚焦需求创造市场，跟随型产品满足需求切割市场，潜力产品启发需求培育市场，在研产品前瞻需求贴近市场。

市场层面：要建立并维护好利基市场（区域、渠道或细分人群），滚动发展，深度营销。

打法层面：注重产品与服务的体验，偏好社交与娱乐性（黏性）。

渠道功能：市场覆盖与物流分销外，转向消费者服务与互动界面。

保障层面：关键性资源加系统能力。

功能性的战略产品大多是前期代表品类，中后期代表着独特价值并有机会成长为大单品。大单品是强势品牌存在的根基，营销模式是做大产品的方式。功能性大单品的成功，关键就在于消费者的重复购买使用，实现消费者对产品的忠诚，这与大单品的产品力正相关，必须是产品有功能的实现，消费者不会轻易更换产品，再由品牌进行价值观的传递，强化产品信任，过渡到品牌信任。当这种信任可以长久地保持与加深，大单品也就成功了。

第十二章

江中猴姑饼干

殷成壹

随着医疗改革的不断深入，改革的范围不单单针对老百姓常接触的公立医院、社区门诊，也在影响着对国家政策极度依赖的各个医药企业。在医改政策的推动下，拉开了医药企业立足于医药行业向整个大健康产业尝试转型的序幕。其中不乏触礁的，这种跨行业的转型不单单要有很好的战略规划，还需要有坚决的贯彻执行能力、敏锐的市场判断能力。其中尤以成功开创猴姑饼干品类的江中药业为佳。

我们将尝试从表象中探索江中成为保健食品猴菇品类开创者的成功经验。

一、江中简介

图 12－1　江中集团

1. 企业简介

江西江中制药（集团）有限责任公司（简称江中集团）是中国 OTC 行业的领先企业，并且是制药行业唯一一家拥有两个国家工程研究中心的企业，在江西首家创建“企业博士后科研工作站”“中药固体制剂制造技术国家工程中心”“蛋白质药物国家工程研究中心”和“军科江中新药研究中心”，具备国际化竞争力的创新药物研发能力。

集团投资近4.8亿美元的江中药谷，是江中集团OTC类药品的主要生产基地，通过GMP认证的5万平方米生产厂房坐落其中。拥有片剂、胶囊剂、颗粒剂、液体制剂等多条生产线，配备当今世界最先进的生产设备，并建立了完善的生产管理制度和质量保证体系。

江中先进的管理体系、研发能力成为企业发展的基石，并奠定了江中在行业中的地位，也促使其凭借自身的优势向整个大健康利益链条的两端延伸。

2. 江中业绩回顾

2013年至2016年江中药业财报业绩（单位：亿元）如表12－1所示。

表12－1　2013年至2016年江中药业财报业绩

单位：亿元

年度	2016年	2015年	2014年	2013年
营业收入	15.62	25.97	28.34	27.78
利润	3.8	3.67	2.65	1.72

从2014年开始，江中制药的营业收入开始不断下降，原因：一是变卖江西九州通股份，退出医药商业渠道；二是保健品销售业绩不断萎缩；三是医改进一步深化，大规模小型药商退出市场，造成OTC业务萎缩。

主营业务的不断萎缩，促使江中将业绩增长着眼于内部节流，进一步压缩销售费用；外部开源，继续深化猴姑产品，不断进行延伸发展。这也是江中近四年来营业收入不断下降但是利润贡献不降反增的原因。

二、保健食品市场现状分析

随着生活水平的不断提高，人们开始逐步重视自身健康的需求。自我保健日趋成为潮流，为行业的发展奠定了广阔的市场空间。

当今的医学发展已经从临床医学发展到预防医学、康复医学，自我保健、自我医疗、自我护理将成为人们防病、治病、维持健康、延年益寿的最好手段，也就意味着医疗重点将由医院转向家庭个人。越来越多的人发现健康品能为人们提供体育锻炼所不能带来的营养物质。人们的意识也从看病吃药发展到健康品养生防病，这就为保健品提供了广阔的市场空间。

- 经济的高速发展带动人们生活水平提高，消费者的范围进一步扩大。
- 随着收入的增加，人们购买中高档保健品和更大规模购买保健品成为消费可能。
- 老龄化社会的来临为保健品带来巨大的消费市场。
- 竞争加剧导致保健品消费趋向大众化。

1. 中国保健品市场容量

中国保健食品行业兴起于20世纪80年代，发展至今，经历了几次大起大落。中国保健品产业经过多年快速发展，已经逐渐壮大。虽然仍面临诸多挑战，但是，中国保健食品产业的发展前景是光明的。在市场需求、技术进步和管理提升的推动下，中国保健品产业发展空间巨大。中国产业信息研究网发布的《2015~2020年中国保健品行业发展前景与投资风险预警分析报告》显示，截至2013年年底，我国保健品产业已达到3千多亿元的规模，成为食品工业乃至经济增长的新增长点。

2014~2020年我国保健品市场规模预测（亿元）如图12-2所示。

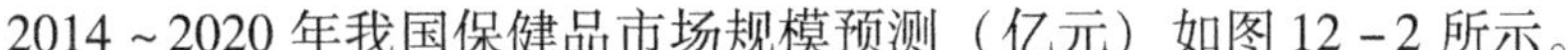

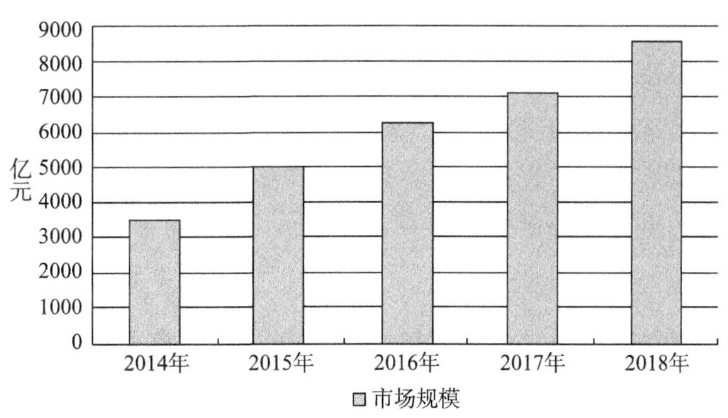

图12-2　2014~2020年我国保健产品市场规模预测（亿元）

三胜产业研究中心研究员王仁鹏表示：巨大的消费市场为保健食品行业展现出了良好的发展前景。随着生产水平的提高，社会对健康生活质量的要求越来越高，对保健食品的需求也在不断增加。现在老百姓对健康的需求愿望越来越强，老年人希望更长寿、更健康，年轻人随着生产压力的提高，也想通过保健食品缓解体力疲劳、增强免疫力等，可以看出保健食品使用量越来越大。

预计到2020年，中国保健品需求规模将超过1万亿元。我国市场大笔资金对营养保健品的投资也会促使行业产量的增长，所以未来我国的供需将会同比增长，供需差距依然会存在，但随着时间的推移这一差距会逐渐缩小，供需趋于平衡。

2. 欣欣向荣的市场面临着系列问题

• 保健食品法律法规监管不健全，打击违法生产缺少法律依据。

• 非法添加违禁物品情况时有发生。一些企业为了突出保健品的功效，在产品中添加违禁物品，对消费者造成危害。

• 个别企业违规生产，存在安全隐患。个别企业虽然通过了保健食品生产的审查，但是为了降低成本，在生产过程中违反生产规范。在保健品行业中代工现象非常普遍，在合同约定中双方责任划分不明确，代工企业违规操作，为降低生产成本不择手段，都会造成产品质量难以保障。

• 非法经营的产品屡禁不绝。这些产品有的盗用保健产品批准文号，冒用保健品标志，将普通食品当作保健食品进行宣传，这些行为都严重扰乱了保健食品市场的正常运作。

• 虚假夸大功能功效。一些企业为牟取暴利，利用报刊、电视等媒体的广告大肆夸大产品功效，误导消费者。产品说明书和标签不按照批准内容印刷，擅自增加保健功能、扩大适用人群，变更使用方法和计量，甚至故意混淆食品和药品的界限。

• 生产产地布局不合理，产地不是靠近原料产地，而是集中于北京、上海、湖北等省市，距离主要的原料产地西南地区比较远，没有从整个产业链上解决成本问题。

• 普遍科技含量低。现在我国生产的保健产品主要是第一代、第二代产品，没有就原料进行进一步的深层次加工挖掘，可复制性太强。

• 保健品产品剂型单一，主要是片剂、胶囊、口服液、冲剂为主，一般形态的产品（糖、罐头、饼干等）比重太小。

上述问题造成保健品行业自 1995 年来多次的波动，行业规模呈螺旋上升的趋势向上发展。江中在规避上述问题的基础上，推出猴姑饼干产品形成错位竞争，产品销售额迅速放大，一定程度上实现了其战略目标。

三、大单品成长历程

1. 江中猴姑长成大单品

江中自身将江中猴姑饼干定义为功效型食品，究其本质还是保健食品的延伸，抓住保健品市场的乱象抽身而出，以新的概念传导给消费者，与保健品做了一定的区隔，从而保护了产品的成长。江中健胃消食片是江中集团长盛不衰的健胃产品，在消费者的认知中，消化不良、胃胀、胃酸第一个想到的就是健胃消食片；在健胃消食片的发展历程中，配方经过不断改良也更适合国人使用。这些就是江中猴菇的行业跨界与江中在健胃领域的地位和品牌支持了它有跨界产品的基因。

• 快速导入期：2013 年 9 月 ~2014 年 6 月

上市之初的大量硬广、软文的造势，使猴姑饼干在不到一年的时间风靡大江南北，短时间内给消费者传递了健康养胃的新观念。在被消费者接受的同时更是迅速建立了庞大的代理商群体，销售团队在利用固有的品牌影响力强势登陆 OTC 渠道的同时，也在 KA 卖场形成强势销售态势，全国各大主要连锁 KA 系统大润发、沃尔玛等均全线销售，利用充足的费用资源在终端形成主推，终端呈热销态势。

• 成长期：2014 年 7 月 ~2015 年 9 月

江中产品在全国形成热销以后，如河南三九、天津乐吧等企业迅速仿制出同质化产品，这些企业本身就属于快消品企业，并且对江中进入的 KA、传统通路更加熟悉，也更清楚市场需要不断地培育、消费者需要不断地教育才能形成消费习惯，而这些工作都可以由品类的开创者去完成。这些企业可以运用自身对渠道的掌控优势和生产的成本优势，迅速推出低价产品，在江中的主要阵地与其打擂台。低价的优势很快分流了很大一部分受众，但整个品类也随之越做越大。

- 成熟期：2015 年 10 月至今

在经过低价厂家的冲击后，消费者分流，消费的层次愈发明显，消费者选择的产品也已经固定，几个主要厂家的产销量也趋于稳定，整个品类遇到了向上发展的瓶颈，盘子短时间不会被再次迅速放大。

2. 进入成熟期产品延伸

在成功推出猴姑饼干后，江中集团不断深化在功效食品这一类别的研究，进一步推出猴姑米稀，针对有严重胃病的人群。

“老方换新颜”用创新研发推广中医药文化：

江中猴姑早餐米稀处方出自一健脾养胃经典方，成分包含十余种药食两用的珍贵食材，并以“热食”的形式为胃不适人群提供更加符合传统中医养胃习惯的早餐。

江中集团在传统中医药理的基础上，邀请知名医学家对配方进行改进，并通过加入现代先进科学技术，使得经过熟化处理的米稀，只需加入开水冲调就可食用，在早晨温暖消费者的胃。即便如此，江中集团还是考虑到传统袋装食品在冲泡后，顾客还要刷碗，由此而带来的麻烦也影响了很多人的产品体验。为此，江中集团特意推出了杯装产品，省去了袋装产品食用完后需要洗碗的麻烦。随着近几年养生观念逐步深入人心，“不吃早餐，伤脾胃”已经成为一种共识。不少上班族的确在客观上存在早晨赶时间，为了准点上班没时间吃早餐的尴尬现状，久而久之伤胃于无形，这时，一杯便捷而养胃的猴姑米稀无疑是首选。

通过创新，江中集团不仅肩负起了让中医药文化走向世界的重任，并将更健康的生活方式带给消费者。专家认为，猴姑早餐米稀不仅适应胃病患者日常养治的需求，也为食疗产品做深做大开创了一个新的领域。

3. 品类崛起后的市场格局

（1）品类做大，竞品低价跟进。

2013 年“双 11”，某食品企业参加网络促销，仅半天时间，其 2 万余件猴菇饼干销售一空。

这款促销价格为49.9元/600g的猴菇饼干，除价格较低、名称稍有差别外，无论产品包装、猴头菇含量、食用量等都与江中猴姑饼干高度相似。甚至江中集团该产品受到争议的宣传语“养胃”，也体现在该促销产品的介绍中。

猴姑饼干，其广告语称由猴头菇制成。“猴姑”是江中集团已在申请的商标。自江中集团推出猴姑饼干以来，与上述食品企业相同行为的跟进者不在少数，但均将产品名称改为“猴菇”或“猴头菇”。

通过商品评价不难发现，确有消费者误把其他猴菇饼干当成打广告的猴姑饼干。

在京东商城，三九兰考的猴菇饼干售价为86元/750g，低于江中集团猴姑饼干的105元/720g。而在淘宝网，还有价格为9~40元/500g不等的各种品牌的猴菇饼干。可无论价格高低，这些产品无一例外地宣称“养胃”。

（2）推广错位，为他人作嫁衣。

在某连锁超市饼干区域，江中集团的猴姑饼干以99元/720g的促销价格高居榜首，较旁边10~20元/kg饼干的价格高出4倍以上。而与它几乎正对面的乐吧舒为猴头菇饼干，售价为45元/720g，其猴头菇含量显示约6%，低于江中集团的11%。

产品的价格是由产品本身、品牌和销售来支撑的，而消费者会形成一个心理价位。产品定价太高或太低，都不一定做得好。猴姑饼干有送礼佳品的概念，江中集团可能是想走高端功能食品的路线，但后来很多跟进者把它的高端定位做低了。

这是一个新的产品品类，市场有需求，其他企业跟进在所难免，可能一些本身做饼干的企业，觉得你卖我也卖，你卖得贵，我卖便宜一些，我也能拿到一定的市场份额。江中集团启蒙了市场，把这个品类做大了，但品牌没有做大，等于给别人做了嫁衣。

外界对江中集团猴姑饼干的广告投放费用进行过估算，不低于1亿元。就营销而言，作为一款新产品，这样的广告投入是合理的。但在广告所占成本的比重方面，快消品行业的广告占比一般不超过15%，品牌越强，广告占比相对越小。但如果推广新产品或新品牌，可能会加大这一比重，达到30% ~40%都有可能。

如果一个品类有足够的市场规模，有几家企业来做反而不是坏事。对于江中集团，最重要的是怎样把品牌和品类更好地衔接，让消费者感受到它的猴姑饼干才是这个品类的代表。提到养胃就想到猴姑，提到猴姑就是江中。

图12－3　江中猴姑饼干

4. 江中猴姑的成功要素

（1）品牌背书强大。

江中制药的两大核心产品，健胃消食片和前期的草珊瑚含片，都在OTC渠道占据同类产品的优势垄断地位。健胃消食片，经过近20年的不断发展，已经发展成为覆盖幼儿至成人的全年龄段产品，销售额超过10亿元。有这样一个长期关注胃健康产品所创造出的品牌作为背书，消费者的接受程度相对比较容易，也更容易对厂家的宣传产生认同感。

（2）产品定位清晰。

江中将猴姑饼干定位为都市快节奏生活关注胃健康的功效型产品。

• 人群定位

消费者人群定位在都市快节奏生活的“80后”、“90后”青年白领，这一人群工作紧张，生活压力巨大，饮食不规律容易产生肠胃疾病，但是易接受健康新概念，乐于尝试新产品。这类人群是利用新媒体最多的群体，具有一定的消费能力，在体验产品后可以迅速形成传播效应。在潜在消费者中形成二次传播，充分利用音浪效应不断形成传播点，制造话题在消费者群体中反复热议。

• 生活情境定位

江中猴姑的分装包装便于食用，有别于传统饼干产品的包装，配合广告宣传中的广告语说明，一个立体的生活场景呈现在电视观众等潜在消费者眼前。一位都市白领在工作之余，一杯牛奶配一小包猴姑饼干，既能补充工作的消耗，又能养护肠胃，一举两得。这样的提醒型的场景不单会植入消费者的内心，更能在潜在消费者群体中产生共鸣。

• 健康理念植入

是病七分养、三分治。这个传统的观念已经根深蒂固，尤其是高节奏的生活胃病的发病率居高不下，西药只会对病症起到一定程度的缓解作用，还需要从日常生活中的饮食、食疗角度去养护巩固。所以，江中猴姑所倡导的养胃的理念很容易被消费者接受，无形中产品的属性就发生了变化，不仅是一个饼干，还含有猴头菇的养胃因素，其价值也随之提升。

（3）宣传造势聚焦。

• 时间选择

在电视广告投入时间上，江中有别于常规做法，产品上市之前，在央视、各个主要卫视频道上大规模轰炸，短时间内形成消费印象，其主要针对的并不仅是消费者，更多的是全国区域的代理商群体，这与恒大冰泉高举高打有异曲同工之效。这种轰动性效应确实为一直在医院渠道和传统OTC 渠道运作的医药企业带来了广大的合作客户，又因有着强大的品牌背书，代理商运作的信心很足，虽对产品还有诸多的疑虑，但是投机和长期运作的心态交杂在一起，很快形成庞大的合作群体，也为产品迅速成为10 亿元量级打下很好的基础。

• 代言人

代言人的形象延续如图 12 -4 所示。

徐静蕾、白百何两位女性的影视作品多以都市白领示人，知性、干练，符合产品所定位的人群的整体共识，更具有一定的明星效应。

图 12－4　代言人的形象延续

• 广告语

“猴姑饼干，猴头菇制成，养胃；上午吃一点，下午吃一点”，点明产品所含内容物有别于其他一般饼干食品，并且将产品的核心作用明确告知消费者，这样提高了产品的购买价值，进一步与其他产品做出区隔。突出了产品的功效属性，不断强化，形成消费者黏性，促成二次、多次消费。

（4）渠道/终端推广有力。

铺市完成后主要的活动和推广转入 KA 卖场，进入常规的产品陈列、形象展示方面。江中为应付在线下卖场面临的其他产品的挑战，在营销团队的组建中，尤其是基层业务团队的组建全部是有着快消品 KA 卖场操作经验的业务人员，这样补足了自己在基础业务操作层面的短板，进而能在终端形成强势展示，维护了前期招商、进场工作的成果，也直接促进了分销的完成。

四、江中猴姑饼干发展中的不足

医药企业转行投入快消品行业，营销理念相通，但是手段滞后。

江中药业作为全国知名的医药企业，对于传统医院、OTC 等渠道有着相当的掌控能力，但是猴姑饼干并不是医药产品，是要摆上超市货架供那些有需求或者有冲动消费心理的各色人员挑选的饼干，这对江中传统的营销理念也提出了新的要求和挑战。固有的 OTC 业务模式，可以在短时间提高铺市率和形成热销场景，但是这个品类想要做大做强，还需要摆正姿态。江中在这个行业就是一个新兵，进入陌生的行业面临的不是医药企业的竞争，而是各个快消大鳄和山寨高手的挑战。下一步江中猴姑系列产品想获得更好的发展，与其他企业进行竞争必须要走深度营销的道路，放低身段、提高执行力、增加基础业务投入，再配合整体高空的广告轰炸，才能形成陆空联合作战，站稳品类开创者的位置，进而成为行业的领军者。

自2013年江中猴姑产品问世以来已经走过五年，江中集团的后续产品也已经推出，但是市场反映的情况远没有猴姑饼干问世之初的火爆场面，这说明市场更趋于理性，某一个概念并不能支撑一个产品的成功，还需要有专业的营销团队配合强大的自身优势形成合力，不单是概念营销，真正从产品、渠道上多做文章，使这一个新型品类继续做大做强。

1. 同质化产品区隔不清

图12－5　同质化产品区隔不清

如图12－5所示，参照猴姑饼干市场的现状，同质化竞争激烈，价格尤为明显。江中集团对猴姑饼干的定位针对健康需求人群，并且愿意消费。但是进入KA渠道所面临的竞争对手，均是在快消品市场摸爬滚打多年的山寨高手，短时间内就可以模仿得惟妙惟肖，这样就形成你来种树别人乘凉的局面。如何最大限度减少这一不良局面的发生，成为所有转型企业的共同难题。

在利用已有品牌背书的基础上，进一步提高产品的核心竞争力、不可复制性，有别于普通食品的最稳妥做法，增加仿制的难度，增加核心卖点的产品含量比重。做好包装等专利的保护。

2. 用户体验感不强

图 12－6　用户体验感不强

对比常规饼干的做法，没有在口感、风味等方面做出明显的区别，食用后没有特别的感受，不能在体验上体现产品的价格，与丹麦曲奇等高端饼干产品相比有不小的差距。消费者的直观感受不佳就会影响二次消费，消费者的消费黏性不易建立。

3. 低性价比对高价格支撑不足

饼干配料表首要成分为：小麦粉、白砂糖、牛油、猴头菇、玉米淀粉、食用棕榈油、麦芽糖浆、全脂奶粉、食盐及食物增加剂。京东商城上一盒 720g 装江中集团猴姑饼干报价为 105 元，且仍是“直降”后的促销报价，而超市一般的 400g 装卡夫乐之饼干价格 18 元，折算成相同质量后，报价不到江中猴姑饼干的三分之一。阿里巴巴网站上查询到，一款同为正鸿富食物公司出产的夹心饼干，配料表中成分除猴头菇外大多数类似，720g 夹心饼干批发报价则仅为 8. 34 元。那么价格 105 元的猴姑饼干，富含的猴头菇成分到底有多贵？食用猴头菇的价格为 25. 8 元/500g，依照猴姑饼干包装上标示的一盒含 634g 新鲜猴头菇核算，一盒饼干中富含的猴头菇成分仅约值 32. 7 元，而经“猴头菇有机纹路”的精心包装及“养胃”的奇妙宣传后，一盒猴姑饼干（720g 装）的价格则飙升多倍。

虚高的价格不能持久，消费者的心智愈发成熟，也慢慢认识到物有所值。

4. 终端打法不活

促销手段停留在简单特价促销上，频繁地降价促销并不能带来销量飞增，消费者的教育活动，利用自媒体的互动活动跟进很少，在信息更替变化如此巨大的消费市场，不能建立消费黏性，产品话题不能随时迸发，产品会很快被消费者遗忘，被其他同质化产品取代。

5. 产品传播属性模糊

猴姑饼干的广告宣传，用“养胃”的概念模糊食品与保健食品的区别，但是保健品和食品还是有具体的标准的。保健食品具有特定的保健功能，用法和适宜人群有着详细规定。猴姑产品究竟定位为保健食品还是常规产品，这关乎以后产品的研发跟进，也能避免产生因服用保健食品而耽误医治的投诉发生。

6. 短期利益导向的渠道结构问题

值得注意的是，猴姑饼干的运营体系并不在上市公司江中药业内，而是属于母公司江中集团独立运营的一款饼干。虽然运营体系不同，但依然有不少市场人士提出质疑，猴姑饼干存在与上市公司并用同一商超渠道，而且并不排除共用同一市场团队的可能。

对此质疑，江中市场部向媒体解释道：“猴姑饼干 2013 年 9 月上市，整个运营猴姑饼干的销售队伍是江中集团新组建的，渠道经销商也是从 2012 年开始招商，目前从事猴姑饼干的代理经销商绝大部分都是食品类的经销商，并非江中现有的经销商。”

但是现实的情况是，猴姑饼干产品的代理商绝大多数是经销代理快消产品多年的江湖高手，通过他们经验判断，江中猴菇饼干产品本身的高溢价性是投机的好产品，但是江中集团的品牌背书不足以支撑产品的经久不衰，作为短期的投机完全可以。

结合这一特点，可以迅速利用这种心理快速铺市，形成全国热销的场景，加速库存的转移，提高了消费者见面率。但是这个特点也会造成不良的影响，从现在的江中猴姑产品的市场表现来看也充分证明了这一点。江中产品在三线城市正逐步退出单体 KA 和传统通路，代理商的回款也不多，以消化现有库存为主。

这样的代理商是不足以支撑江中猴姑系列产品的延伸和发展的，建立更好的厂商合营机制成为关键。

五、江中猴姑饼干未来发展的要点

江中猴姑饼干上市已历五年，正是一个产品品类从创立到成熟的重要过程，但是现在回头评述这个产品，发现除了开创了一个品类，造成山寨产品齐发，江中得到巨大的利益回报外，整个产品品类还在摸索徘徊中，这不禁让人有种从江中到代理商都有投机心理的感觉。炒作一个概念，带起消费热潮，然后来也匆匆，去也匆匆。

江中如想改变这种感觉，确实需要从以下方面做出改善，才能使这个品类不至于变成一颗流星。这也是为那些有志进入这一行业的医药企业提供一些借鉴。

1. *产品方面*

- 本身猴姑饼干作为办公室零食，抢占的市场不单单是传统的酥式饼干市场，更多的是像蛋黄派、铜锣烧，甚至是蛋糕的市场。这就要求产品更容易消化，食用后不会产生不适感，现在江中的猴菇饼干食用后粘牙、烧心、胃酸严重的人容易产生气胀，这些体验感对比其他办公室零食差距太大。

- 包装规格过大，只有简单的两三种包装，大部分包装形式更适合办公室或者是家庭采购，不方便上班族临时采购，可以陆续出品不同的小包装产品，来应对不同的购买需求。

- 前面已经提到过猴姑饼干的配方问题，其主要配方均比较低廉，没能体现出价值感，在维持现有价格的基础上，可以改变配方，增加猴头菇的含量，将棕榈油替换成坚果油等价值感比较高的油脂，也提高了营养价值。产品在配方上做出区隔，形成高、中、低档的三档搭配，价格上也能对山寨产品做出防火墙。

2. *渠道方面*

- 在继续巩固现有渠道的基础上，作为快消品新兵没有真正的核心市场是很难在竞争中立于不败之地的。江中还是要放低姿态，将自己的品牌背书暂时先放置在战略层面，在战术层面运用诸多快消品、手机企业都走过的深度营销理论，打造核心市场，并且滚动复制，这样才更利于猴菇产品的后续延伸发展。

- 在对现有代理商进行必要的更换的基础上，强化厂商协同，在局部区域形成对竞品的资源优势。以结果为导向划分好彼此的责权利，进一步磨合和推进。

3. 消费者方面

除了基于传统营销理论的改进，还需要对新生代消费者进行更多的研究，这一群体不喜欢被强硬的推销，但是消费能力惊人；消费更趋于理性，更注重产品的性能、体验、健康和品质；更重要的一点是使用产品的参与感，使用后的愉悦感。

六、药企功能食品打造的启示

1. 新资源、高技术、方便剂型中药的功能食品成为主流

我国几千年来通过不断地组方，产生很多新的中药和滋补品，并且国际市场对于中药产品也很感兴趣。这就要求不断深入研究，开发出高科技的中药功能食品。

2. 市场进一步扩大

- 消费者的消费需求旺盛，首先追求便捷性蒸、煮、炖等原始手段逐渐淘汰，使用的便捷性会直接影响消费。其次，随着医改深入，消费者更加注重自身健康。上述两点都会催生市场不断扩大。

- 消费者的消费心理逐渐成熟和理性，高品质、知名企业的市场会不断扩大。消费者开始不轻信广告宣传，更加注重口碑相传，更容易受到周围人的影响，对品质高、知名度高的品牌产生二次消费。那些不注重品牌建设、爆炒概念、功效夸大的企业会被逐步淘汰。所以，品牌集中度的不断加深，这一部分市场会不断扩大。

3. 总体价格呈下行趋势

• 现在功能食品还处于价格高位，随着竞争企业不断进入，价格下行成为趋势。

• 功能食品现在还处于轻奢侈品，随着竞争、消费者不断成熟，势必会造成价格下行。

4. 促销宣传从功效宣传转向保健知识宣传和品牌宣传

消费者的品牌意识越来越强，消费者也更加信赖大品牌的产品。

第十三章

999感冒灵OTC大单品

田 赣

一、999 感冒灵大单品的发展历程

1. 发展初始阶段

999 感冒灵是由深圳南方制药厂在 20 世纪 80 年代末生产并销售的感冒药。

999 感冒灵为浅棕色至深棕色颗粒，主要用于治疗感冒引起的头痛、发热、鼻塞、流涕、咽痛，对风寒、风热型感冒起同样的作用。999 感冒灵中西药成分是消除症状的，所含中药有辛凉解表的野菊花和辛温解表的三叉苦，故无论是风寒型（宜辛温解表），还是风热型（宜辛凉解表）感冒均有效。时借助 999 胃泰的强大广告攻势和品牌影响力，999 感冒灵出现并迅速崛起。在产品稀缺的年代，即使没有清晰的品牌定位，没有产品利益诉求，靠着延伸了 999 胃泰当时的广告风格，在 999 胃泰美誉度的连带推动力，产品销售一路攀升。如图 13 -1 所示。

从 20 世纪 80 年代末到 90 年代中后期，999 感冒灵连续增长了七八年，最高的销售额 1 亿多元。然而，也正是连年的销售递增的数据掩盖了当时 999 感冒灵在品牌诉求上的尴尬：没有建立有效的、长期的广告沟通策略，品牌形象的建立没有作为，没有清晰的定位产品利益的诉求。当时的 999 感冒灵只是凭着直觉和运气在市场上冲杀。目标消费群在哪儿？直接竞争者是谁？产品的定位应该是什么？如何做有效的沟通？都是一片混沌。

图 13-1　999 感冒灵

在另一方面，999 感冒灵的市场沟通手段也显得相当混乱。由于没有有效的策略，每年的广告诉求都变来变去，凭着懵懂的感觉，从诉求语焉不详的“不错的感冒药”到莫名其妙的“连动物都喜欢的感冒药”，一直到“可以喝的感冒药”，广告风格也大相径庭，产品的 USP、品牌的核心价值始终没有被确立，使得 999 感冒灵品牌形象模糊不清，在从低到高走了数年后，终于显露了颓势。

从 20 世纪 90 年代开始，999 感冒灵在激烈的市场竞争中，业绩逐渐下滑。虽然从 1998 年开始，对 999 感冒灵进行了品牌探查，重新确立了产品定位，并以新的沟通方式进行了产品力的诉求，借助产品力的特征，劝说消费者关键时刻应该选择 999 感冒灵。但是，产品的核心价值没有被体现。1999 年，999 感冒灵的年销售额首次在连续的高升后跌入 1 亿元之内。而同期的市场，康泰克和康得系列作为感冒类产品的市场领导者，年销售额高达 6 亿元；吴太集团的感康销售额也达到 4 亿元；白加黑、日夜百服宁等产品也势头迅猛。康泰克和康得、感康，以及白加黑、日夜百服宁，都是 999 感冒灵同期和之后的产品，它们都具有有效的产品力，在品牌的传播和沟通方面也清晰明畅。在激烈的竞争中，999 感冒灵似乎已经开始步入衰落期，退出了主要竞争者的行列。

2. 借势发展阶段

在 2000 年末，999 感冒灵迎来一个千载难逢的市场机会，三九医药贸易有限公司新任高层领导和营销部门会同广告公司 999 感冒灵品牌小组，对感冒药市场、999 感冒灵自身的产品力，以及过往的营销手段做了全面的盘点。结论是：感冒药市场大有作为，999 感冒灵应该完全可以凭借有效的沟通诉求，在现有的市场竞争中跻身主要竞争者的行列。

999 感冒灵筹划在 2000 年的秋冬季借助新包装的推出，揭开重新上市攻势的序幕，准备在新的感冒药销售旺季打一场复兴之战。正当 999 感冒灵新包装的广告运动如火如荼之时，年末突然发生的 PPA 事件，给这个对市场充满野心的品牌策划横添了一道变数。

• 999 感冒灵借“PPA 事件”逆势发招。

2000 年 11 月，国家监药局颁发的紧急通告指出，某些感冒药所含成分 PPA 对人体健康有害，所有含 PPA 的感冒药被强制要求撤下柜台，禁止销售。而市场感冒药的领导品牌康泰克因成分含 PPA 被禁止销售，而且普通感冒灵（非 999 感冒灵）也被列入禁售名单，此时的消费者格外谨慎，对于感冒药的选择，安全性被提高到第一位考虑要素的地位。三九医贸管理和营销人员、广告公司、999 感冒灵小组在第一时间感觉到这是千载难逢的市场，导致 13 亿元市场空缺的 PPA 事件，带来的缺乏专业能力的消费者对感冒药品牌选择的疑虑。应该以最快的速度告知消费者，999 感冒灵不含 PPA，是可以安全服用的药物，迅速抢占现有的市场份额。

“999 感冒灵不含 PPA”的广告运动，在 PPA 事件刚刚发生的第三天，从央视和全国各省市级的强势媒体，到网络，到线下活动，到渠道营销，在全国铺开。在懵懂的消费者还没有意识到发生了什么的时候，就被裹挟着进入 999 感冒灵的即时语境中。告诉消费者他们的 999 感冒灵是不含 PPA 的感冒药，让中国消费者感受到品牌的社会责任感，从而产生极大的信赖感，并让消费者第一次感知到 999 感冒灵的独立存在，而不是 999 胃泰的附属品。

PPA 事件中的快速反应，为 999 感冒灵迅速建立了优良的品牌认知。感冒灵小组决定乘胜追击，加大品牌建设的力度，争取消费者对 999 感冒灵的信任与偏好度。以关怀、安全为诉求的新的 TVC 作为《PPA 篇》后续的投入，继续强化了 999 感冒灵值得信赖的概念。在 999 感冒灵的重点销售市场的消费者座谈会和入户深访调查的结果也表明，999 感冒灵成为康泰克退出市场后的主要感冒药选择品牌。在整个 PPA 事件刚刚运动结束后，999 感冒灵单品销售结束了持续 3 年的下滑局面，当年销售增长

200%。有效借助 PPA 危机的营销，成为 999 感冒灵品牌重生的转折点。999 感冒灵成为“PPA 事件”中的最大赢家。

“PPA 事件”一发生，三九集团高层意识到，这个事件危机与商机并存。公司高层立刻组织营销策划，品牌战略思路明确后，999 感冒灵的策划团队，立刻拟定了五轮市场攻势整体方案，并设定所有攻势在两周内完成。

• 第一轮攻势：各地药店拉出“999 感冒灵”，不含 PPA 的横幅广告。

进行网络宣传，争取以最快的速度告知消费者。

• 第二轮攻势：公关活动和新闻发布，通过媒体的权威报道，快速在全国产生影响。

• 第三轮攻势：通过电视和报纸进行大规模的广告宣传，在短期内争取更大的知晓度。

• 第四轮攻势：户外广告、车身广告等，电视电台的健康节目赞助宣传，争取更强的吸引力，更深入人心。

• 第五轮攻势：终端店面做活动，争取更大的深入程度。

由于反应及时，在危机发生的第二天，三九健康网上就刊登了《感冒了，康泰克不能吃，吃什么?!》《关爱自己，拒绝 PPA》等“软新闻”，同时在新浪、搜狐、网易、上海热线、21cn 等著名网站进行链接。

2000 年 11 月 22 日，关于“999 感冒灵”不含“PPA”和“三九决心抢占感冒药市场”的报道出现在中央及各地方新闻媒体上。因为 PPA 已成为一个严重事件，人人关注，所以即使是企业的有关新闻也比较好发。

2000 年 11 月 23 日，第一家在中央台播出了几天内赶制出来的、并已通过审批的“不含 PPA”的广告。

在如此强大的宣传攻势下，2000 年 11 月 26 日各地纷纷告急：市场断货!

3. 快速发展的阶段

华润收购三九后，战略聚焦在品牌 OTC 和中药处方药业务上，给品牌带来巨大的发展机会；整合从战略开始，华润拿到三九集团最核心的资产“三九医股”之后，华润为三九医股的长远发展定义了三大核心战略驱动力，它们分别为企业的核心业务规划、必要的内外整合并购及组织架构变革。具体内容如下：

（1）定位于自我诊疗和中药处方药两大战略领域。

确定了 OTC 和中药处方药的战略定位，及“成为中国 OTC 市场的引领者，中药处方药市场的创新者”的愿景。（华润三九的战略，由前几年的“中国 OTC 市场的引领者”转变为“中国自我诊疗市场的引领者”）

（2）自我诊疗业务将以消费者为核心，发展自我诊疗业务布局大健康，打造消费者导向产业链。

提供全系列自我诊疗产品线，将 999 品牌打造成为家庭用药的领导品牌，OTC 业务将以消费者为导向，构建 1 + N 品牌模式，确定 999 品牌“为爱专注、为家守护”的全系列家庭用药品牌形象。构建自我诊疗领域感冒、皮肤、胃肠三大品类的领导地位。“N”是专业品牌，关注止痛、妇科、骨科、止咳和喉科重点品类，不断与消费者沟通，大力打造品牌、加强零售终端管理及经销商管理等。

（3）中药处方药业务，利用现代科技改造升级为传统的天然药物，更好地满足现代人的诊疗需求。以心脑血管、抗肿瘤呼吸道抗感染、中药配方颗粒为重点领域，重点提升学术营销、医院销售队伍、产品质量和安全性的核心能力。中药处方药业务借助行业整合，获取独特品种，不断发掘产品价值，提升业务规模，培育长期竞争力。

（4）拓展线上渠道，在电商平台试水。

华润三九研发红糖姜茶在渠道上布局，更多考虑的是商超和电商平台试水。2016 年 7 月在天猫开张“三九旗舰店”，正式踏入电商领域。天猫已经停止了第三方平台的 OTC 在线销售业务，鲜人参蜜片、红糖姜茶等非药品，仍然支撑起很大一部分业务。据华润三九透露，红糖姜茶已经占到 999 旗舰店整体销量的 80% 以上。

（5）三九集团经营业绩如图 13 - 2 所示。

华润收购三九后第一次的战略规划，促使华润三九发展方向逐渐清晰，主业不断聚焦，在 2007 ~ 2009 年迎来了重组后的第一波业绩快速增长期，营业额由 2007 年的 34. 8 亿元增长到 2009 年的 48. 7 亿元，三年间增

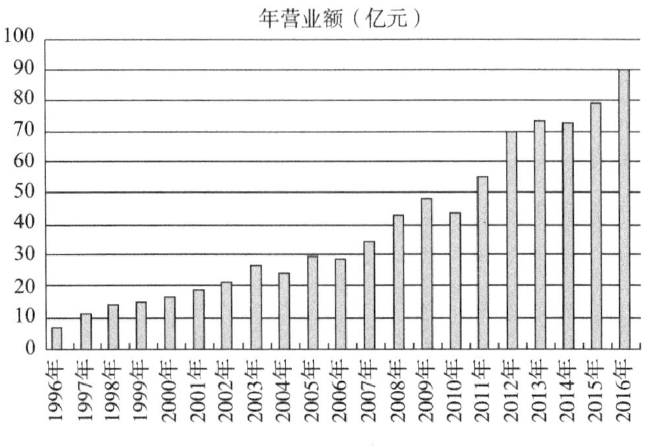

图13-2　三九集团经营业绩

长近40%。净利润由2007年的2.82亿元增长到2009年的7.09亿元，三年复合增长率达到36%。公司的毛利率整体呈现稳步增长态势，公司净利润近年总体趋势保持平稳。2012年公司毛利率到达62.4%，远超医药行业平均毛利率40.42%。

（6）“三九”里程碑。

1996~1999年是999感冒灵企业初始阶段。

2000~2001年是999感冒灵借势PPA事件快速发展阶段。

2002~2003年是三九医药连锁药店进入快速发展期，2002年7月底已建成门店600多家，分布在全国15个省份的23个城市。“999”升值为82.08亿元，位列中国名牌第十名，继续居全国医药行业之首。

2004~2006北京名牌资产评估有限公司发布了2005年度中国最有价值品牌评价结果，“999”品牌价值为83.06亿元，与2004年度持平，位列中国最有价值品牌第18位。中国医药品牌风云榜评选揭晓，三九胃泰、三九感冒灵被评为2005百姓信赖的药品品牌。

2007~2009华润收购三九后，战略聚焦在品牌OTC和中药处方药业务上，给品牌带来巨大的发展机会，迎来了重组后的第一波业绩快速增长期。

2010年正式更名为“华润三九医药股份有限公司”。

2011年，在国内药品市场上具有相当高的占有率和知名度，单品种销售均超过亿元。其中，999感冒灵系列2009年销售额超过10亿元（含税），位居感冒药市场第一。

2016 年三九集团营业额为 89.82 亿元。

从数据看来，每一次的改变都给三九感冒灵带来新的突破。

4. OTC 市场突破，带动三九的整体发展

（1）向预防保健领域延伸，发展大健康产业。

华润三九接下来的重点方向是大健康，在现有品类基础上向前端预防保健领域延伸。

在自我诊疗领域，2017 年华润三九将重点布局的产品有三类：核心治疗领域基础上延伸的健康产品，如红糖姜茶、薄荷糖等；保健品市场的主流品类膳食营养补充剂，如维矿类等；利用中药材资源开发的补益类中药和药食同源的中药材等。华润三九外延式收购宏久和善堂，进入人参产业并于 2016 年上半年上市首个人参健康产品——鲜人参蜜片。

（2）在原有的感冒药、胃药、皮肤药的基础上做产品延伸开发。

这些产品线的扩张背后，自有华润三九的一套逻辑。围绕自身长项领域——感冒药、胃药、皮肤药。比如红糖姜茶、薄荷糖都是感冒产品线的延伸；养卫宝固体饮料是胃药的延伸；鲜参蜜片则是华润三九旗下和善堂滋补产品线的延伸。

（3）三九与国际药企巨头赛诺菲合作儿科、妇科品类的业务发展。

2016 年 12 月，华润三九还与国际药企巨头赛诺菲签署了《在中国合作开展消费者保健业务框架协议》，瞄准健康消费品市场。根据协议，双方拟成立合资公司发展儿科、妇科品类的业务。同时，华润三九还拿到了赛诺菲旗下非处方药产品“易善复”在中国市场的经销权。

（4）三九收购昆明圣火药业布局大健康产品。

2016 年华润三九收购昆明圣火药业（集团）有限公司 100% 股权，包括有大健康产品。

圣火药业集团以生产、销售口服心脑血管药物为主，主要产品包括血塞通软胶囊和黄藤素软胶囊。以三七为主要原料，开发了以药品为核心，涵盖中药化妆品及健康食品的三大系列产品线。

二、感冒药行业分析

1. 感冒药市场容量

据不完全统计，目前国内医药制药企业约6500多家，其中有上千家（约20%）生产同类不同剂型的治疗感冒、咳嗽的药品约100多种。在原国家食品药品监督管理局公布的第一批OTC药品目录中，感冒、呼吸道药品多达83种，占OTC市场的33%。感冒药作为零售药店的支柱品类，对零售药店的销售业绩影响很大。据中国非处方药协会的统计显示，在中国自我诊疗比例最高的常见病症是感冒，占常见病症的89.6%，高出第二位30个百分点。据统计，我国每年有75%的人至少患一次感冒，也就是说每年有近10亿人至少需用一次感冒药物。2015年感冒药在零售市场的总销售额接近400亿元，年增长率为5%左右，预计到2020年，我国感冒药市场销售额将突破500亿元。

据调查，抗感冒药物销售额约占药品零售总额的15.0%，是继保健品类（31.3%）之后销售额最大的一类药品。其中包括一定的季节因素，冬春季节是感冒的多发季节。另外一个显著特点是，消费者用药趋向于名牌产品，排名靠前的四个品牌，无论销量还是销售额都占据了相当大的市场份额。

在全世界的非处方类药物（OTC）市场，感冒药都是销量名列前茅的药物。近几年美国市场上感冒或咳嗽等类别的药物销售额都在40亿美元以上，占市场总销售额的30%左右。

中国的感冒药是非处方药（OTC）的一大组成部分，感冒治疗药品是我国医药产品推广品牌营销中最成功的范例。而随着OTC市场走向规范，竞争加剧，药品零售市场竞争将进入一个崭新的时期。面对新的市场、新的机遇与挑战，众多的生产、销售企业在产品研发、市场开拓、营销组合、经营管理上将采取一系列应对措施。有越来越多的企业在这种背景下加入感冒药战团，原有的感冒药999感冒灵颗粒、新康泰克、白加黑、感康等药物，已经在市场占据一定的市场份额，新品牌的进入将面临巨大的竞争压力，需要找到自己的产品定位，打出差异化产品，赢得市场。

2. 消费者购买感冒药的习惯

有关数据表明，在我国城市居民家庭中，选择西药和中成药是治疗感冒最常用的方法。

12~55 岁的城市居民中，80% 以上的消费者会选择西药治疗，片剂是消费者首选的剂型；65% 的消费者会选择中成药治疗，还有 36% 的消费者认为不用吃药、多喝水、注意休息也是治疗感冒的方法。12 岁及以下的儿童中，服用西药治疗依然是主要选择，口感好的糖浆制剂最受欢迎。消费者治疗感冒的花费，人们患普通感冒在医院门诊治疗的花费，一般在 100 元左右，其中主要是药品花费。85% 的消费者表示，他们选择感冒药时品牌是重要考虑因素，价格也是消费者选择感冒药时考虑的重要因素之一。有超过 6 成的消费者可以接受每盒单价在 10 元以上的感冒药，其中每盒单价在 10~15 元之间的感冒药被消费者接受的比例最高。

3. OTC 市场感冒药十大品牌

OTC 市场感冒药十大品牌中，只有三九感冒灵是中西医结合产品，在当时来说就是介于竞争对手差异化的产品，如表 13-1 所示。

表 13-1　OTC 市场感冒药十大品牌

序号	感冒药品牌	批准文号	类别	主要成分	公司
1	白加黑	国药准字 H10940250	西药	乙酰氨基酚、盐酸伪麻黄碱，无水氢溴酸右美沙芬	拜耳医药
2	新康泰克	国药准字 H20010430	西药	盐酸伪麻黄碱、扑尔敏	中美史克
3	泰诺	国药准字 H20010115	西药	对乙酰氨基酚，盐酸伪麻黄碱，氢溴酸右美沙芬，马来酸氯苯那敏	上海强生
4	百服宁	国药准字 H10970388	西药	对乙酰氨基酚，盐酸伪麻黄碱	百时美施贵宝
5	999 感冒灵	国药准字 Z44021940	中西药合剂	三叉苦，金盏银盘，野菊花，岗梅，咖啡因，对乙酰氨基酚，扑尔敏，薄荷油	华润三九医药

续表

序号	感冒药品牌	批准文号	类别	主要成分	公司
6	快克	国药准字H33020485	西药	对乙酰氨基酚、盐酸金刚烷胺、马来酸氯苯那敏、人工牛黄、咖啡因	海南亚洲制药
7	感叹号	国药准字H22026623	西药	对乙酰氨基酚、盐酸金刚烷胺、人工牛黄，咖啡因	长春海外制药
8	感康	国药准字H22026193	西药	对乙酰氨基酚、盐酸金刚烷胺、咖啡因、人工牛黄、马来酸氯苯那敏	吴太医药集团
9	康必得	国药准字XF20000271	西药	对乙酰氨基酚、葡萄糖酸锌、盐酸二氧丙嗪、板蓝根浸膏粉	河北恒利集团
10	海王银得菲	国药准字H44023557	西药	乙酰氨基酚，盐酸伪麻黄碱，马来酸氯苯那敏	深圳海王药业

专家介绍称，单纯的西药重在缓解症状，容易导致昏昏沉沉、乏力、肠胃不适等副作用；抗感冒中药重在治本，症状消失缓慢，使患者受感冒症状困扰时间长，为生活、工作、学习带来诸多不便。999 感冒灵是中西药复方制剂，其中具备西药迅速缓解症状的功效，中药可以抗病毒增强机体免疫力。从配方来讲“中西结合”综合了中药、西药的双重优势，既含有具备抗菌抗病毒、抗流感解决根本病症的经典民间中草药，又含有解热镇痛、抗过敏的缓解症状的西药成分，在当时来说就是产品的差异化。

4. 感冒药品牌认知渠道

一般来说，药品的消费特殊性决定其品牌认知的局限性，在医院患者根据医生的处方用药，患者较少考虑药品的品牌。但对于 OTC 药品尤其是感冒药品，这种情况发生了根本变化。

（1）患者久病成医，对于感冒这种多发病来说什么症状吃什么药，患者比较清楚。

（2）OTC 感冒药的大量广告宣传，客观上对患者选择感冒药品起到教育、促进作用。

（3）感冒药品市场品牌众多，消费者选择谨慎，会在多种品牌之间比较“以身试药”，直到发现对症药品的品牌，重复、忠实的消费，甚至会影响医生的处方或是直接说出品牌名称购买。那么究竟消费者是通过什么途径知道这些感冒药品牌的呢?

图 13－3 中数据表明，电视广告、医生、亲朋好友、药店售货员是主要的认知渠道，也是主要的传播渠道。

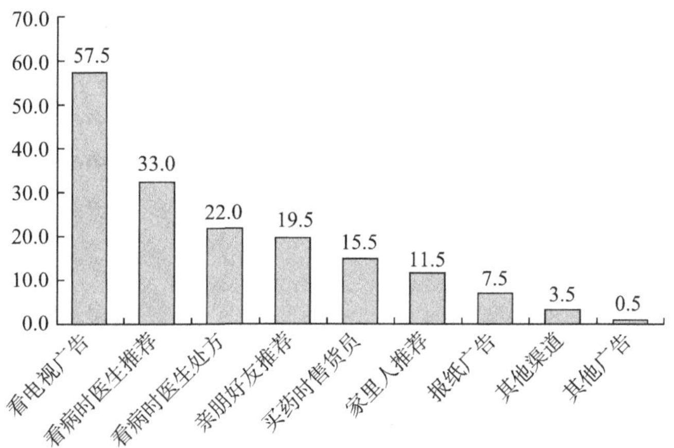

图 13－3　消费者知道感冒药品牌的途径

三、999 感冒灵大单品的成功借鉴

1. 品牌策略方面

据了解，华润三九实行 1＋N 品牌整合策略，华润三九推出的“999 全系列家庭用药”概念。主要包括了其旗下 8 个主打的明星产品：999 感冒灵、999 皮炎平、三九胃泰、999 小儿感冒药、999 正天丸、999 强力枇杷露、999 止咳药、999 小儿止咳药。这是全系列家庭用药的核心品种。

在 2012 年，华润三九旗下有 15 个产品销售额过亿元，其中 999 感冒灵更是达到了 16.4 亿元的销售规模。华润三九旗下许多产品都是消费者耳熟能详，并且家庭必备的产品。

2012 年以来，华润三九确定开展 1＋N 的品牌策略。其中的 1 指的是“999”这个品牌，“为爱专注、为家守护”的全系列家庭自我诊疗用药品牌形象。而N则代表的是包括8大明星产品在内的华润三九属下的40余个品类的产品，几乎覆盖了家庭各个领域用药。“999”品牌的统一与“全系列家庭用药”概念的打造，让更多的消费者熟知华润三九这一品牌，通过明星产品拉动其他华润三九品类的销售。

公司根据细分市场需求不断补充新产品，优化产品组合，打造“感冒药家族”“胃药家族”“皮肤药家族”，以大单品带动品类整体增长。

2. 品牌传播方面

（1）把握机会，借势营销。

通过PPA事件“借势出击”，原排名感冒药市场第10位的“三九感冒灵”，已成为市场占有率位居前列的领导品牌，这次“借势”获得了理想的高分。原因很简单，在消费者极度关注PPA，关心感冒药的时候，“三九感冒灵”第一个在媒体中宣传“不含PPA”，当然能够让消费者牢牢记忆。这就是“借势”的好处。若在平时，多10倍的投入也不一定有这样的效果。

（2）广告与公关持续发力。

999感冒灵的广告公关持续发力，在不同时期，诉求点也不一样，但是始终给消费者灌输“暖暖的，很贴心”。不断强化“为爱专注、为家守护”家庭自我诊疗用药品牌形象，打动消费者。

- 幸福不是从不感冒，而是感冒时传递的那一杯温暖。
- 感冒的时候，人很难受，很虚弱。特别需要有个朋友在身边。999感冒灵颗粒，就是这样的朋友。那暖暖的一杯，不仅能让人摆脱困扰，更能给人一种温暖。就像朋友在身边，暖暖的，很贴心。这样的朋友你也需要——999感冒灵颗粒。
- 这里是由999感冒灵和小儿感冒药冠名的《爸爸去哪儿》。
- 暖暖的，很贴心。

3. 渠道掌控方面

线下渠道掌控，是华润三九的核心竞争力之一，大力实行下沉终端的策略，强化“999”品牌形象。

2001年4月15日，三九集团在深圳第一家999连锁药店——深圳书城分店隆重开业。

2002 年 7 月，三九医药连锁药店进入快速发展期，至 7 月底已建成门店 600 多家，分布在全国 15 个省份的 23 个城市。

华润三九目前在中国的零售终端大约有 45 万家，其中有约 9 万家是直控终端，有约 4.4 万家是 KA 连锁终端。而通过商业渠道为分销商供货的商控终端在 30 万家以上。

下沉终端是华润三九 2017 最重要的工作内容，进一步加强对终端的资源投入，特别是连锁门店，将配合终端开展更多形式的合作。更换店招是华润三九与连锁药店合作开展的一个门店包装项目，华润三九希望通过对门店形象的打造，在很多地方重点突出显示了“999 全系列家庭用药”的字眼，强化“999”品牌形象，并将“999 全系列家庭用药”的概念推向消费者。已与 3000 门店开展包装合作，全国已经有超过 60 个城市的 100 家企业，超过 3000 家门店开展了这一包装项目。

华润三九根据药店的需求，对目标药店可利用的空位进行全新包装，从室外的店招、灯箱，到店内货架的气球、迎宾地贴图、立柱、产品堆头、背景墙、收银台等。目前的 3000 家门店合作，这还只是一个开始，整个项目还在有条不紊地进行当中，还将计划增加 40 个城市的合作，总合作门店数将达到 5000 家。

华润三九的合作对象并不局限于大型的连锁企业，也选择核心商圈，以及有相当的合作基础、销售品类齐全的门店进行合作，只要条件合适，也与单体药店开展合作。

开展门店包装项目，其主要目的在于增强华润三九的品牌认知度，通过包装进行消费者教育，在向消费者推出“全系列家庭用药”概念的同时，也传递华润三九品牌“为爱专注、为家守护”的产品理念，提升华润三九在终端的表现力。

华润三九除了与连锁药店合作开展门店包装外，还积极配合连锁企业开展更多的个性化的合作项目，与合作门店开展了送遮阳伞给交警的活动，关爱在烈日炎炎底下工作的交警；与合作门店共同开设了爱胃中心专区，共同关怀患者胃肠道健康等公关。

华润三九还启动电视媒体公关，通过电视台媒体，打造大型生活服务类节目，倡导健康理念、季节性养护，教顾客如何选药购药等，为老百姓解决日常生活中遇到的安全用药、健康生活等问题，将华润三九“关爱大众健康，为爱专注为家守护”的理念，以及丰富的产品资源传递到广大电视观众中。如图 13－4 所示。

图 13－4 华润三九的渠道掌控

四、药企打造 OTC 大单品的几点建议

1. 品牌定位与战略

现在的 OTC 市场竞争激烈，终端顾客购买产品时大多数会选择数一数二的品牌产品。首先，企业需要在产品上寻找突破点，再研究外部的竞争环境，找到竞争对手，避开竞争对手在顾客心智中的强势，在竞争对手的弱势中确定自己产品的定位，再给这一定位找到强有力的信任背书。其次，把这一定位，运用到企业运营的方方面面，包括产品、价格、包装、顾客、推广场所、营销策略、渠道策略、广告策略、推广策略等。

2. 品牌战略创新，差异化细分市场

创新的品牌发展战略是成就大单品的根本，也是配置营销资源的依据。

现在的 OTC 市场，在每一个细分市场都有无数的产品充斥着，有品牌产品、有低价产品、有高毛利产品。但由于国内企业药品创新能力不足，OTC 市场的大多数品种没有差异化。加之新修订发布的《药品说明书和标签管理规定》限制了品牌商品名的运用，而新的药品广告管理办法的实施，使得同类品种面临品牌区隔的巨大难题。这就要求企业在品牌、竞争、产品、通路、传播等多个层面进行创新，在产品外人无我有、人有我新，实现品牌驱动和渠道驱动，这是打造大单品的关键。

需要建立产品品牌的差异化优势，与竞争品牌形成有效区隔，丰富产品品牌的内涵，形成产品的独特卖点，满足目标消费人群的特定需求。尽管目前面临诸多不利因素，但药品品牌仍然可以在产品概念、指向症状、产品品质、技术工艺、外观包装、产品规格、剂型、使用方法等方面建立有效区隔。

3. 品牌传播策略需创新，形成传播差异化

品牌传播是 OTC 品牌营销最核心的一环。要打造大单品品牌，其品牌知名度在行业市场至少要达到 90% 以上，在目标消费人群内至少要达到 50% 以上，品牌认知度要达到 30% 以上。

OTC 品牌要进行广告传播，首先要分析不同媒体形态的特征，掌握媒体发展变化的内在规律，科学地进行媒体组合。电视、报纸、户外、广播、网络、分众等媒体具有各自不同的特点和发展规律，在实际营销行为中具有不同的作用。同时，现在的媒体环境发生了巨大变化，广告形式繁多，广告信息纷纭，信息干扰度大，广告价格日趋昂贵。电视广告是打造 OTC 品牌最重要的传播形式，但现在各强势电视媒体广告价格年均上涨 10% 以上，这使企业的传播成本不断上升，广告效益则日益下降。这就要求企业综合考虑不同广告媒体的特点和作用，依据具体的营销目标，制定更精准的传播策略，实现传播效益的最大化。

新媒体传播，也值得药企高度关注。有关数据证实，截至 2016 年中国网民达 7. 31 亿，互联网普及率为 45%，超过世界平均水平，其中城镇普及率更高，而且网民中 78. 5% 的人使用手机上网，手机网民达 6. 56 亿，互联网已经覆盖到中国所有县级以上城市和超过 99% 的乡镇。

4. 掌控终端渠道

（1）远景掌控。

• 企业高层的巡视和拜访：直接让企业的高层和经销商进行沟通与交流，让他们建立个人的联系。

• 企业办内部的刊物：定期刊登企业领导讲话，各地市场状况。最好是开办经销商专栏，让经销商的意见和建议成为刊物的一部分，定期把刊物发到经销商手中。

• 经销商会议：企业定期召开经销商会议，在会议上对业绩好的经销商进行表扬和激励。

（2）品牌掌控。

• 现代的商业社会是一个产品同质化的社会，往往区别产品的唯一特征就是品牌。品牌对于很多企业来说是最重要的资产，站在渠道管理的角度上，产品品牌通过对消费者的影响，完成对整个渠道的影响。

（3）服务掌控。

• 经销商的管理能力要比企业弱，企业需要派出专业的财务人员、销售人员、管理人员和市场推广人员，进行系统的培训与支持。

（4）终端掌控。

• 建立零售的基本档案。

• 建立零售店的会员体系。

• 企业要把促销活动落实到终端以增强企业品牌的影响力。

• 培训零售店的店员，有助于店员全面了解产品的性能和指标，增强销售技巧。

（5）利益掌控。

• 增大自己的返利和折扣，使自己给经销商的单位利润加大。

• 增加自己产品的销量。

• 降低经销商其他产品的销量。

• 降低经销商其他产品的单位利润。

• 增加经销商的费用。

从华润三九 2017 年重点工作计划中能够看出，掌控终端渠道是企业营销的命脉之一，需要企业的高层领导高度重视，切实落实到终端渠道中，不断创新，紧跟时代的步伐大力发展企业。

第十四章

毛铺苦荞酒

熊友文

一、研究背景分析

劲牌公司为了进军传统白酒行业，通过对枫林酒、毛铺老酒、毛铺苦荞酒等市场检验之后，于2014年投资成立毛铺健康酒业有限公司，最终确定毛铺苦荞酒作为劲牌公司聚焦资源打造的第二款战略产品。2016年全年营业收入16亿元，从2013年8月上市仅仅用了三年多的时间即达到了10亿元以上规模。毫无疑问，毛铺苦荞酒已然成为健康白酒行业的领军品牌。在对毛铺苦荞酒大单品研究之前，先对其所在行业及劲牌公司情况进行简单的背景介绍。

1. 白酒行业告别"黄金十年"，进入深度调整期

从整个白酒行业来看，2003～2012年，这是白酒行业公认的黄金十年，在高端消费的带动下，全行业的产销不断攀升。数据显示，白酒行业2012年产量1153万千升，销售收入近4500亿元；与2003年相比，产量增长2.5倍，销售收入增长7.4倍，十年来白酒产量和销售收入分别保持了13%和23%的年平均增长率。

从2012年开始，三公消费的禁令与产业周期发展因素叠加，加上下半年塑化剂事件的影响，白酒行业告别风光无限的"黄金十年"，白酒业进入寒冬期，产量、收入的增长率开始下滑。到2014年，亏损的规模上，酿酒企业由上一年的新增51家变成327家，亏损面超过12%，2015年亏损

面11.2%。在白酒市场乏力，短时间很难恢复的情况下，在产业调整的过程中，诸多酒企都开始寻找白酒行业的下一个新的增长点。

2. 白酒行业面临“健康危机”，健康诉求激发酒企求变

白酒行业旺季不旺反映出消费者对白酒的需求从质到量都发生了很大变化。最让酒企忧心的是，消费者笼统地认为白酒有害健康，以及为了健康滴酒不沾的生活风尚逐渐形成，整个白酒行业面临着“健康危机”。

据零点研究咨询集团发布的《中国白酒消费趋势白皮书》调研显示，关注白酒酒精度数过高带来的健康问题，正成为消费者饮用白酒的考量因素。受访者不愿意经常喝白酒的最主要原因中，选择“酒精度数较高”的约占44.9%。49.6%的高收入人群这样认为，“酒精度数高，容易伤肝”。有33.3%的酒水消费者表示，他们两三天就喝1次白酒；而多达72.3%的酒水消费者，则选择一周才喝1次的白酒。根据此项调研的结论，在产品品质上，消费者更愿意选择刺激性小、健康不伤身的低度白酒，健康已成为人们生活水平提高后最关注的问题。

业内普遍认为健康类白酒是白酒行业未来的发展方向，各大酒业也希望通过这个新的市场增长点，借此强化品牌竞争力，巩固市场份额。譬如泸州老窖健康白酒板块推出绿豆大曲、滋补大曲、玛咖酒等多款健康新品，计划未来4~5年打造年销售规模15~20亿元的核心板块；洋河推出主打健康牌的新产品“双沟莜清”，并为此提出“养心、护肝、降三高”的宣传口号；五粮液旗下的保健酒公司也将推出新产品“贵泓国荞酒”，并将通过不同的度数和包装规格细分市场。

3. 劲牌公司受制于保健酒行业天花板的限制销量增速下滑，公司内部也迫切需要打造第二支战略单品

虽然在白酒市场整体疲软的情况下，劲牌公司仍做到了整体业绩逆市上扬，但增速趋缓态势已十分明显。从劲酒12年销售数据来看，2005年销售额9亿元，2006年销售额12亿元，2007年销售额18亿元，2008年销售额25亿元，2009年销售额29亿元，2010年销售额37亿元，2011年销售额48亿元，2012年销售额56亿元，2013年销售额67亿元，2014年销售额76亿元，2015年销售额85亿元，2016年销售额87亿元。从增速上

来看，2015 年比 2014 年同比增长为 11.8%，劲牌前十年均保持了 2 位数的高增长，2016 年首次呈现个位数增长，仅微增 2.6%。

究其原因，排除受国内经济增速整体下滑的影响，各行各业都会趋缓，劲牌也不可能例外。主要原因是保健酒这个细分品类市场容量较小，行业天花板有限。业内估计保健酒市场容量在 200 亿元左右，而劲牌的大单品劲酒独自实现销售收入 63.11 亿元，占据中国保健酒近 1/3 的市场份额。另外，劲酒的深度分销模式已趋向极致，渠道潜力有限。在全国化覆盖的广度、深度上，足可与娃哈哈、顶新这类快消巨头的深度分销水平相媲美。

近些年来劲牌公司在开发新产品上也做出了许多尝试，从劲牌公司开发及投资的产品看出：参茸酒、十全大补酒、红珠（枸杞酒）、米酒、追风八珍酒（治风湿）、长寿酒（老年人）、韵酒（女性养颜）、金眠酒（改善睡眠）、皇宫大团圆、半壶（浓香型）、枫林纯谷酒、吗啡酒、毛铺老酒、毛铺苦荞酒（小曲清香）；广西河池天龙泉酒、湖北神农架生态酒、西藏纳曲青稞酒（投资）。

在长期的试错的过程中，最终迎来了健康白酒——毛铺苦荞酒的市场爆发。2013 年 8 月毛铺苦荞酒上市，上市当年销售额 1.26 亿元；2014 年销售额逾 5 亿元，在增长近 300% 的基础上继续保持高增长势头；2015 年上半年度销售额为 3.92 亿元，同比增长 167%，2015 年全年完成 10 亿元销售额；2016 年上半年销售额为 7 亿元，同比增长 78.5%，2016 年全年营业收入 16 亿元，仅仅用了三年多的时间即达到了 10 亿元以上规模。从劲牌公司整体销售额来看，2016 年劲牌整体销售额 87 亿元，毛铺苦荞酒销售贡献占比 18.4%，俨然意味着劲牌公司用短短三年多的时间即收获了第二个战略单品。

毛铺苦荞酒作为近年来最具潜力的行业大单品，为何会诞生在劲牌，而不是其他品牌企业？为何能用短短三年的时间做到 10 亿元以上规模？任何成功都不是无缘无故的偶然，那么毛铺苦荞酒成功背后的原因是什么，这也是本篇想去探究的内容。接下来我们将从毛铺苦荞酒战略单品打造的各个阶段尽可能地还原分析，透过现象尝试找出其成功背后的若干本质规律，从中得到一些借鉴和启发。

二、大单品的创立阶段

对于大单品是企业智力规划的结果还是企业在实践中市场选择的结果，这一争论由来已久。从毛铺苦荞酒的成功来看，二者应该同是大单品成功的充分必要条件。

1. 劲牌公司试错容错的机制和极其谨慎的战略新品孵化态度

劲牌建立了一套容错、试错的机制，正如前面在背景分析中提到的，这些年劲牌公司在开发新产品上，做出过许多尝试。针对不同细分市场，开发过一系列产品，诸如参茸酒、十全大补酒、红珠（枸杞酒）、米酒、追风八珍酒（治风湿）、长寿酒（老年人）、韵酒（女性养颜）、金眠酒（改善睡眠）、皇宫大团圆、半壶（浓香型）、枫林纯谷酒、吗啡酒、毛铺老酒、毛铺苦荞酒（小曲清香）等。这些尝试肯定有着一定的试错成本，毛铺苦荞酒的成功，可以说是在极大的战略耐心支撑下的成功。

在其试错的过程中可以发现有两点值得借鉴和学习的地方。

第一，不管开发什么新品，劲牌公司一直都是围绕“健康”概念做文章，这是对其品牌核心价值的一种坚守，更是对趋势的一种把握。正如劲牌公司副总裁王楠波所说：“不得不承认，我们和传统的白酒企业相比几乎没有任何优势。在多次尝试之后，我们认为走差异化之路势在必行——我们需要一款能够和‘劲酒’在‘保健’概念上有所关联的产品，以最大限度发挥公司多年来积累的品牌优势。”

第二，不管开发什么新品，没有样板市场的有力验证，绝不搞全国化推广。据王楠波介绍，事实上毛铺苦荞酒最开始在“毛铺”产品体系中仅仅是“储备性”产品，公司推广重心原本是毛铺老酒。然而在试销期间，苦荞酒的市场反映远好于毛铺老酒，最后才明确毛铺苦荞酒的战略新品地位。

2. 积极开展品类创新，创造“苦荞酒”健康白酒的新品类概念

随着人们生活水平的提高和消费者理性化趋势越来越明显，健康消费

的理念已深入人心。白酒消费面临着升级转型，在产品品质上，消费者更愿意选择刺激性小、健康不伤身的低度白酒。

正是有了前面所说的各种尝试，当机会来临时，劲牌抓住行业转型升级的大机遇，围绕配料“苦荞”深挖健康理念，创造出“苦荞酒”健康白酒的新品类概念。

毛铺苦荞酒在产品功效、酒体自身等方面进行深度挖掘和创新，确保产品自身的竞争力。在产品功效上，毛铺苦荞酒运用成熟的中药现代化技术提取苦荞、葛根、枸杞、山楂、木瓜等有益成分，强化降血糖、降血脂、降血压的功效，而传统保健酒主要以抗疲劳、提高免疫力为主要功效，在产品特性上与传统保健酒形成区隔，规避传统保健酒的消费局限。在酒体创新上，毛铺苦荞酒通过对植物有益成分的提取，保持了传统白酒口感风味的同时酒体微黄，让产品的健康内涵更显性化，使产品的健康性能更加直观地展现到消费者的潜意识中，更容易被消费者认可。最终向消费者呈现出微黄透明、芳香浓郁、醇甜爽净、酒体醇厚、尾净爽口的饮酒新体验。

3. 品牌核心价值规划——“毛铺苦荞酒，健康饮酒新体验”

在品类创新之初，大单品的创立初期，品牌的核心价值更多地与大单品的核心卖点相关联，大单品的核心卖点在此时既是品牌核心价值的外在表现，也是传递给消费者的最重要的产品信息。

毛铺在“苦荞酒”健康白酒品类创立初期，围绕着苦荞降血糖、降血脂、降血压的功效，在心智资源的物质层面提出“毛铺苦荞酒，健康饮酒新体验”的核心价值主张。这一主张与“劲酒虽好，可不要贪杯”广告语一脉相连，明确了毛铺苦荞酒的“健康饮酒”理念，提倡健康的生活态度，与毛铺苦荞酒健康白酒的定位相呼应。

4. 基础传播要素规划——“好名字 + 精辟的广告语 + 易识别的品牌符号 + 区隔品类的单品包装”

一个好名字：消费者用品类来思考，用品牌来表达，也就是说消费者在购物的时候先考虑品类，后考虑品牌。当消费者把品类名和品牌名锁定在一起时，品牌就具备了强大的竞争能力。毛铺开创“苦荞酒”这一新品类概念，自然也享受到了作为品类开创者的先发优势。“毛铺苦荞酒”这一产品名称，毫无疑问，在“健康白酒”市场抑或是“苦荞酒”这一子细分市场，将会发挥出极大的竞争能力。

一句精辟的广告语：“毛铺苦荞酒，健康饮酒新体验。”明确了毛铺苦荞酒作为健康白酒的鲜明定位，与传统白酒完全区隔开来，体现出了新品类的差异点和价值。毛铺作为“苦荞酒”这一新品类的领导品牌，卖的就是苦荞“降三高”的基本属性，“健康饮酒新体验”，在明确产品定位的同时，背后更是向消费者传递了重要的产品信息。

一个易识别的品牌符号：从毛铺苦荞酒 Logo 的整体构成来分析，黑色行书的“毛铺”二字作为品牌名称居右，红色宋体“苦荞酒”作为品类名称居左，外围用金色苦荞穗将文字环绕（仅在外包装有显示）。视觉整体效果简单大方，视觉识别符号醒目突出，为毛铺苦荞酒的静销力奠定了坚实基础。

一个区隔品类的单品包装：“透明的玻璃 + 微黄的酒体”呈现出微黄透明感观效果，与传统白酒的白瓷瓶或透明瓶装无色酒体相区隔，使产品的健康性能更加直观地展现到消费者的潜意识中，更容易被消费者所认可。

三、大单品的单点突破阶段

在大单品创立之后的培育阶段，即使毛铺苦荞酒有劲牌公司的品牌背书，由于此时“苦荞酒”新品类的影响力还不够强大，品牌的作用力也显得相对较弱，集中力量破冰尤为重要。只有集中力量于一个单点，进行单点突破，才有可能变整体均势为局部强势，最终实现局部到整体的转换。

1. 聚焦战略单品

聚集战略单品，不是只销售一个单品，而是集中资源主推一个主导产品，确保这个产品能够成功。如果此时多产品同时主推，势必会造成资源和精力的分散，就会导致所有产品都无力突破，无法形成局部热销的场面，从而无法在市场扎根。

毛铺苦荞酒最开始上市时仅有黑荞一款产品，正式上市时，又增加了金荞和小荞，它们的终端表现价格分别为 128 元、68 元和 15 元（此为小荞的餐饮渠道价，流通价格为 13 元）。但真正让毛铺苦荞酒成为爆款的则是 125ml 小瓶装的小荞。

劲牌公司在经过详细的调研分析之后得出的结论是，大众白酒消费中有三个主流价位带。其一，是以小郎酒歪嘴郎为代表的价格在 15 元左右的小瓶酒。另外两个主流价格带则是金荞和黑荞所处的 60 ~ 80 元和百元价格带。小荞的推出，一方面是基于对小酒市场容量的判断；另一方面，当时劲牌公司现有的销售团队还不具备以盒装酒侵入市场的资源和实力，在 60 ~ 80 元以及百元这两个价格带的盒装市场，湖北地区的白云边年份酒和稻花香珍品系列都有着出色的表现。

因此，劲牌公司迅速推出 125ml 的小瓶酒，并将其作为主打产品，集中资源爆发式的铺货切入市场，给团队和经销商带来极大的信心。

2. 聚焦根据地市场

与对战略新品孵化极其谨慎的态度一样，毛铺苦荞酒的市场布局也十分稳健，劲牌公司一直秉承着理性的经营风格，先搞试验田，成熟了再推广。

毛铺苦荞酒在上市之初选择湖北本土作为单点突破的市场，即使在劲酒消费相对成熟的省外区域，毛铺苦荞酒也只是尝试性操作，并未真正发力。此举意图在于两点：一是打造样板市场；二是探索适用于毛铺苦荞酒的成熟操作模式。据了解，2014 年毛铺苦荞酒在湖北就有超过 500 人的基层销售团队。众所周知，劲牌已将深度分销的组织管理体系操练得炉火纯青，在组织末端和渠道末端展现出极强的战斗力，毛铺苦荞酒在湖北省内迅速得以推广动销。

3. 聚焦源点渠道

劲牌深知，若要赢得经销商的重视和主推，则需要企业集中资源于源点渠道，以争取渠道内更多的支持和重视，实现更多排面、陈列、展示、试用和品牌推广的机会，使战略单品成功的概率更高。

毛铺苦荞酒的市场导入推广以餐饮为核心，有 70% 以上的动销都在餐饮渠道。由于白酒产品在餐饮渠道品类众多、竞争激烈、消费者选择空间较大，因此作为一个新品，必须要将其主动放到消费者看得到、摸得着的地方。毛铺的营销团队制定详细的摆桌陈列推广计划，再分解到各市场、各区域，将目标进一步细化到每个人每一周，同时将摆桌陈列目标作为销售人员月度核心工作指标之一进行重点考核。正如劲牌湖北白酒区域总监王耀坤所说的："就实施效果而言，强化执行摆桌陈列对提高产品见面率、刺激消费起着重要作用。"

当毛铺苦荞酒在各区域餐饮渠道实现了一定的覆盖后，由于产品知名度和品牌影响力需要持续积累，产品此时还无法快速形成良性动销。毛铺苦荞酒则采取逐个突破、以点带面的营销策略，打造样板餐饮，以实现市场的快速启动和突破。在此策略下，毛铺苦荞酒制定了详细的餐饮样板店、样板街的开发计划，通过核心餐饮联合推广、摆桌陈列、餐饮联谊会、健康新体验等活动营造了良好的销售氛围与推广气势。在武汉市场将市场划分为12个片区进行精耕细作，在远城区则以蔡甸区为突破口进行大力开发，实现了快速突破。

此外，毛铺苦荞酒的销售团队还对重点餐饮终端老板、服务人员进行有针对性的消费培育以及推广激励工作，这不仅能培育一批客情融洽、产品知识全面、能积极主动推广产品的核心终端，还能借助它们培育一部分忠实主流消费人群，有效提高产品体验活动的精准性。

四、大单品的裂变阶段

2013年8月毛铺苦荞酒上市，上市当年销售额1.26亿元。如果把销售额从0～1亿看成是毛铺苦荞酒大单品从创立到单点突破的阶段，那么毛铺苦荞酒从1亿元到10亿元以上规模的跨越则可视为毛铺苦荞酒大单品的裂变阶段。进入到裂变阶段，成功的营销模式和品牌的大传播则成为引爆裂变的关键，外在的表现就是渠道的快速扩张。其核心就是持续复制和做透营销模式，并借助品牌传播的势能，快速覆盖更多渠道并使渠道下沉，实现销量的跨越式增长，快速成为品类第一。

1. 裂变大品种

一个战略单品的崛起势必会招致众多竞争对手的模仿，一般情况下，竞争对手都会以低价格或者销售政策的投入杀入市场参与竞争。为了防止这种模仿和骚扰，就需要围绕大单品建立起密不透风的立体化的产品结构。这种产品策略既是对竞争对手的防守，更是做大企业规模的核心手段。所谓单品突破、雁阵防守、集体做大，就是这个道理。

毛铺苦荞酒最初以500ml的黑荞、500ml金荞、125ml的小荞推向市场，以小荞为战略单品做大做强，在战略单品形成突破后，毛铺苦荞酒逐渐丰富产品线，对不同的细分市场进行补充。譬如针对聚会分享场景推出5L装的毛铺苦荞酒，针对喜宴婚宴市场推出毛铺喜荞酒，顺应消费升级趋势进一步推出毛铺“紫荞”等。

毛铺酒业在2014年出推“大红色系包装”的500ml“喜荞”产品，分为售价78元的42度毛铺喜荞酒金荞，及售价138元的42.8度毛铺喜荞酒黑荞。喜荞系列的推出，有助于毛铺酒业进一步切割宴席尤其是县、镇、乡的喜宴市场。

2017年9月，加推500ml毛铺“紫荞”，以湖北为核心进行逐步市场培育工作。产品特性层面，毛铺紫荞选8年以上优质浓香、酱香、清香原酒等调制而成，富含苦荞黄酮等活性成分，度数设定在44.8度和40.8度两个度数，价位设定在单瓶218~228元。从具体度数设定、价格策略上，可见其明显对标湖北市场的明星单品——白云边15年。

2. 导入深度分销模式

在毛铺苦荞酒进行渠道快速扩张时，再次引入劲牌打造第一支大单品劲酒时使用的深度分销模式。深度分销强调以构建和优化营销价值链为目的，与下游分销渠道进行结盟，进行分工协同。同时，强化企业的主导地位，通过对价值链各环节的系统管理和营销队伍有组织的努力，形成“快速、稳定、效率、增值”的共生型销售网络。

毛铺苦荞酒的营销工作的确延续了劲牌多年以来积累的行之有效的营销理念和基本模式，如让经销商无风险操作、市场非饱和销售、劲牌公司指导性投入、严格的市场管理等。毛铺苦荞酒的厂商合作非常紧密，销售队伍亦由厂商共建。业务员的基本薪资由劲牌负责，补贴、提成由经销商提供，福利则由厂商双方共同承担。在团队建设方面，通过组织销售人员到新开发市场集中开展铺市拓展训练，使销售人员业务技能在实战中得到了锻炼，营造各市场之间“比学赶超”的团队竞技氛围，有效地提高销售团队凝聚力和战斗力。

在渠道结构设置上，有所为有所不为，直控终端，不做二批商渠道。劲酒采用的是地级经销制，其他白酒采用省级代理制，毛铺苦荞酒采用的是地级和县级相结合的方式。重点县级市场可能是一个县设置一名代理商，非重点县级市场可能2～3个县设置一名代理商，原则上市区单独设置一名代理商，可根据市区代理商的网络情况和综合能力视实际情况而定。

毛铺苦荞酒在经销商的选择上，则延续了劲酒公司注重经销商软实力的原则。所谓软实力，就是指对经销商的诚信度、个人品行、社会责任感、经营能力等方面，软实力的考核在选择经销商的时候占到60%，至于经销商现有的销售规模，并不是毛铺苦荞酒所看重的。具备这些软实力的经销商，可能资金、公司规模都尚不成熟，但毛铺苦荞酒有这个能力也愿意与这样的经销商合作。总而言之，要毛铺苦荞酒的经销商都必须具有终端突破能力。

深度分销思想指导下具体实操就是“区域滚动销售”。毛铺苦荞酒在湖北市场取得成功后，立即向其他市场进行滚动复制。2013 年 9 月设立广东、河南、浙江、福建四个省级办事处，正式开始对外扩张；2014 年 3 月开始运作湖南、江苏市场；2014 年 7 月进行江西市场的开发推广，计划至 2018 年实现全国市场的基本布局。在具体的单个市场运作过程中，也坚持“远连线，近作面”的核心思想，核心市区重点突破，利用边缘效应拉动周边县城，精耕细作，向乡镇网点纵深发展、全面覆盖。

3. 裂变大传播

广告在任何时候都有巨大的威力，尤其是一个行业即将进入爆发的临界点，战略单品从培育期进入快速成长期的拐点时刻，谁第一个发声，谁就会抢得先机。在这个拐点时刻率先打广告往往能奠定一个品牌的行业地位。

毛铺苦荞酒于2014年1月25日在中央电视台体育频道开始投放广告后，陆续在中央电视台综艺频道（CCTV－3）、电视剧频道（CCTV－8）开始播放广告；2015年正式在中央电视台综合频道的黄金时段投放广告。

据了解，劲牌公司与央视一起携手走过30年后，合作进一步升级，劲酒和毛铺苦荞酒正式加入CCTV“国家品牌计划”。“国家品牌计划”是央视为全面贯彻习近平主席提出的“中国制造向中国创造转变、中国速度向中国质量转变、中国产品向中国品牌转变”的三个目标，响应2016年5月国务院办公厅发布的关于发挥品牌引领作用的文件，依托央视“国家平台成就国家品牌”的新定位，目的是寻找、培育、塑造一批能够在未来三十年里代表中国参加全球商业竞争和文化交流的国家级品牌。

毛铺苦荞酒入选央视“国家品牌计划”，无疑将进一步巩固毛铺苦荞酒的品牌地位，提升在消费者心中的品牌形象。

五、启示与建议

毛铺苦荞酒用短短3年多的时间达到10亿元以上规模，当之无愧可以称得上是白酒行业最具王者气象的行业大单品。越来越多的企业开始像研究王老吉、红牛、六个核桃一样试图去解析毛铺苦荞酒的成功之道。笔者通过上述分析把所感所悟加以总结，以供交流和探讨。

1. 品牌创建的过程就是大单品创建的过程，企业应高度重视大单品的培育和打造

从毛铺苦荞酒今天的成就可以看出，强势品牌的创建都开始于品类创新所创立的战略单品，强势于战略单品向大单品的裂变。大单品的创立，有改变行业格局、颠覆对手、推进企业转型、成就企业破局、定义和切割市场的功能。

2. 大单品成功的前提是对行业前景的准确预判，并对此做出积极的准备

毛铺苦荞酒的成功源于劲牌公司对白酒健康化趋势的准确把握，更得

益于劲牌公司主动围绕其品牌核心价值——“健康”进行的各种不断的试错尝试。

3. 品类创新是大单品打造的起点，是战略新品创建的阶段

品类创新的过程是智力创新的过程，更是一个探索求证的过程。劲牌公司在健康白酒领域的品类创新投入过持续的努力，并且进行小范围的市场验证，在发现苦荞酒的市场反应高于预期的时候，抓住机会围绕“苦荞”深挖健康理念，顺势打造出“苦荞酒”健康白酒的新品类概念。在创造出战略新品之后，这个阶段的重点工作就是品牌的核心价值规划及基础传播要素的规划，以创造战略新品的产品力。

4. 深度分销的核心思想及方法论指导贯穿于大单品市场培育的始终

深度分销的基本思想就是构建和优化营销价值链，以营销价值链的系统协同效率来获得市场的竞争优势。在营销价值链的构建和管理方面，强调企业的核心主导作用，强调建立“快速、稳定、效率、增值”的共生型销售网络，强调掌控关键渠道资源和整合相关辅助性资源，强调对销售网络进行系统管理。

落到具体的方法论层面就是“区域滚动销售”的整套动作，强调集中有限资源于重点区域、核心单品、源点渠道，先集中局部密集开发，冲击区域市场份额第一，取得有效的市场开发和管理经验，然后再滚动复制推广，最终实现整个市场的覆盖。强调客户顾问是深度分销的核心动力，通过对业务员的选拔、培养和激励，使其能在组织末端和渠道末端发挥出极强的战斗力。

5. 成功的营销模式和品牌大传播是引爆战略单品向行业大单品裂变的关键

在战略单品从培育期进入快速成长期的拐点时刻，在权威媒体的大传播往往能奠定一个品牌在行业中的地位。通过持续复制和做透营销模式，可以实现渠道的快速扩张，并使渠道下沉，实现销量的跨越式增长，快速成为品类第一，使企业战略单品真正迈进行业大单品领域。

第十五章

大单品之后怎么办

程绍珊　杨　勇

一、大单品成功之后的困惑：成也萧何，败也萧何

大单品的成功打造，能够使中小企业逆袭上位，成为行业领先品牌，或某个细分市场的垄断者。同时，也能让本就是领导者品牌的大企业有效掌控市场，压制对手，似乎是皆大欢喜的事。但任何事物都是两面性的，正如管理学家德鲁克所说："一个企业文化在成功的时候，也同时埋下了失败的种子！"大单品的成功同样给企业发展带来以下负面影响：

1. 消费者心智与品牌联想被固化

消费者心智与品牌联想被固化，甚至导致企业成为"过去时"大单品成功之后，企业形象、消费者心智、品牌联想和市场地位等似乎就已经被固定在某个产品上了，这个固化的概念和印象，也让企业今后的任何产品创新都会被消费者潜意识地拿来和原来成功的大单品做比较。结果大家是可以想象的，肯定是一代不如一代。真是成也萧何，败也萧何！企业不断推出的新品不是被竞争对手所打败，而是被自己太成功的大单品所打败。我们发现在企业成功打造经典大单品后，难以再有辉煌，给人江郎才尽之感觉。如可口可乐公司，在经典可乐成功之后，近百年还在吃老本；康师傅的红烧牛肉面也是时代经典的大单品，可现在公司难有出其右的新品，导致在新生代消费者为主的市场经营上举步维艰。这些超级经典的大单品在某种程度上已经成为企业的 DNA，任何的改变都难以兼容，甚至有可能

损害原有的光辉形象，其结果必然是让原本敢于逆袭的企业变得愈加患得患失、畏首畏尾，只能止步不前，被新时代所淘汰。

2. 遭遇天花板效应，投入产出比降低，边际效益快速递减

大单品本身的成长也必然遵循产品生命周期的普遍性市场规律。在其发展初期野蛮成长，销售收入增速快、增量大，企业投入产出比高，可随着大单品进入成熟期后，其增长曲线逐渐放缓，投入产出比下降，边际效益快速递减，甚至出现“促而不销”的困境，于是大单品不可避免地遇到了增长天花板，使得企业发展也同时遇到了成长瓶颈，甚至有些企业很多年都徘徊不前，最后盛极而衰，如以前的功能手机时代的诺基亚就是这样的悲剧典型。

3. 营销队伍路径依赖，导致思想保守、策略失效

大单品成功后，企业上下各层员工容易形成对以往经验与策略的迷信，有些企业人员在依赖大单品成功后，产生“一招鲜，吃遍天”的侥幸心理，进而形成路径依赖。这时所有人都会不自觉地往原来大单品成功的方向和策略上走，或是只是围绕大单品做些周边的小打小闹的改进，这种方向显而易见的结果就是容易邯郸学步，最终做出来的东西四不像，或者只能是原先大单品的附加品。有时即使是有些不错的新品，也会首先依赖大单品的品牌推广、分销渠道和业务队伍，结果往往是大树底下不长草。大量的曾经辉煌的企业就这么死在自己原先的大单品手上，典型如诺基亚、柯达等世界知名企业。

4. 大单品的成功容易形成“温水煮青蛙”的效应，导致企业错过战略转型机会和风口

大单品成功后，其业绩贡献大，企业上上下下关注度高，于是内部形成“马太效应”。各种资源投入多，企业也就越来越依赖大单品的短期业绩表现，造成其他产品的研发、营销不被重视，市场投入跟不上，结果新品成功率越来越低，企业上下就更加依赖大单品，进而形成恶性循环。

此外，在大单品成功后，企业市场优势和竞争壁垒得到强化，使得员工忽视市场环境的变化或竞争对手的挑战，失去对消费者和市场的敬畏之心，失去奋斗者的心态，从而日生骄兵之气，导致企业经营江河日下，甚

至消亡。这就是为什么现在如日中天的华为，其创始人任正非不断强调忧患意识和“以奋斗者为本”的道理。这方面的典型案例是联想集团，想当年其创始人柳传志先生励精图治，在PC时代敢于创新，挑战国际一线品牌，最终成就霸业，成为全球PC第一品牌。但在移动互联网时代到来之际，其继任者既没有像华为那样在智能手机技术不断钻研与创新，也没有像曾经的OPPO/vivo一样艰苦奋斗，在三四级市场精耕细作，持续在终端提供服务支持，只是一味地依靠原有PC品牌的优势和企业实力（且产品做得一般），还简单与运营商做贸易卖手机，导致现在举步维艰。

5. 大单品成功也导致企业资源与能力的短板

一些当初弱势企业的大单品成功，往往都是从三四级，甚至五六级市场开始的，一般采取农村包围城市的推进策略，这样在其次级市场成功后，向进入一二线城市市场，结果发现大部分资源长期配置在乡镇市场，营销队伍结构与素质能力不足，无法顺利进军更高端和竞争激烈的城市市场，只能望洋兴叹。医药行业也是这样，一个做中成药的客户企业——上市公司，在处方药方面有几个大单品的成功运作经验，医院市场运作如鱼得水，现在要进军大健康产业，就必须进入OTC和社区诊疗市场，却发现既无强势产品，也无渠道客户，更缺专业团队。

二、如何才能扬长避短，实现华丽升级

大单品的成功打造使企业获得了很好的竞争地位和经营效益，但我们也必须清醒地看到其带来的上述弊端与负面影响，要扬长避短，创造更大的成功，企业需要做到以下几点：

1. 开放心态，与时俱进

打造大单品只是通向成功的一种手段，只是阶段性胜利，企业要志存高远，不忘初心，持续努力，坚守自己的战略愿景与使命，像华为公司一样，始终保持创业状态和奋斗精神，不断超越自己。同时，要勇于和善于发现、接受新鲜事物和机会，利用和整合新策略、新媒体与新资源。就当下而言，我们认为企业至少要做到以下几点：

第一，关注新消费者和新动向，尤其是新生代的消费者，他们以“85后”、“90后”为主体，其生活方式、价值取向、消费场景与原有人群截然不同。他们不愿被推销，但消费欲望强，追求个性化和参与性，希望“我的消费我做主”。同时，其消费取向在往精神层面升级，对品质、健康、个性、娱乐和社交等方面要求在提高，是典型的价值敏感型，而不是价格敏感型人群，他们更注重购买过程中产品与服务的体验，偏好社交与娱乐性；他们受意见领袖和圈子口碑影响大，但其购买随意性大，且是“感性认知＋理性购买”，认识品牌和产品的方式是感性的，但实际购买时却是信息对称，货比三家。这些新生代消费者是未来市场的决定性力量，企业必须不断审视大单品对其适宜性，与时俱进，主动升级与创新，否则就像康师傅红烧牛肉面，无论曾经多么经典，因不能跟上健康食品升级的步伐，只能存在于消费者的回忆里。

第二，拥抱移动互联网和大数据，充分利用新技术改进产品性能、品牌推广、分销管理和顾客服务，实现精准高效。现在很多产业都在用新工艺、新材料和人工智能等技术提高原有的大单品的性能与操作界面，打造极致的顾客体验，如美的电器的智能空调、鹰牌卫浴的智能抽水马桶、老板电器的智能厨房油烟机等，这些尖叫的创新与美好的改变，使得大单品更具魅力化，顺利捕获新生代消费者的芳心。

第三，紧盯竞争对手，尤其要积极应对所谓的颠覆者，关注其新技术、新产品、新模式、新政策、新策略的动向和变化，尤其关注其战略、组织、人事等重大变革。以此权衡自己是以我为主，以不变应万变，还是积极调整应对，如前几年乐视公司推出互联网电视，基于“硬件低价＋内容、流量和应用的多维变现”的商业模式，向原有彩电巨头创维、TCL和海信等品牌发起冲击。创维公司积极反击：一方面推出狙击性品牌“酷开”的互联网电视机，以更高的性价比压制对方；另一方面顺应互联网时代“内容为王”的规律，积极与阿里巴巴、腾讯、各省卫视和国际娱乐巨头等新兴互联网和传统内容商进行战略合作，补齐内容短板。

第四，要充分利用各种新媒体，实现整合传播，提高推广效率。企业必须认识到现在是移动互联网的天下，营销传播环境和手段都发生了翻天覆地的变化，传统的电视、电台和纸媒等媒体的广告效果持续下滑、日益边缘化。与之相反，微博、微信、QQ 等移动互联网媒体崛起迅速，我们已经告别了“大媒体为王”的标王时代，而迎来了“内容为王”传播时代。现在高效省钱的传播策略是“创意内容，全媒传播”，利用互联网上的各种自媒体广泛点击传播，病毒式扩散，称之为“精内容、广传播”的营销传播策略与媒体形式。大单品的传播和推广更要与时俱进，在新的热点、新的媒体、新的节目中频频爆点，绚丽多彩，体现活力，就能永葆青春。加多宝在这方面就可圈可点，保持年轻活力，如果还是老调、老脸，必然边缘化。

2. 坚持学习，持续提升能力

我们在分析企业成功打造大单品的主要因果关系和有效策略，总结其成功的同时，要清楚认识到其带来的局限性。比如有些大单品是特定消费人群与情景下的产物，在面向新的消费者和新的消费情景，可能无法支撑现有市场份额与竞争优势。国内蛋白饮料的旗舰品牌六个核桃以前就是在华北三四级县乡老百姓过年送礼的市场，所以其农村市场运作到位，传统渠道与乡镇超市表现强势，但现在饮料的真正主力人群是年轻人，主要是自饮和即饮的消费情景。如果不能有力进军一二线城市市场，采取卖场、超市、餐饮、网吧和电商等全渠道运作，采用线上线下联动的全网传播与推广，估计很快就会盛极而衰。

而这些移动互联网时代的全网传播、大数据精准营销、线上线下的全渠道营销，以及面向消费者及时服务和互动等一系列的新营销技能，需要企业及时学习掌握，并建立相应的营销专业职能来支持。显然原来的营销队伍和组织无法在短期内通过自身摸索和发展掌握这些技能，这就要求，一方面自身要认识到短板，不能一俊遮百丑，而要积极学习；另一方面，积极引进职业经理人和外部专业咨询团队，来加速推动企业营销队伍的提升与转型。

3. 资源开放，积极合纵连横

当今时代，是信息、资源共享与开放的时代，跨界、混搭、外包等资源整合、嫁接方式已成为众多行业、企业实现快速突破、发展的重要战略举措。而且企业间的关系已经不是单纯的竞争关系，而应是竞合关系，企业应该放开胸怀，迎接资源开放的时代，把握其中的契机。产业链、资本、技术研发、营销平台、消费者及其心智资源等都是企业开放或者共享资源的可选择项。

同时，我们应基于大单品带来的渠道客户的信任与追随，积极培育和建立新型厂商合作关系，进一步深化在战略层面的中长期合作关系，实现厂商价值一体化。在充分利用渠道资源的基础上，厂商通过资源共担、分工协同、责权对等的合作方式，甚至以互相开放股权等深度战略性合作方式共同投入建设与运作区域市场，以整合和掌控行业内优秀渠道资源，构建渠道壁垒。比如在家电和家居建材行业，领先品牌格力、美的、顾家家居等企业纷纷建立起经销商商学院，协助经销商转型升级，密切厂商协同。

另外，在横向合作与延伸方面，企业基于大单品成功的各方面优势，探寻新的领域，积极整合跨界运作，一方面放大大单品的影响力；另一方面也能积极开拓更多大单品，分散经营风险，提速企业发展。在这方面，中国劲酒就有很好的运作，基于“小方劲”成功所积累的技术优势、品牌优势、渠道优势和人才优势，积极延伸到健康白酒领域，成功打造大单品“毛铺苦荞酒”，培养了新的增长点。同时借势与青青稞酒、奇正藏药联手打造“纳曲青稞酒”以扩大战果，此外还积极向大健康领域进军，与国内最大医药流通企业“九州通”合作进军功能性食品和精品中药饮片市场。

三、新形势下的营销升级方向

大单品成功后，企业要想具备长期的生命力和竞争力，就需要不断地对营销模式进行升级。未来的营销升级不仅需要转变营销思维，把握营销创新的方向，还需要不断优化、提升营销策略组合。

1. 四大营销思维的转变

第一，从决胜终端转向黏住顾客。

以前我们做大单品，搞深度营销，强调的就是区域精耕、决胜终端，让企业联合区域经销商，共同投入与协同运作，一起强化对零售终端的覆盖与争夺。因为以前我们没有更有效的手段直接连接千家万户的消费者，只有通过搞定终端而间接搞定消费者，但现在我们发现，在移动互联网时代，人人都有智能手机，可以低成本、高效率地连接顾客了，再加上新生代消费者的需求变化，真正的营销终端在消费者的心里，于是占有消费者心智比掌控终端门店更重要了。所以，我们需要将营销重心和资源投入转向与顾客互动和提供服务方面，例如中国劲酒就开始要求一线营销人员，逐步减少和控制对终端门店包装与促销的过度投入，而增加与消费者的体验活动与品牌沟通推广活动。

第二，要从单品为王转向解决方案。

在资源有限与信息不对称的条件下，聚焦单品进行重点突破是成功的，那时的顾客需求就是产品本身，但现在的消费者越来越关注产品能否解决问题与实现功效。这时光靠产品本身就难以满足了，还要有相关的服务，只有“产品+服务”的解决方案，才能让消费者真正解决问题与实现功效，感知到差异化价值。所以，在饲料和化肥行业，品牌企业在大单品突破之后，都围绕大单品进行产品组合，针对特定区域的某个作物提供全套产品，并贴近田间地头的技术服务与指导，真正帮助农民实现增产增收，这样企业不仅由大单品带动了其他产品的销售，扩大了销售规模，还提高了产品的价值差异，压制了竞争对手，如我们咨询团队协助金正大在山东胶东半岛针对甜瓜推出了水溶肥套餐。

第三，从价格冲击走向价值体验。

面对消费升级的新生代消费者，“不是你贵不贵，而是你值不值”，他们都是典型的价值敏感型顾客，所以企业的营销基点在于能否针对目标消费者的“痛点”与“爽点”进行价值点呈现与体验，价格战已经越来越没有意义了。未来的大单品不会只是便宜的产品，一定会是魅力四射的尖叫型产品。于是价值体验很重要，某种意义上讲，没有体验就没有销售。再好的产品，如果不能体验是没有用的。未来要搞差异化产品的营销，只能让消费者亲自去体验，并且能有效超越其预期，进而产生尖叫，这才是好的价值体验。

第四，从广而告之到贴近互动。

媒体碎片化的今天，传统媒体更是越来越边缘化，信息过剩，消费者已经对狂轰滥炸的广告麻木了，高举高打的广告投入只能失败，恒大冰泉就给了大家最好的教训。于是我们必须认识到把顾客当上帝去忽悠，或把消费者当傻瓜去哄骗，都是得不偿失的，应该是把顾客当作朋友和“闺蜜”，才能真正获得他们的信赖与忠诚。企业营销传播也必须由广而告之转向贴近顾客的沟通互动，做到“三分天空，七分地面”的传播推广。现在连经常包场央视广告的标王们，都转向线下与消费者互动了，如很多白酒品牌的营销推广都开始搞消费者工厂参观旅游、亲子活动和各类社区群众体育活动。

2. 四种营销模式的重用

第一，全方位的体验营销。

对于越来越注重精神与情感需要的新时代消费者，体验营销要做的不只是让消费者体验产品与服务，还要让顾客有全方位的综合性体验，包括感官、情感、精神、行为和文化这 5 个方面的体验，如图 15 - 1 所示。

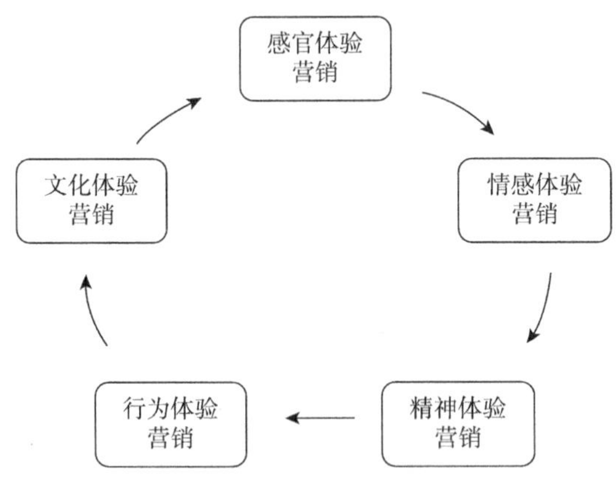

图 15 - 1　体验营销

体验营销在中国做得最好的是海底捞。吃过的人对海底捞的印象就是服务好。很多服务员在海底捞培训 3 ~ 5 个月，出来一亮相，那种微笑让你难以拒绝，亲切热情得让你像在家里吃饭一样。同样是服务业，登机的时候，空姐会说：“先生，欢迎登机！”我观察了一下，当空姐跟你打招呼的时候，据我观察只有不到1/3的男士会回礼。以前我会回礼，现在我也不怎么回礼，为什么呢？按照客舱服务规定：顾客登机，目光注视，15°鞠躬，微笑（8颗牙齿）。我相信每一个空姐这样跟你打招呼的话，男士都会回礼："小姑娘，你好!"但是，现在当我回了礼一抬头，尴尬了，刚才她是在跟我打招呼吗？眼睛看到别的地方去了。我们的微笑慢慢地收回去，她们的微笑来得快去得更快。为了避免这种尴尬，现在我看情况，对认真的打个招呼，敷衍的也不打招呼了。消费者要求更多的是服务的态度，体验的是情感与文化。

海底捞介绍

四川海底捞餐饮股份有限公司成立于1994年3月20日，是一家以经营川味火锅为主，综合各地火锅特色于一体的大型直营连锁企业。公司始终秉承"服务至上、顾客至上"的理念，以创新为核心，改变传统的标准化、单一化的服务，提倡个性化的特色服务，致力于为顾客提供愉悦的用餐服务。在管理上，倡导双手改变命运的价值观，为员工创建公平公正的工作环境，实施人性化和亲情化的管理模式，提升员工价值。二十余年来，公司在北京、上海、西安、郑州、天津、南京、杭州、深圳、厦门、广州、武汉、成都、昆明等大陆的54个城市有177家直营餐厅，在中国台湾有1家直营餐厅。在国外，新加坡4家、美国洛杉矶1家、韩国首尔2家和日本东京1家直营餐厅。

图15-2　海底捞

根据统计，80%的顾客投诉，投诉的不是事情，投诉的是态度。比如在饭店点一碗面条，要醋，结果5分钟醋没拿来，第6分钟，来了一个美女服务员，一边刷手机一边拿醋，你一看就急了。到日本旅游，也在面馆点一碗面条，要醋，等了10分钟，第11分钟，一个老太太服务员，拿着醋跑过来，你很感动——跑过来给你送醋。老太太跑的不是速度，而是态度。这叫情感体验，感觉有尊严感。未来，这种体验式的营销会越来越重要。

第二，新型关系营销。

既然我们需要将目标顾客当朋友和闺蜜来对待，那就必须要与他们构建与发展新型的客户关系，不仅在产品和服务上要能解决其痛点，更要与他们在价值观层面达成共识，建立信赖与认同，引发情感共鸣。所以，与其沟通和互动的内容、策略和手段就必须随之而变，这就要进行新型关系营销。

这方面的典型案例是孩子王。孩子王96%的门店生意来自会员，会员怎么来的？就是搞跨界合作与异业联盟，获得目标顾客数据，女人一怀孕，有一个地方是一定要去的——医院，月月做产检，于是在各类孕妇体检及办卡的地方，端茶倒水，交朋友。可以做到76%的顾客转化率，95%的生意来自会员，获取会员成本18元，远低于100元的其他电商标准，电商企业平均转化率不到2%。

同时，孩子王还将自己定义为：为妈妈提供全方位增值服务，满足孩子一站式成长需求，几乎做到月月有主题，周周有活动！多种互动活动，如早教中心、开心乐园、英语、音乐、舞蹈、摄影和手工DIY等丰富内容为儿童提供全系列的能力培养。一年在门店举办近1000场消费者活动，组织孩子们学钢琴、跳舞、手工课，孩子一去活动，家长要跟去，甚至全家要出动。你在那待45分钟，不买东西可能吗？黏度很高。

独创的“妈妈后援团”和“育儿顾问”，帮助准妈妈及宝宝家庭近距离指导心理、健康、饮食、形体及婴儿发育过程中遇到的问题，成为父母育儿的好帮手，值得信赖的知心伙伴。刚开始，妈妈都问奶粉怎么泡、纸尿裤怎么换、奶瓶怎么洗等技术与产品问题。问着问着，开始信任了，就开始问情感问题：我跟婆婆吵架了怎么办、与老公赌气等很多私房话，于是就成了品牌的闺蜜，无话不说，就有超高黏度了。

孩子王介绍

孩子王是五星控股集团旗下零售事业，总部位于江苏南京。孩子王是数据驱动的，基于用户关系经营的创新型新家庭全渠道服务品牌，中国母婴童商品零售与增值服务品牌，专业从事孕婴童商品一站式购物及提供全方位增值服务，拥有实体门店、线上 PC 端购物商城、移动端 APP 等全渠道购物体验，主要提供准妈妈及 0～14 岁孩子的玩具、食品、用品、服装，以及婴儿游泳、儿童游乐、早教、摄影、才艺培训、产后恢复等一站式服务。2009 年 12 月 18 日，孩子王在南京建邺万达广场开出旗舰店，经营面积近 8000 平方米。截至 2016 年 12 月，孩子王实体门店已经覆盖苏、沪、皖、鄂、湘、川、渝、鲁、浙、陕、豫、冀、辽、闽等 17 个省份及沪、渝、津直辖市地区，门店数量达 174 家，会员家庭超过千万户。如图 17－3 所示。

图 17－3　孩子王

第三，基于大数据的精准营销。

现在既然互联网，尤其是移动互联网使我们可以直接连接消费者了，那基于大数据技术，高效、精准、快捷连接消费者的营销策略与手段必然成为主流。让企业有机会把握目标客户的精准需求，并且抓住客户的碎片化时间，在合适的时间，通过合适的载体和渠道，以合适的方式，将产品投给合适的消费者。对于企业的营销团队来说，这是必须顺应的时代要求，发育相关的专业职能，掌握相关的大数据技术，建立相应的顾客服务互动平台。

孩子王就建立了这样强大的顾客大数据平台，以强大的顾客数据分析与支持平台，能实现精准、高效、个性化和情感化的交流与互动。一个顾客信息，可以通过160个维度搜索到，如血型、喝什么牌子奶粉、穿几号纸尿裤等，每个员工一个智能终端，马上就知道到店消费者信息，几乎24小时响应顾客要求、维护顾客关系。店员白天在门店当店员，现场卖货和主持活动，晚上又成为电商“店小二”，有时晚上12点还在处理顾客的订单，这样自然使得企业既是电商又是实体零售门店，真正实现了“O+O”线上线下的无缝对接。

第四，跨界整合营销。

跨界联合，基于定位一致的共同目标消费者，相关互补和相关的品牌企业进行市场策略整合的协同营销活动，以期实现资源共享，放大营销效果，提高营销效率。这样一方面可以增强目标消费者的全方位体验，从而增加品牌黏度；另一方面相互支持，形成抱团打天下的气势。最早的雏形就是异业联盟砍价会，如建材行业，有卖瓷砖的、有卖灯的、有卖门窗的等，一般集拢十多个品牌企业，每个品牌出2万元，请50个消费者，由第三方组织者再电邀几百个潜在顾客，并负责具体执行与操办，结果来了1200人，转化率20%，每个品牌都能小投入、多成交。这是跨界整合营销的效率与价值提升。但值得注意的是，跨界整合营销必须是相一致的目标消费人群，并且是同一消费情景的互补或关联的产品进行跨界才能持续有效、相互增益，否则容易劳民伤财、得不偿失。

跨界整合营销是正在发生的变化，是必然的趋势，其最高境界就是生态圈营销，围绕目标消费者及其相关消费情景进行深度整合与协同，说白了就是几个定位一致的大单品整合起来，协同推广与服务，满足共同的目标消费者的主要消费情景，为其提供极致消费体验，极大地占有其心智。现在在“BAT”的平台上正在逐步形成这样的生态圈营销，乐视的贾跃亭天天讲的也是这种逻辑的故事，相信读者朋友不难理解。

3. 大单品的魅力化策略创新

在可以预见的未来，营销策略及模式的创新会越来越多、越来越快，毕竟我们处在“唯一不变的就是变”的时代，但有一点是可以肯定的，就是必须以产品为王。

面对新生代的消费者，如何成功打造尖叫性、魅力化的大单品？我们咨询研究团队，梳理了近年来相对成功的大单品，一般具备以下三个基本特点：

一是更专业、更生动的产品特色，绝对不是万金油式的产品；

二是能让顾客乐于、便于体验的产品，符合顾客感性认知的特点；

三是一定是超越消费者价格预期的定价，让顾客有赚到便宜的感觉，如老干妈的辣椒酱和劲酒的小方劲等。

但我们认为这些只是必要条件，不是充分条件。新时代能成功的大单品还必须有魅力才行，也就是说不但要天生丽质，而且还要风情万种，才能引发新时代消费者的尖叫和追捧。

我们营销咨询团队在十多年的一线营销策划与推进中，经过几十个行业和近百个产品的营销实践，提出了实现产品的魅力化的五大策略，仅供读者朋友们参考：

精神内涵魅力化
品质功能魅力化
形式外延魅力化
消费体验魅力化
消费群体魅力化

第一，精神内涵魅力化。其策略目的是引发消费者对产品产生思维认知，达成精神层面的认同，鼓励顾客从心灵深处对品牌和产品进行评估，产生深刻体会，进而建立难以替代的体验和地位。具体的做法是通过给产品赋予文化元素、传奇故事、历史传承和独特天赋等元素，增加产品精神层面的价值，可以通过标志一种精神主张、营造情境、包装人物、定义标杆等具体手段，来进行推广和传播，引起消费群的情感共鸣和认同，其典型案例有国外的星巴克和国内的褚橙。

星巴克更擅长咖啡外的“精神诉求与体验”，如气氛管理、个性化的店内设计、暖色灯光、柔和音乐等。就像麦当劳一直倡导售卖欢乐一样，星巴克把美式文化逐步分解成可以体验的东西。“认真对待每一位顾客，一次只烹调顾客那一杯咖啡。”这句取材自意大利老咖啡馆工艺精神的企业理念，是星巴克快速崛起的秘诀。注重“on eat a time”（当下体验）的观念，强调在工作、生活及休闲娱乐中，用心经营“当下”这一次的生活体验。

星巴克还极力强调美国式的消费文化，顾客可以随意谈笑，甚至挪动桌椅，随意组合。这也是星巴克营销风格的一部分。中国上海的星巴克，以年轻消费者为主。在拓展新店时，他们费尽心思去找寻具有特色的店址，并结合当地景观进行设计。位于城隍庙商场的星巴克，外观就像座现代化的庙；而濒临黄浦江的滨江分店，则表现花园玻璃帷幕和宫殿般的华丽。夜晚时分，透过巨大的玻璃窗，看着霓虹闪烁、流光溢彩的街头，轻轻啜饮一口味道纯正的咖啡，这是一种多么“雅皮”的感觉体验。

紧张忙碌的生活中，人们都渴望放松和悠闲。如果你的产品和服务满足了人们的这一需求，使他们拥有了一份美妙而娴静的体验，就会吸引更多的消费者，从而提升品牌认知度。

图 15-4　褚橙

如图 15-4 所示，国内褚橙将自己定义为“励志橙”，为新生代消费者提供正能量。用传奇企业家褚时健坎坷起伏的人生经历作为背书，通过王石等名人的转发与点评，让大家都在回忆褚老的故事，觉得吃橙子很励志，一时间在网上形成追捧的潮流。

第二，品质功能魅力化。这个创新策略很好理解，用网络语言表达，就是有“黑科技”，将产品某一项功能打造出极致水平，突出其专业性。比如功能性饮料红牛，就突出一点——“困了累了喝红牛”，OPPO R9 手机就是突出快充特点——“充电五分钟，通话两小时”等。需要指出的是，大单品重点突出的性能和品质，必须是消费者关注的关键价值点、竞争对手没有的，或短板的、符合企业自身资源与能力长项的，这三者的交集才是其特色。这样才能是机理科学、效果显著，能引发顾客超预期的尖叫体验。

以特斯拉为例，特斯拉（Tesla）是一家美国电动车及能源公司，产销电动车、太阳能板及储能设备。特斯拉第一款汽车产品 Roadster 发布于 2008 年，为一款两门运动型跑车。2012 年，特斯拉发布了其第二款汽车产品——Model S，一款四门纯电动豪华轿跑车。第三款汽车产品为 Model X，豪华纯电动 SUV，于 2015 年 9 月开始交付。特斯拉的第四款汽车为 Model 3，首次公开于 2016 年 3 月。特斯拉的愿景是加速全球向可持续能源的转变。2016 年 11 月 17 日特斯拉电动车收购美国太阳能发电系统供应商 Solar-City，使得特斯拉转型成为全球唯一垂直整合的能源公司，向客户提供包括 Powerwall 能源墙、太阳能屋顶等端到端的清洁能源产品。2017 年 2 月 1 日，特斯拉汽车公司（Tesla Motors Inc.）正式改名为特斯拉（Tesla Inc.）。

这意味着汽车不再是特斯拉的唯一业务。如图 15 - 5 所示。

图 15 - 5　特斯拉

“通用只是做了一辆电动车，而特斯拉做的是一辆智能汽车，这是本质的不同。”在特斯拉出现之前，智能汽车似乎还仅仅停留在概念上，“车联网、智能系统、自动驾驶”，这些专业词汇似乎大家早已耳熟能详，却一次次停留在一场又一场各路专家拾人牙慧的研讨会上，而从未真正走入人们的生活。是技术的问题吗？纠结于等待技术成熟，标准制定，只会让整个智能汽车产业陷入一个止步不前的死循环，不如换个角度看问题，也许大家的初衷是好的，但发展方向一开始就错了。

“在 2012 年之前，市面上从没有出现过任何一台量产的智能交通工具，直到特斯拉 Model S 出现，可以说特斯拉是智能汽车领域的开拓者，是目前市面上唯一一辆可以被称为智能汽车的汽车。”特斯拉一位资深工程师充满自豪地说道：“传统汽车品牌之所以一直造不出智能汽车，是因为他们一直没有了解什么才是真正的智能汽车。智能汽车并不是简单地给一台汽车加上一个大屏幕，然后连上网就足够了。特斯拉 Model S 之所以可以实现智能化，首先是因为 Model S 结构精简，采用模块化设计理念。此外，特斯拉独特的机电一体化技术，将机械语言和 IT 语言融合，真正实现了车联网技术，让特斯拉从根本上和传统的汽油车区别开来。”

机电一体化技术，是特斯拉作为一辆智能汽车的先天优势。传统汽车厂商想将自己的产品智能化，充其量是给汽车装一个具有联网功能的 Pad。但特斯拉每一个机械结构和零部件在制造的过程中，就已经把人车交互以及车联网的需求考虑进去了，可以说特斯拉是把车联网技术直接融入设计的过程中，车上的每一个部件和控制单元都是为了实现智能化操控而生的。特斯拉只是外表看起来像一台车，但内里早已是一个智能设备。对于传统汽油车来说，要完成这个过程，需要将传承了几十年的造车技术推翻重塑，这个思想斗争的过程本身就异常艰难。

特斯拉领先业内的智能化技术，为车主带来了独一无二的驾乘体验。特斯拉在车联网技术方面，有着十分优秀的表现。首先是空中升级，传统汽油车无论是添加新的功能，还是整体性能的提升，都需要车主驾车跑去 4S 店或专业改装店，斥巨资花时间去搞定。有时候，甚至必须要更换一辆新车。而对于特斯拉来说，这个过程仅仅通过点击安装从网络上推送给车主的升级包就可以轻松搞定。此外，特别值得一提的是特斯拉的远程诊断服务，特斯拉车主在路上发生任何突发情况，均可致电特斯拉服务中心请求协助，小到指导车主排除系统故障，大到交通事故派去拖车，特斯拉车主都可轻松获得来自特斯拉官方售后服务部门的帮助，这是传统汽车根本不能做到的。

第三，消费体验魅力化。未来成功的大单品，首先必须是体验感特别强的产品，不但在售前、售中和售后等全购买过程中，给目标消费者带来超值体验，更能够在产品使用过程中，给予目标消费者难以比拟的美好体验。

以苹果手机为例，上市之前，在果粉们盼望苹果手机面世的长达一年多时间里，网上讨论不断，甚至有人自称搞到了苹果手机的设计方案。但直到发布当日，人们最终看到 iPhone 的真实面目，几乎所有人都猜中了它叫 iPhone，但几乎所有人都没有猜中它的造型，更为它的各种性能惊叹。据称，苹果研发人员在研究机载程序时，以人眼习惯的视觉方向来设计画面弹出的位置。再以电子触摸屏的触点为例，苹果搜集了上万的样本，用以判断多大的面积是最舒服、最好操作的。苹果通过饥饿营销的方式，激发消费者的兴趣和购买欲，认同苹果价值的人，就是苹果的消费者，请跟着苹果走。苹果的营销已经用精神和价值观来号召和统领消费者了，超越了纯粹的产品层面，这正是品牌营销追求的至高境界。苹果真正不同的是，别人是向消费者灌输，而乔布斯是吸引，“愿者上钩”。新颖的产品当然也需要新颖的承载方式传递给消费者。同时，苹果并非为了开店而开店，而是把开店理解为是“一项创造体验的事业”。因此，能做到令顾客为了购物而来，满怀激动而去。苹果把专卖店理念定位于“为生活添彩”，从而抛弃了传统零售业在店铺设计、选址和员工决策权上的条条框框。在店铺设计上，以苹果上海旗舰店为例，光线通过透明玻璃直接照入 2000 平方米的店铺，80 台苹果电脑、100 部 iPod 播放器和 60 部 iPhone 手机已经启动，等候顾客的体验和试用。店铺充分利用了阳光与空间，以一种开放的姿态迎接顾客，顾客也会很自然地对产品进行体验与接触。

第四，形式外延魅力化。在这个“看脸”的时代，产品的“高颜值”是畅销的前提，否则可能连消费者关注的机会都没有。大单品成功多年之后要面对越来越个性化、感性化的年轻消费群体，不断提高外观与包装就非常重要了。“Häagen-Dazs”冰淇淋在这方面做得可圈可点，在店面装潢以温馨与爱之欢乐环境为主，浪漫的用餐环境，定位于罗曼蒂克的感觉上，产品设计为系列浪漫主题的冰淇淋蛋糕，如“甜蜜金字塔”“花之恋”等。

哈根达斯在终端设置上选择在高档消费场所开设高雅别致的样板店，同时自己建立旗舰店，就与传统冰激凌店的简陋形象形成了鲜明反差，并强烈地向消费者传达了哈根达斯的品牌定位，与哈根达斯所定位的目标消费者对于产品和服务的场所档次感的要求是吻合的。其次，哈根达斯以一句“爱她就请她吃哈根达斯”的品牌诉求，将冰激凌赋予了浪漫的爱情场景，具有无可比拟的煽动性。哈根达斯在甜品屋中着意营造雅致愉悦的氛围，让顾客悠然享受极品滋味，体验“哈根达斯黄金标准”和每一刻满足、畅快感受，让哈根达斯在消费场景上的表现也不仅仅是一种冰淇淋，而是浪漫、时尚的生活方式和品味。如图 15 –6 所示。

图 15 –6　哈根达斯

颜值提高外，跨界结合一些流行的“大 IP”也是非常有效的创新策略，如结合热播的影视剧、网络游戏和综艺节目等，在外延的促销主题、公关活动和顾客互动中植入这些 IP 元素，会极大地吸引新生代的消费者，让大单品与时俱进、保证活力、不断年轻化。比如我们曾经服务过的施可丰化肥就是结合当时热播的电视剧《乡村爱情》系列，通过情节植入、广告植入，把自己的核心大产品——稳定性肥料融入剧情中，使得施可丰品牌和稳定性肥料深入到广大的农村消费人群中，迅速提升了该企业在东北及其他地区的影响力和销量。

第五，消费群体魅力化。其策略导向是打造一种粉丝文化，或借势与产品定位相符合的意见领袖的影响力，通过创造独特标志，建立粉丝组织，经常策划一些有创意的公关活动和互动节目，以制造流行潮流，引发社会关注与潜在消费群追捧。这方面的成功案例首推美国哈雷机车“harley-Davidson”，哈雷是一种生活形态。从机车本身、与哈雷有关的商品，到狂热者身体上的哈雷文身，哈雷机车爱好者会借由哈雷相关产品作为识别象征，创造了一个将机器和人性融合为一体的精神象征，并深刻地影响了其目标消费群的生活方式、价值观、衣着打扮，哈雷戴维森标志是当今世界上被其目标群纹在身上最多的品牌之一。同样，它的品牌忠诚度也是最高的。其产品的形式相当广泛，小到钥匙圈、打火机，大到一家餐厅。如图 15 –7 所示。

图 15 –7　哈雷

从俄罗斯总统普京到中国明星李亚鹏、杨坤，他们都是忠实而狂热的哈雷车迷。全球功成名就、富有活力的哈雷戴维森车迷组成了一个大家庭。他们热爱休闲和冒险精神，对哈雷戴维森的产品和骑行体验充满激情。尽管有些哈雷车迷看起来颇为标新立异，但是他们大多和我们别无二样。这些车迷当中既有医生、律师，也有顾问、会计师。对哈雷戴维森来说，哈雷车迷是无价之宝，四海之内皆一家。贴近消费者、形成忠诚消费群体是哈雷戴维森的重要成功因素。

通过上述五个增加产品魅力化的策略，让大单品能不断与时俱进，在巩固原有顾客的同时，还能赢得新生代消费者的青睐，从而延长了大单品的产品生命周期。

结束语

大单品的打造成功让中小企业演绎了惊人逆袭的商业奇迹，迅速成为行业的领先企业，甚至获得品类的霸主地位。而本来就是大品牌的领先企业也通过打造大单品有效地提高了经营效益，获得丰厚利润回报的同时，进一步巩固和扩大了竞争优势。这些都是大品牌给我们带来的红利，但同时也要理性地认识到，大单品成功带来的一些负面的影响。总结上述我们阐述的观点与论述，其实就是想促进企业保持忧患意识，持续创新，能不断超越自己，主动迭代升级大单品，增加其魅力，甚至自我颠覆，打造出新的更成功的大单品。

另外，本书阐述的一些观点和列举的案例，只是我们营销咨询团队的经验总结和初步研究成果，加之大单品的成功是一个不断纠错与创新的学习过程。所以，很多观点与看法都欢迎读者们多交流与指正，希望能引发读者们的思考，并能得到一些借鉴。

推荐作者得新书！

博瑞森征稿启事

亲爱的读者朋友：

感谢您选择了博瑞森图书！希望您手中的这本书能给您带来实实在在的帮助！

博瑞森一直致力于发掘好作者、好内容，希望能把您最需要的思想、方法，一字一句地交到您手中，成为管理知识与管理实践的桥梁。

但是我们也知道，有很多深入企业一线、经验丰富、乐于分享的优秀专家，或者忙于实战没时间，或者缺少专业的写作指导和便捷的出版途径，只能茫然以待……

还有很多在竞争大潮中坚守的企业，有着异常宝贵的实践经验和独特的洞察，但缺少专业的记录和整理者，无法让企业的经验和故事被更多的人了解、学习……

对读者而言，这些都太遗憾了！

博瑞森非常希望能将这些埋藏的“宝藏”发掘出来，贡献给广大读者，让更多的人从中受益。

所以，我们真心地邀请您，我们的老读者，帮我们搜寻：

推荐作者

可以是您自己或您的朋友，只要对本土管理有实践、有思考；可以是您通过网络、杂志、书籍或其他途径了解的某位专家，不管名气大小，只要他的思想和方法曾让您深受启发。

可以是管理类作品，也可以超出管理，各类优秀的社科作品或学术作品。

推荐企业

可以是您自己所在的企业，或者是您熟悉的某家企业，其创业过程、运营经历、产品研发、机制创新，等等。无论企业大小，只要乐于分享、有值得借鉴书写之处。

总之，好内容就是一切！

博瑞森绝非“自费出书”，出版费用完全由我们承担。您推荐的作者或企业案例一经采用，我们会立刻向您赠送书币 1000 元，可直接换取任何博瑞森图书的纸书或电子书。

感谢您对本土管理原创、博瑞森图书的支持！

推荐投稿邮箱：bookgood@126.com　　推荐手机：13611149991

1120 本土管理实践与创新论坛

这是由 100 多位本土管理专家联合创立的企业管理实践学术交流组织，旨在孵化本土管理思想、促进企业管理实践、加强专家间交流与协作。

论坛每年集中力量办好两件大事：第一，**"出一本书"**，汇聚一年的思考和实践，把最原创、最前沿、最实战的内容集结成册，贡献给读者；第二，**"办一次会"**，每年 11 月 20 日本土管理专家们汇聚一堂，碰撞思想、研讨案例、交流切磋、回馈社会。

论坛理事名单（以年龄为序，以示传承之意）

首届常务理事：

彭志雄　曾　伟　施　炜　杨　涛　张学军　郭　晓　程绍珊　胡八一
王祥伍　李志华　陈立云　杨永华

理　　事：

张再林　卢根鑫　刘文瑞　王铁仁　周荣辉　罗　珉　房西苑　曾令同
黄民兴　陆和平　孟广桥　宋杼宸　张国祥　刘承元　叶兴平　曹子祥
宋新宇　吴越舟　吴　坚　杜建君　戴欣明　仲昭川　刘春雄　刘祖轲
张茂泽　段继东　陈立胜　梁　涛　何　慕　秦国伟　贺兵一　罗海容
张小虎　陈忠建　郭　剑　余晓雷　黄中强　朱玉童　沈　坤　阎立忠
张　进　丁兴良　朱仁健　薛宝峰　史贤龙　卢　强　史幼波　黄剑黎
叶敦明　王　涛　李文才　王　强　张远凤　陈　明　廖信琳　岑立聪
方　刚　何足奇　周　俊　杨　奕　孙行健　孙嘉晖　张东利　郭富才
叶　宁　何　屹　沈　奎　王明胤　王　超　马宝琳　谭长春　杨竣雄
夏惊鸣　张　博　段传敏　李洪道　胡浪球　孙　波　唐江华　程　翔
翟玉忠　刘红明　杨鸿贵　伯建新　高可为　李　蓓　王春强　孔祥云
戴　勇　贾同领　罗宏文　张兵武　史立臣　李政权　余　盛　陈小龙
尚　锋　邢　雷　余伟辉　李小勇　苗庆显　孙　巍　陈继展　全怀周
林延君　王清华　初勇钢　陈　锐　高继中　聂志新　黄　屹　沈　拓
徐伟泽　潦　寒　谭洪华　崔自三　王玉荣　蒋　军　侯军伟　黄润霖
朱伟杰　金国华　吴　之　葛新红　周　剑　崔海鹏　李治江　陈海超
柏　龑　唐道明　刘书生　朱志明　曲宗恺　杜　忠　黄渊明　王献永
范月明　吕　林　刘文新　赵晓萌　张　伟　韩　旭　韩友诚　熊亚柱
秦海林　孙彩军　刘　雷　贺小林　王庆云　黄　娜　俞士耀　田　军
丁　昀　张小峰　黄　磊　罗晓慧　赵海永　伏泓霖　任彭枞　梁小平
鄢圣安　马方旭　乐　涛　杨晓燕　欧阳莉华　陈　慧　张　璐

企业案例·老板传记

	书名．作者	内容/特色	读者价值
企业案例·老板传记	**你不知道的加多宝：原市场部高管讲述** 曲宗恺　牛玮娜　著	前加多宝高管解读加多宝	全景式解读，原汁原味
	借力咨询：德邦成长背后的秘密 官同良　王祥伍　著	讲述德邦是如何借助咨询公司的力量进行自身 与发展的	来自德邦内部的第一线资料，真实、珍贵，令人受益匪浅
	娃哈哈区域标杆：豫北市场营销实录 罗宏文　赵晓萌　等著	本书从区域的角度来写娃哈哈河南分公司豫北市场是怎么进行区域市场营销，成为娃哈哈全国第一大市场、全国增量第一高市场的一些操作方法	参考性、指导性，一线真实资料
	六个核桃凭什么：从0过100亿 张学军　著	首部全面揭秘养元六个核桃裂变式成长的巨著	学习优秀企业的成长路径，了解其背后的理论体系
	像六个核桃一样：打造畅销品的36个简明法则 王　超　范　萍　著	本书分上下两篇：包括"六个核桃"的营销战略历程和36条畅销法则	知名企业的战略历程极具参考价值，36条法则提供操作方法
	解决方案营销实战案例 刘祖轲　著	用10个真案例讲明白什么是工业品的解决方案式营销，实战、实用	有干货、真正操作过的才能写得出来
	招招见销量的营销常识 刘文新　著	如何让每一个营销动作都直指销量	适合中小企业，看了就能用
	我们的营销真案例 联纵智达研究院　著	五芳斋粽子从区域到全国/诺贝尔瓷砖门店销量提升/利豪家具出口转内销/汤臣倍健的营销模式	选择的案例都很有代表性，实在、实操！
	中国营销战实录：令人拍案叫绝的营销真案例 联纵智达　著	51个案例，42家企业，38万字，18年，累计2000余人次参与……	最真实的营销案例，全是一线记录，开阔眼界
	双剑破局：沈坤营销策划案例集 沈　坤　著	双剑公司多年来的精选案例解析集，阐述了项目策划中每一个营销策略的诞生过程，策划角度和方法	一线真实案例，与众不同的策划角度令人拍案叫绝、受益匪浅
	宗：一位制造业企业家的思考 杨　涛　著	1993年创业，引领企业平稳发展20多年，分享独到的心得体会	难得的一本老板分享经验的书
	简单思考：AMT咨询创始人自述 孔祥云　著	著名咨询公司（AMT）的CEO创业历程中点点滴滴的经验与思考	每一位咨询人，每一位创业者和管理经营者，都值得一读
	边干边学做老板 黄中强　著	创业20多年的老板，有经验、能写、又愿意分享，这样的书很少	处处共鸣，帮助中小企业老板少走弯路
	三四线城市超市如何快速成长：解密甘雨亭 IBMG国际商业管理集团　著	国内外标杆企业的经验＋本土实践量化数据＋操作步骤、方法	通俗易懂，行业经验丰富，宝贵的行业量化数据，关键思路和步骤
	中国首家未来超市：解密安徽乐城 IBMG国际商业管理集团　著	本书深入挖掘了安徽乐城超市的试验案例，为零售企业未来的发展提供了一条可借鉴之路	通俗易懂，行业经验丰富，宝贵的行业量化数据，关键思路和步骤
互联网＋	**新营销** 刘春雄　著	新营销的新框架体系是场景是产品逻辑，IP是品牌逻辑，社群是连接逻辑，传播是营销逻辑	助力品牌商实现由传统营销到新营销的理念和行动的跨越，助力企业打赢升级转型之仗
	企业微信营销全指导 孙　巍　著	专门给企业看到的微信营销书，手把手教企业从小白到微信营销专家	企业想学微信营销现在还不晚，两眼一抹黑也不怕，有这本书就够
	企业网络营销这样做才对：B2B　大宗B2C 张　进　著	简单直白拿来就用，各种窍门信手拈来，企业网络营销不麻烦也不用再头疼，一般人不告诉他	B2B、大宗B2C企业有福了，看了就能学会网络营销

续表

互联网 +			
	书名．作者	内容/特色	读者价值
互联网+	**互联网时代的银行转型** 韩友诚　著	以大量案例形式为读者全面展示和分析了银行的互联网金融转型应对之道	结合本土银行转型发展案例的书籍
	正在发生的转型升级·实践 本土管理实践与创新论坛　著	企业在快速变革期所展现出的管理变革新成果、新方法、新案例	重点突出对于未来企业管理相关领域的趋势研判
	触发需求：互联网新营销样本·水产 何足奇　著	传统产业都在苦闷中挣扎前行，本书通过鲜活的案例告诉你如何以需求链整合供应链，从而把大家熟知的传统行业打碎了重构、重做一遍	全是干货，值得细读学习，并且作者的理论已经经过了他亲自操刀的实践检验，效果惊人，就在书中全景展示
	移动互联新玩法：未来商业的格局和趋势 史贤龙　著	传统商业、电商、移动互联，三个世界并存，这种新格局的玩法一定要懂	看清热点的本质，把握行业先机，一本书搞定移动互联网
	微商生意经：真实再现33个成功案例操作全程 伏泓霖　罗晓慧　著	本书为33个真实案例，分享案例主人公在做微商过程中的经验教训	案例真实，有借鉴意义
	阿里巴巴实战运营——14招玩转诚信通 聂志新　著	本书主要介绍阿里巴巴诚信通的十四个基本推广操作，从而帮助使用诚信通的用户及企业更好地提升业绩	基本操作，很多可以边学边用，简单易学
	互联网精准营销：创造爆发式的商业价值 蒋　军　著	怎么在互联网时代整体策划、包装品牌和产品，并在此基础上为企业设计商业模式，技术实现并运营落地	为有基础的小微企业（大企业的新项目）1年实现销售额过亿，2年对接资本，3年左右准IPO
	今后这样做品牌：移动互联时代的品牌营销策略 蒋　军　著	与移动互联紧密结合，告诉你老方法还能不能用，新方法怎么用	今后这样做品牌就对了
	互联网+"变"与"不变"：本土管理实践与创新论坛集萃·2016 本土管理实践与创新论坛　著	本土管理领域正在产生自己独特的理论和模式，尤其在移动互联时代，有很多新课题需要本土专家们一起研究	帮助读者拓宽眼界、突破思维
	创造增量市场：传统企业互联网转型之道 刘红明　著	传统企业需要用互联网思维去创造增量，而不是用电子商务去转移传统业务的存量	教你怎么在"互联网+"的海洋中创造实实在在的增量
	重生战略：移动互联网和大数据时代的转型法则 沈　拓　著	在移动互联网和大数据时代，传统企业转型如同生命体打算与再造，称之为"重生战略"	帮助企业认清移动互联网环境下的变化和应对之道
	画出公司的互联网进化路线图：用互联网思维重塑产品、客户和价值 李　蓓　著	18个问题帮助企业一步步梳理出互联网转型思路	思路清晰、案例丰富，非常有启发性
	7个转变，让公司3年胜出 李　蓓　著	消费者主权时代，企业该怎么办	这就是互联网思维，老板有能这样想，肯定倒不了
	跳出同质思维，从跟随到领先 郭　剑　著	66个精彩案例剖析，帮助老板突破行业长期思维惯性	做企业竟然有这么多玩法，开眼界

续表

行业类：零售、白酒、食品/快消品、农业、医药、建材家居等			
	书名．作者	内容/特色	读者价值
零售·超市·餐饮·服装	**总部有多强大，门店就能走多远** IBMG 国际商业管理集团　著	如何把总部做强，成为门店的坚实后盾	了解总部建设的方法与经验
	超市卖场定价策略与品类管理 IBMG 国际商业管理集团　著	超市定价策略与品类管理实操案例和方法	拿来就能用的理论和工具
	连锁零售企业招聘与培训破解之道 IBMG 国际商业管理集团　著	围绕零售企业组织架构、培训体系建设等内容进行深刻探讨	破解人才发现和培养瓶颈的关键点
	中国首家未来超市：解密安徽乐城 IBMG 国际商业管理集团　著	介绍了乐城作为中国首家未来超市从无到有的传奇经历	了解新型零售超市的运作方式及管理特色
	三四线城市超市如何快速成长：解密甘雨亭 IBMG 国际商业管理集团　著	揭秘一家三四线连锁超市的经验策略	不但可以欣赏它的优点，而且可以学会它成功的方法
	涨价也能卖到翻 村松达夫　【日】	提升客单价的 15 种实用、有效的方法	日本企业在这方面非常值得学习和借鉴
	移动互联下的超市升级 联商网专栏频道　著	深度解析超市转型升级重点	帮助零售企业把握全局、看清方向
	手把手教你做专业督导：专卖店、连锁店 熊亚柱　著	从督导的职能、作用，在工作中需要的专业技能、方法，都提供了详细的解读和训练办法，同时附有大量的表单工具	无论是店铺需要统一培训，还是个人想成为优秀的督导，有这一本就够了
	百货零售全渠道营销策略 陈继展　著	没有照本宣科、说教式的絮叨，只有笔者对行业的认知与理解，庖丁解牛式的逐项解析、展开	通俗易懂，花极少的时间快速掌握该领域的知识及趋势
	零售：把客流变成购买力 丁　昀　著	如何通过不断升级产品和体验式服务来经营客流	如何进行体验营销，国外的好经营，这方面有启发
	餐饮企业经营策略第一书 吴　坚　著	分别从产品、顾客、市场、盈利模式等几个方面，对现阶段餐饮企业的发展提出策略和思路	第一本专业的、高端的餐饮企业经营指导书
	电影院的下一个黄金十年：开发·差异化·案例 李保煜　著	对目前电影院市场存大的问题及如何解决进行了探讨与解读	多角度了解电影院运营方式及代表性案例
	赚不赚钱靠店长：从懂管理到会经营 孙彩军　著	通过生动的案例来进行剖析，注重门店管理细节方面的能力提升	帮助终端门店店长在管理门店的过程中实现经营思路的拓展与突破
耐消品	**商用车经销商运营实战** 杜建君　王朝阳　章晓青　等著	从管理到经营，从销售到服务，系统化运作全指导	为经销商经营开阔思路，掌握方法
	汽车配件这样卖：汽车后市场销售秘诀 100 条 俞士耀　著	汽配销售业务员必读，手把手教授最实用的方法，轻松得来好业绩	快速上岗，专业实效，业绩无忧
	跟行业老手学经销商开发与管理：家电、耐消品、建材家居 黄润霖　著	全部来源于经销商管理的一线问题，作者用丰富的经验将每一个问题落实到最便捷快速的操作方法上去	书中每一个问题都是普通营销人亲口提出的，这些问题你也会遇到，作者进行的解答则精彩实用

续表

白酒	**酒水饮料快消品餐饮渠道营销手册** 朱伟杰　著	主要针对快消品(酒水、饮料)的餐饮渠道,提供了区域、商圈、不同业态的规划和促销安排等多种工具,并提出了经销商、批发商等相关人员的管理方法	一本酒水饮料如何在餐饮渠道销售的全能手册,内容深入翔实,可以直接照搬套用,这样的便利简直千金不换
	白酒到底如何卖 赵海永　著	以市场实战为主,多层次、全方位、多角度地阐释了白酒一线市场操作的最新模式和方法,接地气	实操性强,37 个方法、6 大案例帮你成功卖酒
	变局下的白酒企业重构 杨永华　著	帮助白酒企业从产业视角看清趋势,找准位置,实现弯道超车的书	行业内企业要减少 90%,自己在什么位置,怎么做,都清楚了
	1. 白酒营销的第一本书(升级版) **2. 白酒经销商的第一本书** 唐江华　著	华泽集团湖南开口笑公司品牌部长,擅长酒类新品推广、新市场拓展	扎根一线,实战
	区域型白酒企业营销必胜法则 朱志明　著	为区域型白酒企业提供 35 条必胜法则,在竞争中赢销的葵花宝典	丰富的一线经验和深厚积累,实操实用
	10 步成功运作白酒区域市场 朱志明　著	白酒区域操盘者必备,掌握区域市场运作的战略、战术、兵法	在区域市场的攻伐防守中运筹帷幄,立于不败之地
	酒业转型大时代:微酒精选 2014–2015 微酒　主编	本书分为五个部分:当年大事件、那些酒业营销工具、微酒独立策划、业内大调查和十大经典案例	了解行业新动态、新观点,学习营销方法
快消品·食品	**中国快消品营销的这些年** 史贤龙　著	作者精华文章的合集,一本书浓缩了过去十五年,中国营销的实战历程与前沿思考	快消品营销行业的案例和方法都原汁原味呈现,在反映当时风貌的同时,展望与反思
	营销中国茶:2 小时读懂茶叶营销 史贤龙　著	从不同视角对中国的茶营销进行了思考,内容涉及中国茶产业战略困境、茶企规模化、茶品牌崛起、茶文化、茶营销、茶消费、茶零售、茶道等	内容丰富扎实,文字流畅,浓缩的都是精华,让你 2 小时读懂茶叶营销
	这样打造快消品标杆市场 罗宏文　著	帮助你解决如何成功打造标杆市场和进行持续增量管理两大问题	一套系统的方法论,通俗易懂,可以直接套用
	5 小时读懂快消品营销:中国快消品案例观察 陈海超　著	多年营销经验的一线老手把案例掰开了、揉碎了,从中得出的各种手段和方法给读者以帮助和启发	营销那些事儿的个中秘辛,求人还不一定告诉你,这本书里就有
	快消品招商的第一本书:从入门到精通 刘　雷　著	深入浅出,不说废话,有工具方法,通俗易懂	让零基础的招商新人快速学习书中最实用的招商技能,成长为骨干人才
	乳业营销第一书 侯军伟　著	对区域乳品企业生存发展关键性问题的梳理	唯一的区域乳业营销书,区域乳品企业一定要看
	食用油营销第一书 余　盛　著	10 多年油脂企业工作经验,从行业到具体实操	食用油行业第一书,当之无愧
	中国茶叶营销第一书 柏　龑　著	如何跳出茶行业"大文化小产业"的困境,作者给出了自己的观察和思考	不是传统做茶的思路,而是现在商业做茶的思路
	调味品营销第一书 陈小龙　著	国内唯一一本调味品营销的书	唯一的调味品营销的书,调味品的从业者一定要看
	快消品营销人的第一本书:从入门到精通 刘　雷　伯建新　著	快消行业必读书,从入门到专业	深入细致,易学易懂
	变局下的快消品营销实战策略 杨永华　著	通胀了,成本增加,如何从被动应战变成主动的"系统战"	作者对快消品行业非常熟悉、非常实战

续表

快消品·食品	**快消品经销商如何快速做大** 杨永华　著	本书完全从实战的角度，评述现象，解析误区，揭示原理，传授方法	为转型期的经销商提供了解决思路，指出了发展方向
	一位销售经理的工作心得 蒋　军　著	一线营销管理人员想提升业绩却无从下手时，可以看看这本书	一线的真实感悟
	快消品营销：一位销售经理的工作心得2 蒋　军　著	快消品、食品饮料营销的经验之谈，重点图书	来源与实战的精华总结
	快消品营销与渠道管理 谭长春　著	将快消品标杆企业渠道管理的经验和方法分享出来	可口可乐、华润的一些具体的渠道管理经验，实战
	成为优秀的快消品区域经理（升级版） 伯建新　著	用"怎么办"分析区域经理的工作关键点，增加30%全新内容，更贴近环境变化	可以作为区域经理的"速成催化器"
	销售轨迹：一位快消品营销总监的拼搏之路 秦国伟　著	本书讲述了一个普通销售员打拼成为跨国企业营销总监的真实奋斗历程	激励人心，给广大销售员以力量和鼓舞
	快消老手都在这样做：区域经理操盘锦囊 方　刚　著	非常接地气，全是多年沉淀下来的干货，丰富的一线经验和实操方法不可多得	在市场摸爬滚打的"老油条"，那些独家绝招妙招一般你问都是问不来的
	动销四维：全程辅导与新品上市 高继中　著	从产品、渠道、促销和新品上市详细讲解提高动销的具体方法，总结作者18年的快消品行业经验，方法实操	内容全面系统，方法实操
农业	**新农资如何换道超车** 刘祖轲　等著	从农业产业化、互联网转型、行业营销与经营突破四个方面阐述如何让农资企业占领先机、提前布局	南方略专家告诉你如何应对资源浪费、生产效率低下、产能严重过剩、价格与价值严重扭曲等
	中国牧场管理实战：畜牧业、乳业必读 黄剑黎　著	本书不仅提供了来自一线的实际经验，还收入了丰富的工具文档与表单	填补空白的行业必读作品
	中小农业企业品牌战法 韩　旭　著	将中小农业企业品牌建设的方法，从理论讲到实践，具有指导性	全面把握品牌规划，传播推广，落地执行的具体措施
	农资营销实战全指导 张　博　著	农资如何向"深度营销"转型，从理论到实践进行系统剖析，经验资深	朴实、使用！不可多得的农资营销实战指导
	农产品营销第一书 胡浪球　著	从农业企业战略到市场开拓、营销、品牌、模式等	来源于实践中的思考，有启发
	变局下的农牧企业9大成长策略 彭志雄　著	食品安全、纵向延伸、横向联合、品牌建设……	唯一的农牧企业经营实操的书，农牧企业一定要看
医药	**在中国，医药营销这样做：时代方略精选文集** 段继东　主编	专注于医药营销咨询15年，将医药营销方法的精华文章合编，深入全面	可谓医药营销领域的顶尖著作，医药界读者的必读书
	医药新营销：制药企业、医药商业企业营销模式转型 史立臣　著	医药生产企业和商业企业在新环境下如何做营销？老方法还有没有用？如何寻找新方法？新方法怎么用？本书给你答案	内容非常现实接地气，踏实谈问题说方法
	医药企业转型升级战略 史立臣　著	药企转型升级有5大途径，并给出落地步骤及风险控制方法	实操性强，有作者个人经验总结及分析
	新医改下的医药营销与团队管理 史立臣　著	探讨新医改对医药行业的系列影响和医药团队管理	帮助理清思路，有一个框架
	医药营销与处方药学术推广 马宝琳　著	如何用医学策划把"平民产品"变成"明星产品"	有真货、讲真话的作者，堪称处方药营销的经典！
	医药行业大洗牌与药企创新 林延君　沈　斌　著	一方面，围绕着变革，多角度阐述药企的应对之道；另一方面，紧扣实践，介绍近百家医药企业创新实践案例	医改变革10年，医药企业如何应对大洗牌？重磅出击的药企人必读书
	新医改了，药店就要这样开 尚　锋　著	药店经营、管理、营销全攻略	有很强的实战性和可操作性

续表

医药	**电商来了,实体药店如何突围** 尚　锋　著	电商崛起,药店该如何突围?本书从促销、会员服务、专业性、客单价等多重角度给出了指导方向	实战攻略,拿来就能用
	OTC 医药代表药店销售 36 计 鄢圣安　著	以《三十六计》为线,写 OTC 医药代表向药店销售的一些技巧与策略	案例丰富,生动真实,实操性强
	OTC 医药代表药店开发与维护 鄢圣安　著	要做到一名专业的医药代表,需要做什么、准备什么、知识储备、操作技巧等	医药代表药店拜访的指导手册,手把手教你快速上手
	引爆药店成交率 1:店员导购实战 范月明　著	一本书解决药店导购所有难题	情景化、真实化、实战化
	引爆药店成交率 2:经营落地实战 范月明　著	最接地气的经营方法全指导	揭示了药店经营的几类关键问题
	引爆药店成交率:专业化销售解决方案 范月明　著	药品搭配分析与关联销售	为药店人专业化助力
	处方药零售这样做 田　军　著	阐述了处方药零售的重要性,以及做处方药零售市场的具体措施和方法	系统性了解和掌握处方药零售方法
建材家居	**成为最赚钱的家具建材经销商** 李治江　著	从销售模式、产品、门店等老板们最关注和最需要的方面解决问题、提供方法	只要你是建材、家具、家居用品的经销商老板,这就是一本必读的书
	家具行业操盘手 王献永　著	家具行业问题的终结者	解决了干家具还有没有前途?为什么同城多店的家具经销商很难做大做强等问题
	建材家居营销:除了促销还能做什么 孙嘉晖　著	一线老手的深度思考,告诉你在建材家居营销模式基本停滞的今天,除了促销,营销还能怎么做	给你的想法一场革命
	建材家居营销实务 程绍珊　杨鸿贵　主编	价值营销运用到建材家居,每一步都让客户增值	有自己的系统、实战
	家居建材门店 6 力爆破 贾同领　著	合盘道出一线品牌销量秘籍	6 力招招见血,既有招数,又有策略
	建材家居门店销量提升 贾同领　著	店面选址、广告投放、推广助销、空间布局、生动展示、店面运营等	门店销量提升是一个系统工程,非常系统、实战
	10 步成为最棒的建材家居门店店长 徐伟泽　著	实际方法易学易用,让员工能够迅速成长,成为独当一面的好店长	只要坚持这样干,一定能成为好店长
	手把手帮建材家居导购业绩倍增:成为顶尖的门店店员 熊亚柱　著	生动的表现形式,让普通人也能成为优秀的导购员,让门店业绩长红	读着有趣,用着简单,一本在手、业绩无忧
	建材家居经销商实战 42 章经 王庆云　著	告诉经销商:老板怎么当、团队怎么带、生意怎么做	忠言逆耳,看着不舒服就对了,实战总结,用一招半式就值了
工业品	**销售是门专业活:B2B 、工业品** 陆和平　著	销售流程就应该跟着客户的采购流程和关注点的变化向前推进,将一个完整的销售过程分成十个阶段,提供具体方法	销售不是请客吃饭拉关系,是个专业的活计!方法在手,走遍天下不愁
	解决方案营销实战案例 刘祖轲　著	用 10 个真案例讲明白什么是工业品的解决方案式营销,实战、实用	有干货、真正操作过的才能写得出来
	变局下的工业品企业 7 大机遇 叶敦明　著	产业链条的整合机会、盈利模式的复制机会、营销红利的机会、工业服务商转型机会……	工业品企业还可以这样做,思维大突破
	工业品市场部实战全指导 杜　忠　著	工业品市场部经理工作内容全指导	系统、全面、有理论、有方法,帮助工业品市场部经理更快提升专业能力

续表

工业品	**工业品营销管理实务** 李洪道　著	中国特色工业品营销体系的全面深化、工业品营销管理体系优化升级	工具更实战，案例更鲜活，内容更深化
	工业品企业如何做品牌 张东利　著	为工业品企业提供最全面的品牌建设思路	有策略、有方法、有思路、有工具
	丁兴良讲工业4.0 丁兴良　著	没有枯燥的理论和说教，用朴实直白的语言告诉你工业4.0的全貌	工业4.0是什么？本书告诉你答案
	资深大客户经理：策略准，执行狠 叶敦明　著	从业务开发、发起攻势、关系培育、职业成长四个方面，详述了大客户营销的精髓	满满的全是干货
	一切为了订单：订单驱动下的工业品营销实战 唐道明　著	其实，所有的企业都在围绕着两个字在开展全部的经营和管理工作，那就是"订单"	开发订单、满足订单、扩大订单。本书全是实操方法，字字珠玑、句句干货，教你获得营销的胜利
金融	**交易心理分析** (美)马克·道格拉斯　著 刘真如　译	作者一语道破赢家的思考方式，并提供了具体的训练方法	不愧是投资心理的第一书，绝对经典
	精品银行管理之道 崔海鹏　何　屹　主编	中小银行转型的实战经验总结	中小银行的教材很多，实战类的书很少，可以看看
	支付战争 Eric M. Jackson　著 徐　彬　王　晓　译	PayPal创业期营销官，亲身讲述PayPal从诞生到壮大到成功出售的整个历史	激烈、有趣的内幕商战故事！了解美国支付市场的风云巨变
	中外并购名著专业阅读指南 叶兴平　等著	在5000多本并购类图书中精选的200著作，在阅读的基础上写的读书评价	精挑细选200本并一一评介，省去读者挑选的烦恼，快捷、高效
	互联网时代的银行转型 韩友诚　著	以大量案例形式为读者全面展示和分析了银行的互联网金融转型应对之道	结合本土银行转型发展案例的书籍
房地产	**产业园区/产业地产规划、招商、运营实战** 阎立忠　著	目前中国第一本系统解读产业园区和产业地产建设运营的实战宝典	从认知、策划、招商到运营全面了解地产策划
	人文商业地产策划 戴欣明　著	城市与商业地产战略定位的关键是不可复制性，要发现独一无二的"味道"	突破千城一面的策划困局
	电影院的下一个黄金十年：开发·差异化·案例 李保煜　著	对目前电影院市场存大的问题及如何解决进行了探讨与解读	多角度了解电影院运营方式及代表性案例
能源	**全能型班组：城市能源互联网与电力班组升级** 国网天津市电力公司　编著	借鉴国内外优秀企业的转型升级思路，通过对于新型班组组织模式和运行机制的大胆设想，力图构建充分适应内外环境变化的全能型班组	看看庞大的国企在新环境下是如何顺应时代的
	国网天津电力全能型班组建设实务 国网天津市电力公司　编著	本书聚焦于天津电力公司在探索全能型班组转型升级时的优秀实践	电力行业的班组实践，具体、可操作性强

经营类：企业如何赚钱，如何抓机会，如何突破，如何"开源"

	书名．作者	内容/特色	读者价值
抓方向	**让经营回归简单．升级版** 宋新宇　著	化繁为简抓住经营本质：战略、客户、产品、员工、成长	经典，做企业就这几个关键点！
	混沌与秩序Ⅰ：变革时代企业领先之道 **混沌与秩序Ⅱ：变革时代管理新思维** 彭剑锋　尚艳玲　主编	汇集华夏基石专家团队10年来研究成果，集中选择了其中的精华文章编纂成册	作者都是既有深厚理论积淀又有实践经验的重磅专家，为中国企业和企业家的未来提出了高屋建瓴的观点
	活系统：跟任正非学当老板 孙行健　尹　贤　著	以任正非的独到视角，教企业老板如何经营公司	看透公司经营本质，激活企业活力

续表

抓方向	**重构:快消品企业重生之道** 杨永华　著	从7个角度,帮助企业实现系统性的改造	提供转型思想与方法,值得参考
	公司由小到大要过哪些坎 卢　强　著	老板手里的一张"企业成长路线图"	现在我在哪儿,未来还要走哪些路,都清楚了
	企业二次创业成功路线图 夏惊鸣　著	企业曾经抓住机会成功了,但下一步该怎么办?	企业怎样获得第二次成功,心里有个大框架了
	老板经理人双赢之道 陈　明　著	经理人怎养选平台、怎么开局,老板怎样选/育/用/留	老板生闷气,经理人牢骚大,这次知道该怎么办了
	简单思考:AMT 咨询创始人自述 孔祥云　著	著名咨询公司(AMT)的CEO创业历程中点点滴滴的经验与思考	每一位咨询人,每一位创业者和管理经营者,都值得一读
	企业文化的逻辑 王祥伍　黄健江　著	为什么企业绩效如此不同,解开绩效背后的文化密码	少有的深刻,有品质,读起来很流畅
	使命驱动企业成长 高可为　著	钱能让一个人今天努力,使命能让一群人长期努力	对于想做事业的人,'使命'是绕不过去的
思维突破	**盈利原本就这么简单** 高可为　著	从财务的角度揭示企业盈利的秘密	多方面解读商业模式与盈利的关系,通俗易懂,受益匪浅
	移动互联新玩法:未来商业的格局和趋势 史贤龙　著	传统商业、电商、移动互联,三个世界并存,这种新格局的玩法一定要懂	看清热点的本质,把握行业先机,一本书搞定移动互联网
	画出公司的互联网进化路线图:用互联网思维重塑产品、客户和价值 李　蓓　著	18个问题帮助企业一步步梳理出互联网转型思路	思路清晰、案例丰富,非常有启发性
	重生战略:移动互联网和大数据时代的转型法则 沈　拓　著	在移动互联网和大数据时代,传统企业转型如同生命体打算与再造,称之为"重生战略"	帮助企业认清移动互联网环境下的变化和应对之道
	创造增量市场:传统企业互联网转型之道 刘红明　著	传统企业需要用互联网思维去创造增量,而不是用电子商务去转移传统业务的存量	教你怎么在"互联网+"的海洋中创造实实在在的增量
	7个转变,让公司3年胜出 李　蓓　著	消费者主权时代,企业该怎么办	这就是互联网思维,老板有能这样想,肯定倒不了
	跳出同质思维,从跟随到领先 郭　剑　著	66个精彩案例剖析,帮助老板突破行业长期思维惯性	做企业竟然有这么多玩法,开眼界
	麻烦就是需求　难题就是商机 卢根鑫　著	如何借助客户的眼睛发现商机	什么是真商机,怎么判断、怎么抓,有借鉴
	互联网+"变"与"不变":本土管理实践与创新论坛集萃·2016 本土管理实践与创新论坛　著	加速本土管理思想的孕育诞生,促进本土管理创新成果更好地服务企业、贡献社会	各个作者本年度最新思想,帮助读者拓宽眼界、突破思维
	消费升级:实践　研究(文集) 本土管理实践与创新论坛　著	38位管理专家及7位学者的精华思想,从经营、管理、行业及思想研究四个方面阐述中国企业在消费升级下的实践与研究	思想启发,行业借鉴
财务	**写给企业家的公司与家庭财务规划——从创业成功到富足退休** 周荣辉　著	本书以企业的发展周期为主线,写各阶段企业与企业主家庭的财务规划	为读者处理人生各阶段企业与家庭的财务问题提供建议及方法,让家庭成员真正享受财富带来的益处
	互联网时代的成本观 程　翔　著	本书结合互联网时代提出了成本的多维观,揭示了多维组合成本的互联网精神和大数据特征,论述了其产生背景、实现思路和应用价值	在传统成本观下为盈利的业务,在新环境下也许就成为亏损业务。帮助管理者从新的角度来看待成本,进一步做好精益管理

续表

财务	财报背后的投资机会 蒋 豹 著	以具体的公司案例分析，教你迅速看出财务报表与企业经营的关系、所反映的企业经营现状，从而找到投资机会	前四大会计所员工为读者解密财报，发现投资机会

管理类：效率如何提升，如何实现经营目标，如何“节流”

	书名．作者	内容/特色	读者价值
通用管理	让管理回归简单·升级版 宋新宇 著	从目标、组织、决策、授权、人才和老板自己层面教你怎样做管理	帮助管理抓住管理的要害，让管理变得简单
	让经营回归简单·升级版 宋新宇 著	从战略、客户、产品、员工、成长、经营者自身等七个方面，归纳总结出简单有效的经营法则	总结出的真正优秀企业的成功之道：简单
	让用人回归简单 宋新宇 著	从用人的原则、用人的难题与误区、用人的方法和用人者的修炼四大方面，总结出适合中小企业做好人才管理工作的法则	帮助管理者抓住用人的要害，让用人变得简单
	历史深处的管理智慧1：组织建设与用人之道 刘文瑞 著	对历史之典故、政事、人事、政制进行管理解析，鉴照企业人才的选用育留	推动理论与实践的对接，实现理性与情感的渗透，用中国话语说明管理智慧
	历史深处的管理智慧2：战略决策与经营运作 刘文瑞 著	对历史之典故、政事、人事、政制进行管理解析，鉴照企业战略设计与经营实践	推动理论与实践的对接，实现理性与情感的渗透，用中国话语说明管理智慧
	历史深处的管理智慧3：领导修炼与文化素养 刘文瑞 著	对历史之典故、政事、人事、政制进行管理解析，鉴照企业领导职业能力提升与文化修养	推动理论与实践的对接，实现理性与情感的渗透，用中国话语说明管理智慧
	管理的尺度 刘文瑞 著	对管理中的种种普遍性问题进行了批评	提高把握管理尺度的能力
	管理学在中国 刘文瑞 著	系统性介绍了管理学在中国的发展和演变	了解管理学在中国的发展脉络，更清晰理解管理学的本质
	看电影，懂管理 刘文瑞 著	16部经典电影，带你感悟管理智慧	能够帮助读者放松身心，驰骋想象，在不知不觉中增长智慧
	管理：以规则驾驭人性 王春强 著	详细解读企业规则的制定方法	从人与人博弈角度提升管理的有效性
	员工心理学超级漫画版 邢 雷 著	以漫画的形式深度剖析员工心理	帮助管理者更了解员工，从而更轻松地管理员工
	老板有想法，高层有干法：企业中的将帅之道 王清华 著	深入剖析老板与高管的异同	各司其职，各行其是，相辅相成
	分股合心：股权激励这样做 段磊 周剑 著	通过丰富的案例，详细介绍了股权激励的知识和实行方法	内容丰富全面、易读易懂，了解股权激励，有这一本就够了
	边干边学做老板 黄中强 著	创业20多年的老板，有经验、能写、又愿意分享，这样的书很少	处处共鸣，帮助中小企业老板少走弯路
	成为敏感而体贴的公司 王 涛 著	本书为作者对企业的观察和冥想的随笔记录。从生活中的一个现象入手，进而探索现象背后的本质	从全新角度认识公司
	中国企业的觉醒：正直 善良 成长 王 涛 著	围绕着企业人如何发生转化展开，对中国人、中国文化及由此导致的企业现状的观察和思考	企业除了要利润，还需要道德
	有意识的思考：轻松化解问题的7个思考习惯 王 涛 著	本书是对思想、思考过程、思考方式进行的细致观察	养成好的思考习惯，更深刻地看问题
	中国式阿米巴落地实践之从交付到交易 胡八一 著	本书主要讲述阿米巴经营会计，“从交付到交易”，这是成功实施了阿米巴的标志	阿米巴经营会计的工作是有逻辑关联的，一本书就能搞定

续表

通用管理	**中国式阿米巴落地实践之激活组织** 胡八一　著	重点讲解如何科学划分阿米巴单元，阐述划分的实操要领、思路、方法、技术与工具	最大限度减少“推行风险”和“摸索成本”，利于公司成功搭建适合自身的个性化阿米巴经营体系
	中国式阿米巴落地实践之持续盈利 胡八一　著	把企业做成平台，企业才能做大（格局）；把平台做成阿米巴，企业才能做强（专业）；把阿米巴做成合伙制，企业才能做久（机制）	中国式阿米巴落地实践三部曲的最后一部，告诉你企业如何做大做强做久
	集团化企业阿米巴实战案例 初勇钢　著	一家集团化企业阿米巴实施案例	指导集团化企业系统实施阿米巴
	阿米巴经营的中国模式 李志华　著	让员工从“要我干”到“我要干”，价值量化出来	阿米巴在企业如何落地，明白思路了
	欧博心法：好管理靠修行 曾　伟　著	用佛家的智慧，深刻剖析管理问题，见解独到	如果真的有‘中国式管理’，曾老师是其中标志性人物
	领导这样点燃你的下属 孟广桥　著	领导者如何才能让员工积极主动地工作？如何让你的员工和下属保持工作的热情，自动自发？看了这本书就知道	只要你希望手下的"兵将"永远充满工作的斗志，这本书将使你获益良多
流程管理	**1. 用流程解放管理者** **2. 用流程解放管理者 2** 张国祥　著	中小企业阅读的流程管理、企业规范化的书	通俗易懂，理论和实践的结合恰到好处
	跟我们学建流程体系 陈立云　著	畅销书《跟我们学做流程管理》系列，更实操，更细致，更深入	更多地分享实践，分享感悟，从实践总结出来的方法论
	人人都要懂流程 金国华　余雅丽　著	当前各企业流程管理方面最为典型的痛点现象及问题案例	通俗易懂，适合企业全员阅读
质量管理	**IATF16949 质量管理体系详解与案例文件汇编：TS16949 转版 IATF16949：2016** 谭洪华　著	针对 IATF 的新标准做了详细的解说，同时指出了一些推行中容易犯的错误，提供了大量的表单、案例	案例、表单丰富，拿来就用
	五大质量工具详解及运用案例：APQP/FMEA/PPAP/MSA/SPC 谭洪华　著	对制造业必备的五大质量工具中每个文件的制作要求、注意事项、制作流程、成功案例等进行了解读	通俗易懂、简便易行，能真正实现学以致用
	ISO9001：2015 新版质量管理体系详解与案例文件汇编 谭洪华　著	紧密围绕 2015 年新版质量管理体系文件逐条详细解读，并提供可以直接套用的案例工具，易学易上手	企业质量管理认证、内审必备
	ISO14001：2015 新版环境管理体系详解与案例文件汇编 谭洪华　著	紧密围绕 2015 年新版环境管理体系文件逐条详细解读，并提供可以直接套用的案例工具，易学易上手	企业环境管理认证、内审必备
	SA8000：2014 社会责任管理体系认证实战 吕　林　著	作者根据自己的操作经验，按认证的流程，以相关案例进行说明 SA8000 认证体系	简单，实操性强，拿来就能用
	精益质量管理实战工具 贺小林　著	制造类企业日常工作中所需要的精益管理工具的归纳整理，并进行案例操作的细致分析	可以直接参考，实际解决生产中的具体问题
战略落地	**重生——中国企业的战略转型** 施　炜　著	从前瞻和适用的角度，对中国企业战略转型的方向、路径及策略性举措提出了一些概要性的建议和意见	对企业有战略指导意义
	公司大了怎么管：从靠英雄到靠组织 AMT 金国华　著	第一次详尽阐释中国快速成长型企业的特点、问题及解决之道	帮助快速成长型企业领导及管理团队理清思路，突破瓶颈

续表

战略落地	**低效会议怎么改:每年节省一半会议成本的秘密** AMT 王玉荣　著	教你如何系统规划公司的各级会议,一本工具书	教会你科学管理会议的办法
	年初订计划,年尾有结果:战略落地七步成诗 AMT 郭晓　著	7 个步骤教会你怎么让公司制定的战略转变为行动	系统规划,有效指导计划实现
人力资源	**HRBP 是这样炼成的之"菜鸟起飞"** 新　海　著	以小说的形式,具体解析 HRBP 的职责,应该如何操作,如何为业务服务	实践者的经验分享,内容实务具体,形式有趣
	HRBP 是这样炼成的之中级修炼 新　海　著	本书以案例故事的方式,介绍了 HRBP 在实际工作中碰到的问题和挑战	书中的 HR 解决方案讲究因时因地制宜、简单有效的原则,重在启发读者思路,可供各类企业 HRBP 借鉴
	HRBP 是这样炼成的之高级修炼 新　海　著	以故事的形式,展现了 HRBP 工作者在职业发展路上的层层深入和递进	为读者提供 HRBP 在实际工作中遇到种种问题的解决方案
	把面试做到极致:首席面试官的人才甄选法 孟广桥　著	作者用自己几十年的人力资源经验总结出的一套实用的确定岗位招聘标准、提升面试官技能素质的简便方法	面试官必备,没有空泛理论,只有巧妙的实操技能
	人力资源体系与 e－HR 信息化建设 刘书生　陈　莹　王美佳　著	将作者经历的人力资源管理变革、人力资源管理信息化咨询项目方法论、工具和成果全面展现给读者,使大家能够将其快速应用到管理实践中	系统性非常强,没有废话,全部是浓缩的干货
	回归本源看绩效 孙　波　著	让绩效回顾"改进工具"的本源,真正为企业所用	确实是来源于实践的思考,有共鸣
	世界 500 强资深培训经理人教你做培训管理 陈　锐　著	从 7 大角度具体细致地讲解了培训管理的核心内容	专业、实用、接地气
	曹子祥教你做激励性薪酬设计 曹子祥　著	以激励性为指导,系统性地介绍了薪酬体系及关键岗位的薪酬设计模式	深入浅出,一本书学会薪酬设计
	曹子祥教你做绩效管理 曹子祥　著	复杂的理论通俗化,专业的知识简单化,企业绩效管理共性问题的解决方案	轻松掌握绩效管理
	把招聘做到极致 远　鸣　著	作为世界 500 强高级招聘经理,作者数十年招聘经验的总结分享	带来职场思考境界的提升和具体招聘方法的学习
	人才评价中心．超级漫画版 邢　雷　著	专业的主题,漫画的形式,只此一本	没想到一本专业的书,能写成这效果
	走出薪酬管理误区 全怀周　著	剖析薪酬管理的 8 大误区,真正发挥好枢纽作用	值得企业深读的实用教案
	集团化人力资源管理实践 李小勇　著	对搭建集团化的企业很有帮助,务实,实用	最大的亮点不是理论,而是结合实际的深入剖析
	我的人力资源咨询笔记 张　伟　著	管理咨询师的视角,思考企业的 HR 管理	通过咨询师的眼睛对比很多企业,有启发
	本土化人力资源管理 8 大思维 周　剑　著	成熟 HR 理论,在本土中小企业实践中的探索和思考	对企业的现实困境有真切体会,有启发

续表

企业文化	**36个拿来就用的企业文化建设工具** 海融心胜　主编	数十个工具，为了方便拿来就用，每一个工具都严格按照工具属性、操作方法、案例解读划分，实用、好用	企业文化工作者的案头必备书，方法都在里面，简单易操作
	企业文化建设超级漫画版 邢　雷　著	以漫画的形式系统教你企业文化建设方法	轻松易懂好操作
	华夏基石方法：企业文化落地本土实践 王祥伍　谭俊峰　著	十年积累、原创方法、一线资料，和盘托出	在文化落地方面真正有洞察，有实操价值的书
	企业文化的逻辑 王祥伍　著	为什么企业之间如此不同，解开绩效背后的文化密码	少有的深刻，有品质，读起来很流畅
	企业文化激活沟通 宋杼宸　安　琪　著	透过新任HR总经理的眼睛，揭示出沟通与企业文化的关系	有实际指导作用的文化落地读本
	在组织中绽放自我：从专业化到职业化 朱仁健　王祥伍　著	个人如何融入组织，组织如何助力个人成长	帮助企业员工快速认同并投入到组织中去，为企业发展贡献力量
	企业文化定位·落地一本通 王明胤　著	把高深枯燥的专业理论创建成一套系统化、实操化、简单化的企业文化缔造方法	对企业文化不了解，不会做？有这一本从概念到实操，就够了
生产管理	**精益思维：中国精益如何落地** 刘承元　著	笔者二十余年企业经营和咨询管理的经验总结	中国企业需要灵活运用精益思维，推动经营要素与管理机制的有机结合，推动企业管理向前发展
	300张现场图看懂精益5S管理 乐　涛　编著	5S现场实操详解	案例图解，易懂易学
	高员工流失率下的精益生产 余伟辉　著	中国的精益生产必须面对和解决高员工流失率问题	确实来源于本土的工厂车间，很务实
	车间人员管理那些事儿 岑立聪　著	车间人员管理中处理各种"疑难杂症"的经验和方法	基层车间管理者最闹心、头疼的事，'打包'解决
	1. 欧博心法：好管理靠修行 **2. 欧博心法：好工厂这样管** 曾　伟　著	他是本土最大的制造业管理咨询机构创始人，他从400多个项目、上万家企业实践中锤炼出的欧博心法	中小制造型企业，一定会有很强的共鸣
	欧博工厂案例1：生产计划管控对话录 **欧博工厂案例2：品质技术改善对话录** **欧博工厂案例3：员工执行力提升对话录** 曾　伟　著	最典型的问题、最详尽的解析，工厂管理9大问题27个经典案例	没想到说得这么细，超出想象，案例很典型，照搬都可以了
	工厂管理实战工具 欧博企管　编著	以传统文化为核心的管理工具	适合中国工厂
	苦中得乐：管理者的第一堂必修课 曾　伟　编著	曾伟与师傅大愿法师的对话，佛学与管理实践的碰撞，管理禅的修行之道	用佛学最高智慧看透管理
	比日本工厂更高效1：管理提升无极限 刘承元　著	指出制造型企业管理的六大积弊；颠覆流行的错误认知；掌握精益管理的精髓	每一个企业都有自己不同的问题，管理没有一剑封喉的秘笈，要从现场、现物、现实出发
	比日本工厂更高效2：超强经营力 刘承元　著	企业要获得持续盈利，就要开源和节流，即实现销售最大化，费用最小化	掌握提升工厂效率的全新方法

续表

生产管理	**比日本工厂更高效3:精益改善力的成功实践** 刘承元　著	工厂全面改善系统有其独特的目的取向特征,着眼于企业经营体质(持续竞争力)的建设与提升	用持续改善力来飞速提升工厂的效率,高效率能够带来意想不到的高效益
	3A顾问精益实践1:IE与效率提升 党新民　苏迎斌　蓝旭日　著	系统的阐述了IE技术的来龙去脉以及操作方法	使员工与企业持续获利
	3A顾问精益实践2:JIT与精益改善 肖志军　党新民　著	只在需要的时候,按需要的量,生产所需的产品	提升工厂效率
	手把手教你做专业的生产经理 黄　娜　著	物流、信息流、资金流,让生产经理管理有抓手	从菜鸟到能把控全局
员工素质提升	**TTT培训师精进三部曲(上):深度改善现场培训效果** 廖信琳　著	现场把控不用慌,这里有妙招一用就灵	课程现场无论遇到什么样的情况都能游刃有余
	TTT培训师精进三部曲(中):构建最有价值的课程内容 廖信琳　著	这样做课程内容,学员有收获培训师也有收获	优质的课程内容是树立个人品牌的保证
	TTT培训师精进三部曲(下):职业功力沉淀与修为提升 廖信琳　著	从内而外提升自己,职业的道路一帆风顺	走上职业TTT内训师的康庄大道
	培训师,如何让你的事业长青:自我管理的10项法则 廖信琳　著	建立了一套完整的培训师自我管理体系,为培训师的职业成长与发展提供有益的指引	培训师如何在自己的职业道路上越走越高,事业长青,一直有所收获与成长?本书将给你答案
	管理咨询师的第一本书:百万年薪 千万身价 熊亚柱　著	从问题出发,发现问题、分析问题、解决问题,让两眼一抹黑的新人快速成长	管理咨询师初入职场,让这本书开启百万年薪之路
	手把手教你做专业督导:专卖店、连锁店 熊亚柱　著	从督导的职能、作用,在工作中需要的专业技能、方法,都提供了详细的解读和训练办法,同时附有大量的表单工具	无论是店铺需要统一培训,还是个人想成为优秀的督导,有这一本就够了
	跟老板"偷师"学创业 吴江萍　余晓雷　著	边学边干,边观察边成长,你也可以当老板	不同于其他类型的创业书,让你在工作中积累创业经验,一举成功
	销售轨迹:一位快消品营销总监的拼搏之路 秦国伟　著	本书讲述了一个普通销售员打拼成为跨国企业营销总监的真实奋斗历程	激励人心,给广大销售员以力量和鼓舞
	在组织中绽放自我:从专业化到职业化 朱仁健　王祥伍　著	个人如何融入组织,组织如何助力个人成长	帮助企业员工快速认同并投入到组织中去,为企业发展贡献力量
	企业员工弟子规:用心做小事,成就大事业 贾同领　著	从传统文化《弟子规》中学习企业中为人处事的办法,从自身做起	点滴小事,修养自身,从自身的改善得到事业的提升
	手把手教你做顶尖企业内训师:TTT培训师宝典 熊亚柱　著	从课程研发到现场把控、个人提升都有涉及,易读易懂,内容丰富全面	想要做企业内训师的员工有福了,本书教你如何抓住关键,从入门到精通
	客诉处理金手指:客户投诉的应对与管理 孟广桥　著	立足于投诉处理的实践,剖析了不同投诉者投诉的特点和应对措施,并提供各种技巧方法、赢得客户信赖所需培养的品质修炼、处理投诉应掌握的法律法规等工具	是投诉处理人员适应岗位职能需要、提升工作技能的良师益友,是企业变诉为金、培养业务骨干的法宝

续表

营销类:把客户需求融入企业各环节,提供“客户认为”有价值的东西			
书名.作者		内容/特色	读者价值
营销模式	**精品营销战略** 杜建君 著	以精品理念为核心的精益战略和营销策略	用精品思维赢得高端市场
	变局下的营销模式升级 程绍珊 叶 宁 著	客户驱动模式、技术驱动模式、资源驱动模式	很多行业的营销模式被颠覆,调整的思路有了!
	卖轮子 科克斯【美】	小说版的营销学!营销理念巧妙贯穿其中,贵在既有趣,又有深度	经典、有趣!一个故事读懂营销精髓
	动销操盘:节奏掌控与社群时代新战法 朱志明 著	在社群时代把握好产品生产销售的节奏,解析动销的症结,寻找动销的规律与方法	都是易读易懂的干货!对动销方法的全面解析和操盘
	弱势品牌如何做营销 李政权 著	中小企业虽有品牌但没名气,营销照样能做的有声有色	没有丰富的实操经验,写不出这么具体、详实的案例和步骤,很有启发
	老板如何管营销 史贤龙 著	高段位营销16招,好学好用	老板能看,营销人也能看
	洞察人性的营销战术:沈坤教你28式 沈 坤 著	28个匪夷所思的营销怪招令人拍案叫绝,涉及商业竞争的方方面面,大部分战术可以直接应用到企业营销中	各种谋略得益于作者的横向思维方式,将其操作过的案例结合其中,提供的战术对读者有参考价值
	动销:产品是如何畅销起来的 吴江萍 余晓雷 著	真真切切告诉你,产品究竟怎么才能卖出去	击中痛点,提供方法,你值得拥有
	1000铁杆女粉丝 张兵武 著	连接是女性与生俱来的特质。能善用连接的营销人员,就像拿到打开女性荷包的钥匙	重新认识女性的传播力量
	360°谈营销:一位营销咨询师20年实战洞察 王清华 古怀亮 著	各个角度,全方位,多视点剥营销	思路单一,此书帮你破
	营销按钮:扣动一触即发的力量 老 苗 著	提供各种奇形怪状的营销武器	一定会带给你不一样的思维震撼
销售	**资深大客户经理:策略准,执行狠** 叶敦明 著	从业务开发、发起攻势、关系培育、职业成长四个方面,详述了大客户营销的精髓	满满的全是干货
	成为资深的销售经理:B2B、工业品 陆和平 著	围绕“销售管理的六个关键控制点”一一展开,提供销售管理的专业、高效方法	方法和技术接地气,拿来就用,从销售员成长为经理不再犯难
	销售是门专业活:B2B、工业品 陆和平 著	销售流程就应该跟着客户的采购流程和关注点的变化向前推进,将一个完整的销售过程分成十个阶段,提供具体方法	销售不是请客吃饭拉关系,是个专业的活计!方法在手,走遍天下不愁
	向高层销售:与决策者有效打交道 贺兵一 著	一套完整有效的销售策略	有工具,有方法,有案例,通俗易懂
	卖轮子 科克斯 【美】	小说版的营销学!营销理念巧妙贯穿其中,贵在既有趣,又有深度	经典、有趣!一个故事读懂营销精髓
	学话术 卖产品 张小虎 著	分析常见的顾客异议,将优秀的话术模块化	让普通导购员也能成为销售精英
组织和团队	**升级你的营销组织** 程绍珊 吴越舟 著	用“有机性”的营销组织替代“营销能人”,营销团队变成“铁营盘”	营销队伍最难管,程老师不愧是营销第1操盘手,步骤方法都很成熟
	用数字解放营销人 黄润霖 著	通过量化帮助营销人员提高工作效率	作者很用心,很好的常备工具书

续表

组织和团队	**成为优秀的快消品区域经理（升级版）** 伯建新　著	用"怎么办"分析区域经理的工作关键点，增加30%全新内容，更贴近环境变化	可以作为区域经理的"速成催化器"
	成为资深的销售经理：B2B、工业品 陆和平　著	围绕"销售管理的六个关键控制点"一一展开，提供销售管理的专业、高效方法	方法和技术接地气，拿来就用，从销售员成长为经理不再犯难
	一位销售经理的工作心得 蒋　军　著	一线营销管理人员想提升业绩却无从下手时，可以看看这本书	一线的真实感悟
	快消品营销：一位销售经理的工作心得2 蒋　军　著	快消品、食品饮料营销的经验之谈，重点突出	来源于实战的精华总结
	销售轨迹：一位快消品营销总监的拼搏之路 秦国伟　著	本书讲述了一个普通销售员打拼成为跨国企业营销总监的真实奋斗历程	激励人心，给广大销售员以力量和鼓舞
	用营销计划锁定胜局：用数字解放营销人2 黄润霖　著	全方位教你怎么做好营销计划，好学好用真简单	照搬套用就行，做营销计划再也不头痛
	快消品营销人的第一本书：从入门到精通 刘　雷　伯建新　著	快消行业必读书，从入门到专业	深入细致，易学易懂
产品	**产品开发管理方法·流程·工具：从作坊式到规范化** 任彭枞　著	产品研发管理体系全指导	既有工具，又能开拓思路
	新产品开发管理，就用IPD（升级版） 郭富才　著	10年IPD研发管理咨询总结，国内首部IPD专业著作	一本书掌握IPD管理精髓
	这样打造大单品：案例　策略　方法 迪智成咨询团队　著	囊括十三个不同行业、企业的实际案例，从不同角度详细剖析、总结了这些品牌厂家打造大单品的成功经验或者失败教训	厘清大单品打造的策划与路径，得出持续经营的思路与方法
	资深项目经理这样做新产品开发管理 秦海林　著	以IPD为思想，系统讲解新产品开管理的细节	提供管理思路和实用工具
	产品炼金术Ⅰ：如何打造畅销产品 史贤龙　著	满足不同阶段、不同体量、不同行业企业对产品的完整需求	必须具备的思维和方法，避免在产品问题上走弯路
	产品炼金术Ⅱ：如何用产品驱动企业成长 史贤龙　著	做好产品、关注产品的品质，就是企业成功的第一步	必须具备的思维和方法，避免在产品问题上走弯路
品牌	**中小企业如何建品牌** 梁小平　著	中小企业建品牌的入门读本，通俗、易懂	对建品牌有了一个整体框架
	采纳方法：破解本土营销8大难题 朱玉童　编著	全面、系统、案例丰富、图文并茂	希望在品牌营销方面有所突破的人，应该看看
	中国品牌营销十三战法 朱玉童　编著	采纳20年来的品牌策划方法，同时配有大量的案例	众包方式写作，丰富案例给人启发，极具价值
	今后这样做品牌：移动互联时代的品牌营销策略 蒋　军　著	与移动互联紧密结合，告诉你老方法还能不能用，新方法怎么用	今后这样做品牌就对了
	中小企业如何打造区域强势品牌 吴　之　著	帮助区域的中小企业打造自身品牌，如何在强壮自身的基础上往外拓展	梳理误区，系统思考品牌问题，切实符合中小区域品牌的自身特点进行阐述
渠道通路	**深度分销：掌控渠道价值链** 施　炜　著	制造商通过掌控渠道价值链，将管理触角延伸至零售层面及顾客现场，对市场根部精耕细作，从而挖掘需求，构筑区域市场尤其是三四级市场的竞争壁垒	深度分销是中国企业对世界营销的独特贡献。实践证明，互联网时代深度分销仍有生命力
	快消品营销与渠道管理 谭长春　著	将快消品标杆企业渠道管理的经验和方法分享出来	可口可乐、华润的一些具体的渠道管理经验，实战

续表

渠道通路	**传统行业如何用网络拿订单** 张　进　著	给老板看的第一本网络营销书	适合不懂网络技术的经营决策者看
	采纳方法:化解渠道冲突 朱玉童　编著	系统剖析渠道冲突,21个渠道冲突案例、情景式讲解,37篇讲义	系统、全面
	学话术　卖产品 张小虎　著	分析常见的顾客异议,将优秀的话术模块化	让普通导购员也能成为销售精英
	向高层销售:与决策者有效打交道 贺兵一　著	一套完整有效的销售策略	有工具,有方法,有案例,通俗易懂
	通路精耕操作全解:快消品20年实战精华 周　俊　陈小龙　著	通路精耕的详细全解,每一步的具体操作方法和表单全部无保留提供	康师傅二十年的经验和精华,实践证明的最有效方法,教你如何主宰通路

管理者读的文史哲·生活

	书名.作者	内容/特色	读者价值
思想·文化	**德鲁克管理思想解读** 罗　珉　著	用独特视角和研究方法,对德鲁克的管理理论进行了深度解读与剖析	不仅是摘引和粗浅分析,还是作者多年深入研究的成果,非常可贵
	德鲁克与他的论敌们:马斯洛、戴明、彼得斯 罗　珉　著	几位大师之间的论战和思想碰撞令人受益匪浅	对大师们的观点和著作进行了大量的理论加工,去伪存真、去粗存精,同时有自己独特的体系深度
	德鲁克管理学 张远凤　著	本书以德鲁克管理思想的发展为线索,从一个侧面展示了20世纪管理学的发展历程	通俗易懂,脉络清晰
	王阳明"万物一体"论:从"身-体"的立场看(修订版) 陈立胜　著	以身体哲学分析王阳明思想中的"仁"与"乐"	进一步了解传统文化,了解王阳明的思想
	自我与世界:以问题为中心的现象学运动研究 陈立胜　著	以问题为中心,对现象学运动中的"意向性""自我""他人""身体"及"世界"各核心议题之思想史背景与内在发展理路进行深入细致的分析	深入了解现象学中的几个主要问题
	作为身体哲学的中国古代哲学 张再林　著	上篇为中国古代身体哲学理论体系奠基性部分,下篇对由"上篇"所开出的中国身体哲学理论体系的进一步的阐发和拓展	了解什么是真正原生态意义上的中国哲学,把中国传统哲学与西方传统哲学加以严格区别
	中西哲学的歧异与会通 张再林　著	本书以一种现代解释学的方法,对中国传统哲学内在本质尝试一种全新的和全方位的解读	发掘出掩埋在古老传统形式下的现代特质和活的生命,在此基础上揭示中西哲学"你中有我,我中有你"之旨
	治论:中国古代管理思想 张再林　著	本书主要从儒、法墨三家阐述中国古代管理思想	看人本主义的管理理论如何不留斧痕地克服似乎无法调解的存在于人类社会行为与社会组织中的种种两难和对立
	车过麻城　再晤李贽 张再林　著	系统全面而又简明扼要地展示了李贽独到的学术眼力和超拔的理论建树	帮助读者重新认识李贽的思想
	中国古代政治制度(修订版)上:皇帝制度与中央政府 刘文瑞　著	全面论证了古代皇帝制度的形成和演变的历程	有助于读者从政治制度角度了解中国国情的历史渊源
	中国古代政治制度(修订版)下:地方体制与官僚制度 刘文瑞　著	全面论证了古代地方政府的发展演变过程	有助于读者从政治制度角度了解中国国情的历史渊源
	中国思想文化十八讲(修订版) 张茂泽　著	中国古代的宗教思想文化,如对祖先崇拜、儒家天命观、中国古代关于"神"的讨论等	宗教文化和人生信仰或信念紧密相联,在文化转型时期学习和研究中国宗教文化就有特别的现实意义

续表

思想·文化	**史幼波《大学》讲记** 史幼波　著	用儒释道的观点阐释大学的深刻思想	一本书读懂传统文化经典
	史幼波《周子通书》《太极图说》讲记 史幼波　著	把形而上的宇宙、天地，与形而下的社会、人生、经济、文化等融合在一起	将儒家的一整套学修系统融合起来
	史幼波《中庸》讲记（上下册） 史幼波　著	全面、深入浅出地揭示儒家中庸文化的真谛	儒释道三家思想融会贯通
	梁涛讲《孟子》之万章篇 梁　涛　著	《万章》主要记录孟子与万章的对话，涉及孝道、亲情、友情、出仕为官等	作者的解读能帮助读者更好地理解孟子及儒学
	两晋南北朝十二讲（修订版） 李文才　著	作为一本普及性读物，作者尊重史实，运用“历史心理学”的叙事方法，分 12 个专题对两晋南北朝的历史进行阐述	让读者轻松了解两晋南北朝的历史
	每个中国人身上的春秋基因 史贤龙　著	春秋 368 年（公元前 770 – 公元前 403 年），每一个中国人都可以在这段时期的历史中找到自己的祖先，看到真实发生的事件，同时也看到自己	长情商、识人心
	与《老子》一起思考：德篇 史贤龙　著	打通文史，回归哲慧，纵贯古今，放眼中外，妙语迭出，在当今的老子读本中别具一格	深读有深读的回味，浅尝有浅尝的机敏，可给读者不同的启发
	说服天下：《鬼谷子》的中国沟通术 翟玉忠　著	由内圣而外王，从心力的培育到具体的说服理论，再到生动的说服案例	从商业到军事再到日常生活，沟通说服已经变得越来越重要
	读《管子》，知天下财富：轻重术与中国古典经济思想 翟玉忠　著	中国农业社会规模庞大的市场产生了复杂发展的经济理论——以《管子》轻重十六篇为核心的轻重术	本书分为道、术两大部分，有思想、有谋略，相信你会从中有所收获
	中国商道：从古典商书说开去 翟玉忠　著	对中国先秦和明清两个商品经济大发展时期商业典籍的第一次系统整理和诠释	中华商道一脉相承，造就了无数商业奇迹，成就了无数商业巨子。今人读之，必能获益
	跟陈忠建学写名家书法Ⅰ **跟陈忠建学写名家书法Ⅱ** 陈忠建　著	中国台湾著名书法教育家，用视频手把手教你摹写历代名家笔触	用拟古千字文的形式，学习名家的技巧
	像美国人一样讲话：教你记住 800 句最地道的美语 马方旭　著	本书基本囊括了在美国最常用最地道的 800 习惯用语表达，包含中英双语翻译，以及清晰明了的注解帮助增强记忆，加入视频等流行的记忆方法	易读易懂，趣味十足
	郑子太极拳理拳法 杨竣雄　著	走进郑子太极拳完整训练体系的大门，随着书中另一主角——师父的课程安排与每日功课的练习	当您学完这套书后，在掌握拳架的同时具备诸多正确的太极理念与系统知识
	内功太极拳训练教程 王铁仁　编著	杨式（内功）太极拳（俗称老六路）的详细介绍及具体修炼方法，身心的一次升华	书中含有大量图解并有相关视频供读者同步学习
	中医治心脏病 马宝琳　著	引用众多真实案例，客观真实地讲述了中西医对于心脏病的认识及治疗方法	看完这本书，能为您节约 10 万元医药费